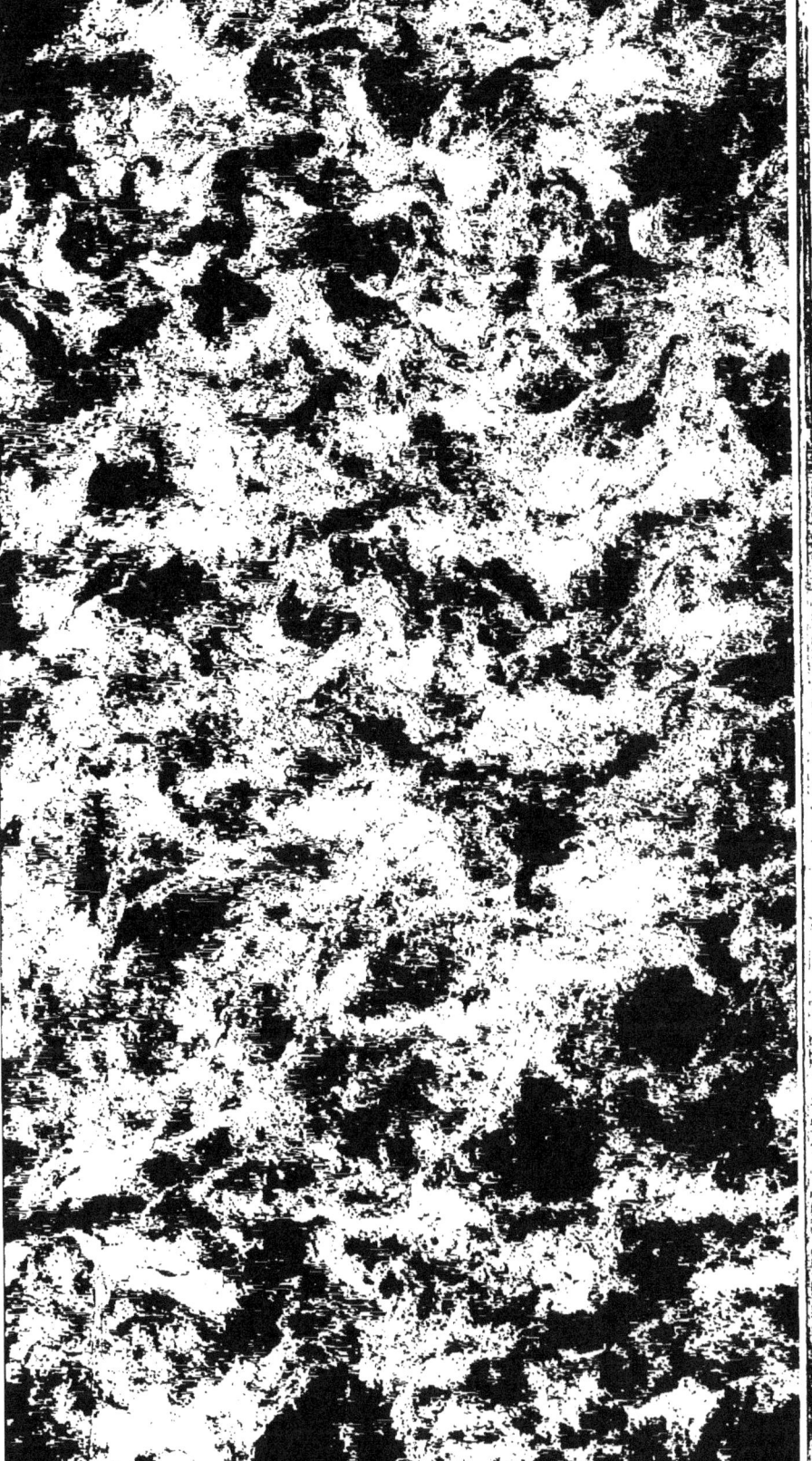

M. ARDOUIN 1972

VOYAGE A TRIPOLI,

ou

RELATION

D'UN SÉJOUR DE DIX ANNÉES

EN AFRIQUE.

I.

Cet ouvrage, ainsi que tous les Livres de fonds de P. Mongie l'aîné, libraire à Paris, se trouvent aussi chez MM. les libraires suivans :

Bocca, à Turin.
Lawalle jeune, et neveu, } à Bordeaux.
Veuve Bergeret,
Yon Bidault, } à Dijon.
Lagier,
Bohaire, } à Lyon.
Targe,
Camoin frères, à Marseille.
Douville de Crest, à Valence.
Leroux, à Mons.
Lemaître, à Valenciennes.
Lecharlier, } à Bruxelles.
Demat,
Paschoud, à Genève.
Vanackere, à Lille.
Frère, à Rouen.
Levrault, à Strasbourg.
Noubel, à Agen.
Desoer, à Liége.
Leleu, à Calais.
Deis, à Besançon.
Devilly, à Metz.
Mangin, à Nantes.
Gilles, à Bourges.

DE L'IMPRIMERIE DE FAIN, PLACE DE L'ODÉON.

VOYAGE A TRIPOLI,

OU

RELATION

D'UN SÉJOUR DE DIX ANNÉES EN AFRIQUE,

Contenant des Renseignemens et des Anecdotes authentiques sur le Pacha régnant, sur sa famille, et sur différens personnages de distinction de la cour de Tripoli, ainsi que des Observations sur les mœurs privées des Mores, des Arabes et des Turcs.

TRADUIT DE L'ANGLAIS SUR LA SECONDE ÉDITION,

PAR J. MAC CARTHY,

CHEF DE BATAILLON D'INFANTERIE EN NON-ACTIVITÉ, CHEVALIER DE LA LÉGION D'HONNEUR.

TOME PREMIER.

A PARIS,
CHEZ P. MONGIE AINÉ, LIBRAIRE,
BOULEVART POISSONNIÈRE, N°. 18.

1819.

PRÉFACE

DE L'ÉDITEUR ANGLAIS.

Le ton de vérité qui règne d'un bout à l'autre de cet ouvrage, en prouve suffisamment l'authenticité. Il a été écrit par la belle-sœur de feu M. Tully, consul de S. M. Britannique à la cour de Tripoli, dont la famille, comme on le verra, fut intimement liée pendant plusieurs années avec celle du pacha.

Quoiqu'il se soit déjà écoulé un certain laps de temps depuis les événemens rapportés par l'auteur, cette circonstance n'influe cependant en aucune manière sur l'intérêt qu'ils inspirent, parce qu'étrangers à toute espèce d'innovations, les peuples que l'on voit figurer n'en admettent point. Aussi leurs mœurs, leurs habitudes, sont-elles constamment demeurées les mêmes depuis une longue suite de siècles.

Cet ouvrage est de nature à éveiller la curiosité par la manière à la fois animée et simple dont l'auteur dépeint l'intérieur de la cour de Tripoli. Nous croyons aussi qu'il renferme la seule relation exacte qui ait été encore publiée sur les mœurs privées et la conduite de ce despote africain. Il contient d'ailleurs le récit d'un si grand nombre de scènes et d'événemens extraordinaires, des exemples si multipliés de vices et de faiblesses produits par l'ambition, l'avarice, l'envie et l'intrigue, qu'ils paraissent à peine croyables à un Européen.

L'auteur a eu également en vue d'offrir un tableau fidèle des mœurs, des idées et des opinions des Mores ; ce que la position où elle s'est trouvée a seule pu lui permettre de faire, attendu l'impossibilité presque absolue qu'aurait éprouvée tout autre chrétien, homme ou femme, à être reçu dans les familles mores les plus distinguées, et surtout dans celle du pacha.

On peut citer la circonstance suivante comme une preuve de l'intimité qui subsistait entre la famille de l'auteur et celle d'Ali Coromali, le dernier pacha. Le consul anglais ayant besoin de se rendre pour quelque temps en Angleterre, avec sa femme, le pacha et Lilla Halluma, que ses sujets nommaient Lilla Kebbierra, l'engagèrent à laisser ses deux enfans sous leur protection, jusqu'à son retour, en l'assurant que rien de ce que le pays produit ne serait épargné pour leur agrément. Lilla Halluma offrit de les considérer comme *bint el bled* (filles du pays), et de leur servir de mère; elle ajouta même qu'elle promettrait, au nom du prophète, de ne s'immiscer en rien dans leur religion ni dans leurs mœurs, pendant l'absence de leurs parens.

On s'imagine bien que quelque amicale et obligeante que fût cette offre, plusieurs considérations majeures s'opposaient à ce qu'elle fût acceptée. Toutefois les rapports les plus intimes continuèrent de subsister entre les deux familles ; ils devinrent même si fréquens par la suite, qu'il est peu de particularités arrivées dans celle du pacha, dont l'auteur n'ait pu être parfaitement instruite.

D'un autre côté, les filles du consul étant toutes deux nées à Tripoli, et parlant la langue arabe depuis leur enfance, étaient non-seulement admises auprès de toutes les dames de la famille royale, mais même recherchées par elles.

Ces différentes circonstances expliquent suffisamment la manière détaillée dont sont racontées les anecdotes du château, celles concernant un grand nombre de personnages de distinction, et tout ce qui a rapport aux dernières dissensions civiles ; ce que l'auteur dit de celles-ci fait connaître une infinité de coutumes et d'incidens de guerre particuliers aux Mores.

Depuis l'époque où cette relation a été terminée, jusqu'à ce jour, la situation de Tripoli, due au changement de son gouvernement, la férocité d'Useph-Pacha et la sévérité des lois qu'il a imposées à ses sujets, n'ont plus permis de rien recueillir de semblable. Peut-être même se passera-t-il un grand nombre d'années avant que l'on obtienne des renseignemens aussi nombreux et aussi précis que ceux qu'offre cet ouvrage; et en admettant que l'on y parvienne, il faudra encore, pour atteindre au même résultat, que le hasard reproduise un concours de circonstances absolument semblables à celles où l'auteur s'est trouvée. D'ailleurs, si l'on considère la jalousie naturelle des peuples de l'Afrique, et les préjugés invétérés qui caractérisent particulièrement les Mores, on sera sans doute d'avis qu'il n'est guère probable qu'un voyageur ou tout autre individu, fût-il même revêtu d'un caractère public, soit jamais à même d'observer les choses d'aussi près que l'a fait notre auteur. On est donc porté à espérer que cette relation, qui peint d'une manière fidèle les mœurs et les usages d'une partie du globe que nous ne connaissons encore qu'imparfaitement, ne paraîtra pas moins importante à l'observateur politique, qu'agréable au public en général.

VOYAGE

ou

RELATION

D'UN SÉJOUR DE DIX ANNÉES

A TRIPOLI.

Aspect de Tripoli, en entrant dans la rade. — Réception. — Costumes des habitans. — Détails historiques. — Marchandises, bazars, etc. — Situation actuelle de Tripoli. — Coutumes des cafés. — Antiquités romaines. — Conquête de Tripoli par les Arabes. — Ile de Jerbi. — Le Lotus. — Désert de Barca. — Ammonica, Pentapolis — Tribus arabes. — Bédouins. — Gouvernement moresque.

J'ESPERE être à même, pendant mon séjour ici, de vous transmettre une suite d'événemens dignes de captiver votre attention. Je me le persuade d'autant mieux, que mes liaisons avec le pacha et sa famille me fournissent à cet égard des facilités particulières. Tout ce que je me propose, est de raconter les faits tels qu'ils se passent, sans le moindre ornement, parce que je ne pense pas que ce serait ajouter à l'intérêt qu'ils inspireront vraisemblablement que de les orner.

Avant d'entrer dans la rade de Tripoli, à quelques milles de la terre, une verdure superbe et variée dans ses teintes, donne au pays un aspect pittoresque. Toutefois, aucun objet ne semble interrompre l'uniformité du sol, qui est d'une couleur claire, presque blanche, et entrecoupé de longues avenues d'arbres; car tel est le coup d'œil qu'offrent les nombreux palmiers plantés par rangs, et entretenus dans le plus bel ordre. Leurs immenses branches, qui, vues de près, sont grossières, à une certaine distance, paraissent belles et distinctes. Le sol se trouvant bas et uni, on aperçoit à peine les troncs dépouillés de ces arbres; et les plantations de dattiers ne semblent former autre chose, pendant l'espace de plusieurs milles, que des bois et des bocages verts. En approchant de plus près, leur apparence est cependant moins agréable; leurs branches sont plus écartées, et ne présentent ni abri ni ombrage contre l'atmosphère brûlante qui les environne de tous côtés. La ville (1), avant d'entrer dans la rade, s'offre sous la figure d'un demi-cercle. L'extrême blancheur d'édifices plats et couverts de chaux frappe d'abord les regards. Les bains forment, dans les différentes parties de la ville, des groupes de dix ou douze grands dômes. Il y a ordinairement auprès de chaque mosquée une petite plantation de figuiers de l'Inde, et de dattiers qui, ayant l'air à une certaine distance d'être autant de jardins, donnent à la ville entière un aspect nouveau et agréable aux yeux d'un Européen. En entrant dans la rade, de grandes collines de décombres indiquent bientôt les ravages faits dans la ville par la main destructive du temps. Le château, ou palais royal, où réside le pacha, est à l'extrémité occidentale de la ville, dans l'intérieur des murs; auprès est un chantier où le bey (le fils aîné du pacha et son héritier) fait construire ses bâtimens croiseurs. Ce château est très-ancien, et est entouré d'une haute et forte muraille qui paraît inexpugnable; mais il a perdu

---

(1) « Tripoli, la capitale de l'état de ce nom, et l'an-
» cienne Æo, est située par les 32° 54′ de latitude Nord,
» et les 13° 18′ de longitude Est, et bâtie sur une langue
» de terre qui s'avance à une petite distance dans la mer. »
(*Lettres de Blaquières.*)

à l'intérieur toute espèce de régularité, à cause des additions sans nombre que l'on y a faites pour pouvoir y loger toutes les différentes branches de la famille royale ; car on ne se rappelle pas d'avoir vu une seule personne du sang royal, en remontant même aux arrière petits-enfans du pacha, qui ait demeuré au dehors des murs du château. Ces édifices en ont fait par degrés une petite ville irrégulière.

L'arrivée de chrétiens dans le port, occasione toujours le rassemblement d'une grande affluence de peuple ; ce qui est une conséquence naturelle de la curiosité de l'Africain, qui, n'étant jamais sorti de son pays, éprouve autant de plaisir à la première vue d'un Européen, que son extérieur bizarre en procure à ce dernier. Il nous fut donc assez difficile, après notre arrivée ici, de fixer pendant plusieurs minutes notre attention sur autre chose que sur le groupe extraordinaire qui s'offrait à nos regards.

Nous débarquâmes l'après-midi, heure à laquelle aucun More de distinction ne se trouve hors de chez lui, à cause de l'excessive chaleur. Toutefois un certain nombre des principaux officiers du pacha, quelques-uns envoyés par lui, quelques autres venus de leur propre mouvement, se présentèrent pour féliciter M. Tully sur son retour à Tripoli.

Comme c'était la première fois que nous voyions réunies un si grand nombre de personnes, toutes richement vêtues dans le costume oriental, ce spectacle nous en parut d'autant plus frappant. Leurs longues robes flottantes de satin, de velours et de fourrures précieuses, se déployaient au milieu de la foule d'êtres misérables qui n'avaient pour tout vêtement qu'un grossier morceau de toile de coton brune, d'un tissu plus léger, mais ressemblant au reste à une couverture sale, et qui (par un contraste malheureux) servait à relever l'éclat de ceux qui passaient au milieu d'eux pour se rendre auprès de nous. De tous ces brillans personnages, je n'en dépeindrai que trois, qui passèrent presque toute la journée avec nous. Ce sont Mustapha Scriven, le premier ministre, et deux ambassadeurs, Hamet Coggia, et Hadgi Abderrahman. Ces deux derniers ont vu presque toutes les cours de l'Europe; leurs manières sont aisées et polies, et ils sont aussi instruits que bien élevés. Néanmoins Hamet est le plus éclairé des deux, et ne diffère guère d'un chrétien que par le costume. Quoique déjà âgé, il est encore bel homme, et conserve une physionomie superbe. Il parle anglais avec facilité et fréquente beaucoup les maisons des chrétiens. Chacun de ces personnages avait une suite, composée d'officiers mores, de domestiques et d'esclaves noirs. Les armes et le splendide costume des derniers étaient également remarquables. Lorsque quelques individus de la suite recevaient l'ordre de s'approcher, il était difficile alors d'entendre autre chose que le bruit des armes suspendues à leurs longues chaînes d'argent.

Le premier ministre était vêtu d'un court jellic, ou veste de satin cramoisi, brodé en or par devant, fait comme un gilet qui serait cousu par-devant et par-derrière, et que l'on met, en passant la tête dans une ouverture faite au cou. Il avait par-dessus ceci un cafetan court de velours pourpre, ouvert par-devant, et ayant des manches pendantes jusqu'au poignet, tailladées de manière à relever et à montrer une étoffe d'une couleur différente, brodée en argent ; il y avait de petits boutons de fil d'or, cousus près l'un de l'autre le long de la taillade ; chaque bouton se terminait en haut par un grain de corail ; des boutons du même genre garnissaient aussi chaque côté du devant, qui était de soie d'or et d'argent, et de la largeur de quatre pouces. Une ceinture épaisse, faite d'or et de soie, joignait ces deux vêtemens à la taille. Un second cafetan très-ample, et assez long pour toucher à terre, fait de damas jaune pâle, avec des manchettes de satin vert, dont le bord était richement brodé en or et argent, découpé et relevé, recouvrait ces différens vêtemens. Il portait par-dessus le tout une bernuse de laine blanche transparente ; c'est une espèce de manteau extrêmement large, orné d'un certain nombre de glands blancs. Ce dernier vêtement lui passait par-dessus l'épaule droite, et était ramené par-dessous le bras gauche ; il pendait avec grâce par-dessus les autres parties de l'habillement, et traînait à terre lorsqu'il marchait. Cette partie de son costume était du plus bel effet, en ce qu'il était transparent comme la gaze, et laissait apercevoir les couleurs des différentes étoffes qui étaient dessous. Il était coiffé d'un très-large turban, fait de la mousseline la plus belle, autour duquel passait négligemment un schall, qui retombait sur le cou. Des demi-bottes jaunes, et par-dessus des sandales de la même couleur (que l'on ôte en entrant dans l'appartement), et un large pantalon blanc de mousseline, complétaient son costume. Les personnes d'un moindre rang portent des pantalons de coton blanc ou de gros drap bleu ou brun, et moins amples : les beaux ont à peu près sept aunes de large. Ici, la grandeur du turban augmente en raison de l'importance de celui qui le porte. Deux ou trois des individus de la suite des personnages qui étaient venus à notre rencontre, n'avaient que des turbans d'une dimension fort ordinaire, comparativement à ceux de leurs chefs : les autres portaient des bonnets de drap rouge, autour desquels passait deux ou trois fois un schall de couleur, tricoté, dont un des bouts était ramené sur le cou, tandis que l'autre pendait sur l'épaule gauche. Les hommes les plus marquans portent de ces schalls, qui sont du plus beau tissu; mais seulement lorsqu'ils montent à cheval ou qu'ils vont à la chasse; et alors les jeunes gens les disposent de manière à se couvrir le sourcil gauche, et à laisser voir l'oreille droite. Un jeune More se croit irrésistible, lorsque son schall est arrangé ainsi; mais c'est une coiffure souvent funeste à celui qui en est ceint, comme pouvant devenir l'instrument de sa mort; par la raison qu'il faut moins de temps pour lui en serrer le cou, que pour l'étrangler avec le cordon fatal que le pacha peut lui envoyer.

Le costume de Hamet Coggia, qui avait été nommé ambassadeur à Maroc la veille de notre arrivée, était fort différent de celui des autres. Au lieu du grand nombre de vêtemens dont je viens de parler, il était entièrement enveloppé d'une bernuse du plus bel écarlate, ornée tout autour d'un galon d'environ six pouces de largeur. Ces bernuses coûtent des sommes considérables; le pacha les donne en présent à ses ambassadeurs au moment de leur départ. D'après cette description, vous concevez que le costume tripolitain, presque entièrement couvert d'or et d'argent, est très-brillant.

La ville de Tripoli est, ou plutôt a été entourée de murailles et de tours d'une force prodigieuse, qui sont aujourd'hui en mauvais état. Mais des personnes versées dans ces matières, assurent qu'au moyen de simples réparations, on en ferait encore, en peu de temps, une place extrêmement forte. La mer baigne les murs de la ville de trois côtés; une plaine de sable qui fait face au quatrième, joint la ville au continent; à l'orient, elle est séparée de l'Égypte par les tristes déserts de Barca, où l'on ne rencontre aucun être humain, excepté quelquefois l'Arabe errant.

C'est non loin d'ici que les idolâtres rendaient un culte divin à Jupiter Ammon, sous la figure d'un bélier. C'est également ici qu'existait le fameux temple qui lui était dédié, et dont peu de mortels pouvaient s'approcher, à cause des sables brûlans qui séparent encore aujourd'hui les habitans ou insulaires de ce vaste désert, du reste des hommes. Des siècles s'écoulent, sans qu'aucun voyageur fasse la tentative de le franchir.

Tripoli est moins grand qu'Alger et Tunis, qui n'ont pas existé tout-à-fait l'espace de quatre cents ans comme royaumes moresques. Vers l'an 1400, trois différentes troupes de soldats s'établirent, sous la protection du grand-seigneur, à Tripoli, Tunis et Alger ; c'est d'eux que descendent ces différens peuples. Tripoli devint bientôt florissant, et continua de l'être jusqu'au siége rigoureux qu'il soutint contre les Espagnols, commandés par don Pèdre de Navarre. Depuis cette époque, quoique harcelée par les Espagnols et les Anglais, et en dernier lieu par les Français, cette ville est restée en la possession des Turcs et des Mores. Elle a été gouvernée par un pacha turc, et tributaire de la Porte pendant une longue suite d'années, au bout desquelles elle parvint à se soustraire à son joug ; elle est depuis restée sous la domination d'un souverain more. Le sol est si inégal dans la ville à cause des décombres qui y ont été successivement accumulés, et sur lesquels il arrive souvent que l'on bâtit, que les seuils de quelques-unes des portes de rue se trouvent de niveau avec les terrasses ou les combles des maisons voisines. Les rues sont étroites, quoiqu'elles soient deux fois plus larges que celles de Tunis et d'Alger. Il n'existe ici qu'un seul moyen de transport, encore n'est-il employé que par quelques-uns des Mores les plus considérables, pour leurs femmes et leurs familles. C'est une espèce de palanquin entièrement doublé de toile, et que l'on place sur le dos d'un chameau. Celui du pacha est très-richement et très-élégamment décoré, en dehors et en dedans, et ne sert à d'autre usage qu'à conduire les dames de sa famille à leurs maisons de campagne. Aucune des dames appartenantes à la famille royale ne se promène dans les rues, excepté lorsqu'elles se rendent à leurs mosquées pour remplir un vœu, ce qui leur arrive assez fréquemment, mais toujours avec une extrême circonspection. Elles sortent jusqu'à onze heures ou minuit, escortées par une garde nombreuse prise au château. Un certain nombre d'esclaves noires et de domestiques mores forment, en se réunissant, un cortége, au milieu duquel la princesse ou les princesses se promènent, ayant à leurs côtés leur suite ou leurs dames particulières. Les gardes ont soin d'annoncer leur arrivée, à mesure qu'elles avancent. Elles sont toujours éclairées par un grand nombre de flambeaux, et précédées de parfums, que l'on brûle dans des vases d'argent, travaillés à jour; on y joint de grands bassins d'argent remplis d'eau de rose et d'eau de fleur d'orange, pour tempérer la chaleur des parfums, qui élève autour d'eux un nuage épais, composé des aromates les plus délicieux. Un seul de ces accessoires, outre les cris bruyans des gardes, indique suffisamment l'approche des princesses, pour pouvoir leur laisser le passage libre; ce qui est indispensable, puisque leurs lois prononcent la peine de mort contre quiconque pourrait se trouver dans la rue dans ce moment, ou contre tout homme qui se permettrait de les regarder par une fenêtre. Il s'ensuit que tous les lieux où elles doivent passer sont toujours libres au moment où elles en approchent.

Les femmes de la moyenne classe sortent généralement à pied, mais rarement cependant sans être accompagnées par une esclave ou une autre domestique. Elles sont alors si exactement enveloppées, qu'il est impossible de distinguer autre chose en elles que leur taille, mais non pas leur corpulence. Elles se couvrent d'un vêtement appelé baracan, large d'environ une aune et demie, et long de cinq à six. Ce baracan les cache entièrement, et elles le tiennent si près de la figure, qu'à peine y voient-elles assez pour guider leur marche. Les Juives portent cette partie de leur habillement à peu près de la même manière, à l'exception qu'elles laissent un œil à découvert, ce qu'une femme more, qui respecte un peu l'opinion publique, n'oserait faire, parce que sa réputation pourrait en souffrir.

On transporte ordinairement les marchandises à dos de chameaux et de mulets; la poussière que ces animaux occasionent dans des rues sablonneuses, est insoutenable. La ville est bâtie sur un rocher. On voit çà et là des parties de pavé dont quelques-unes sont fort anciennes, et paraissent évidemment être du temps des Romains. Les boutiques ne sont pas ce qu'il y a de mieux. Les plus belles ne sont guère que des échopes; mais elles renferment souvent des marchandises d'un grand prix; ce sont des perles, de l'or, des gemmes et des drogues recherchées. La ville possède deux bazars ou marchés couverts. L'un a quatre ailes et forme la croix. Ces ailes contiennent des boutiques bâties de chaque côté, où l'on trouve toute sorte de marchandises, et elles ont un chemin au milieu qui permet aux acheteurs de s'y promener. Quelques parties de ce marché sont presqu'obscures; ce qui, joint à l'active odeur du musc, fait qu'il n'est pas très-agréable d'y passer. L'autre bazar est beaucoup plus petit, et n'a pas de boutiques; il n'est destiné qu'à la vente d'esclaves noirs des deux sexes. La seule idée d'un être humain que l'on examine et achète comme une balle de marchandise, répugne à tout cœur sensible; et cependant c'est une des principales branches du commerce des Tripolitains.

L'état de ruine où se trouve la ville, fait que le pacha encourt fréquemment le déplaisir du grand-seigneur qui, plutôt que de la voir tomber dans les mains des chrétiens y mettra une garnison turque. Sa hautesse y levait autrefois de grands tributs, mais elle l'en a généreusement dispensée depuis plusieurs années; et si le pacha la maintenait en ordre, il est présumable que la Porte lui en laisserait la tranquille possession.

L'extérieur de la grande mosquée, où les membres décédés de la famille du pacha sont inhumés, est de la plus grande beauté. Elle est bâtie dans la grande rue, près de la porte de la ville qui conduit dans la campagne, et presque vis-à-vis du palais. Devant la porte de la mosquée, il y a une seconde entrée faite en un joli treillis de bois, ciselé d'une manière curieuse, avec deux portes à battans aussi en treillis. Un grand nombre de belles tuiles coloriées, dont l'extrémité inférieure du treillis est revêtue, lui donnent un air de propreté extrêmement agréable à l'œil. Au-dessus des portes de toutes les mosquées on voit, sculptés et peints, de longs préceptes de l'Alcoran. Ceux qui se trouvent au-dessus de la porte de la grande mosquée sont peints et dorés plus richement, et la sculpture en est préférable à celle de toutes les autres. Non loin de la grande mosquée s'en trouve une petite qui a une porte sculptée en bois, et dont le travail, fait par les Mores, est fort curieux. Nous nous arrêtâmes pour l'examiner, mais nous ne pûmes entrer dans l'édifice, parce que c'était le moment du service divin. Le spectacle des Mores à la prière nous parut aussi singulier que solennel. Ils en étaient à cette partie du service, où ils se prosternent et baisent la terre. Toute l'assemblée se trouvait par conséquent dans cette posture, absorbée dans une silencieuse adoration. Rien ne semblait capable de distraire leur attention de l'objet qui la fixait dans ce moment. Leurs regards se portaient alternativement de la terre au ciel, et du ciel à la terre. Ils paraissaient exclusivement occupés des prières qu'ils adressaient dans cette humble posture. Il n'y a dans les mosquées ni siéges ni pupitres, ni carreaux pour s'agenouiller, ni prie-dieu; tout le monde est debout et indistinctement placé. Il n'est pas permis aux femmes d'assister au culte public ; ce n'est qu'à minuit qu'elles peuvent se rendre à la mosquée.

Le café bazar est le lieu où les Turcs s'assemblent pour se communiquer les nouvelles du jour, et pour prendre le café. Ce bazar est rempli de cafés et de cuisines où l'on prépare ce breuvage. Ils sont les uns et les autres extraordinairement noirs dans l'intérieur, et l'on n'y sert que du café. Aucun More de la classe distingué n'entre dans cet endroit; ils se font apporter le café par leurs esclaves, à la porte, où il y a des lits de repos en marbre, couverts de berceaux verts : ces lits de repos sont garnis de tapis et de nattes de la plus grande richesse. C'est là qu'à certaines heures du jour on trouve tous les principaux Mores assis, les jambes croisées, occupés à boire du café, qui est aussi fort que l'essence elle-même. Le café que l'on sert aux dames, dans le château, contient souvent une certaine quantité de cannelle, de clous de girofle et de noix de muscade. Quand les Mores se trouvent dans ces cafés, ils sont servis par leurs propres esclaves noirs, qui se tiennent constamment chacun auprès de son maître. L'un porte sa pipe, un autre sa tasse, et un troisième son mouchoir, tandis qu'il parle, parce que ses mains lui sont absolument nécessaires, attendu qu'il marque avec l'index de la main droite, sur la paume de la main gauche, les différentes parties de son discours, comme une virgule, une citation, un passage frappant, aussi exactement que nous le faisons avec la plume. Ceci rend leur manière de converser très-singulière; et l'Européen qui n'y est pas familiarisé est naturellement fort embarrassé de savoir ce qu'ils veulent dire.

L'un des plus grands arcs de triomphe de l'antiquité subsiste encore en entier à la Marine. Le vieil arc, comme les Mores l'appellent, fut bâti à l'époque reculée de l'an 164 de l'ère chrétienne, par un Romain qui était contrôleur des droits de douane. Il l'érigea en l'honneur et pendant le règne commun de Marc-Aurèle et de Lucius Ælius Vérus. Marc-Aurèle, a la mort d'Antonin-le-Pieux, avec lequel Lucius Vérus avait également régné, se l'adjoignit aussi dans le gouvernement de l'empire, quoiqu'à sa mort Antonin n'eût pas nommé Lucius Vérus, à cause de la bassesse de son caractère. Lorsqu'en 161 ces deux empereurs commencèrent à régner, ils changèrent leurs noms ; ce qui explique le grand nombre de lettres initiales employées dans les inscriptions de l'arc de triomphe. Quand ce monument fut élevé, il n'y avait guère d'autres lieux habités près de Tripoli, que Labeda, la Leptis Magna des anciens, qui est à environ trois journées de marche de cette ville. Lucius Vérus se trouvait à cette époque dans les bois de Daphai à Antioche, où il se livrait à ses déportemens, et commettait des excès sans nombre dans toute l'Afrique. Les Romains, occupés à la poursuite de bêtes sauvages, s'étant égarés vers l'endroit où se trouve aujourd'hui Tripoli, trouvèrent sous cet arc de triomphe un abri salutaire contre la chaleur brûlante d'un soleil de midi. Tous les habiles connaisseurs sont d'opinion qu'il est plus beau que quelqu'autre que ce soit en Italie, parce que le temple de Janus, quoique construit en marbre, et regardé comme l'un des plus magnifiques édifices en ce genre, n'a qu'une simple voûte. Cet arc de triomphe est très-élevé, sans le paraître, à cause de la grande quantité de sable qui s'est accumulée auprès. On peut estimer que la partie qui se trouve au-dessous de la surface du sol égale celle qui est au-dessus. Il est construit en pierres d'une si grande dimension, que l'on a peine à s'imaginer comment elles ont pu être transportées dans ce lieu, surtout lorsqu'on sait qu'il n'y a ni pierres ni carrières dans ce pays ; et ce qui n'est pas moins extraordinaire, est de savoir comment on a pu parvenir à y élever un semblable monument. On n'a employé aucun ciment pour joindre les pierres, et cependant leur solidité est telle, que l'édifice existe encore dans toute son intégrité, malgré les ravages du temps. La voûte est de la plus belle sculpture. Il n'y en a qu'une petite partie de visible, parce que les Mores, qui ne savent pas en apprécier la beauté, l'ont remplie depuis peu de décombres et de mortier pour faire des boutiques. On voit à l'extérieur des groupes énormes de figures d'hommes et de femmes dans toute leur grandeur, que les personnes versées dans l'antiquité peuvent facilement expliquer ; mais ces figures sont trop détruites pour que d'autres puissent comprendre ce qu'elles signifient.

On a si peu de goût ici pour découvrir des antiquités, que l'on ne songe même pas à celles qui existent. Les Européens sont souvent tentés de les faire connaître; et vraisemblablement parviendrait-on à faire, sous ce rapport, de grandes et utiles découvertes : mais les Mores et les Turcs ne permettent pas de déranger une seule pierre, un seul grain de sable, dans cette vue; et de fréquens messages ont souvent été envoyés du château pour prévenir les chrétiens du danger qu'ils couraient en se livrant à de semblables recherches.

On trouve quelquefois au dehors des murs des fragmens d'un pavé en mosaïque que l'on sait avoir existé il y a deux mille ans. A Labeda on voit des débris considérables d'édifices romains qui sont presque enfouis dans le sable. Ces édifices étaient tels, que l'on a transporté de Labeda en France sept piliers de granit d'une immense grandeur, pour être employés à orner l'un des palais de Louis XIV. A Zavia, qui n'est qu'à quelques lieues d'ici, on remarque un amphithéâtre bâti par les Romains; il est à cinq rangs de marche, et est encore entier; il a intérieurement cent quarante-huit pieds de diamètre.

Quand on songe que les Grecs ont fondé

Cyrène et établi d'autres colonies à l'extrémité septentrionale de l'Afrique, tandis que les Phéniciens bâtissaient Carthage, qui fut conquise ensuite par les Romains (1), ainsi que les

(1) Vers la fin du quatrième siècle, Tripoli, alors l'ancienne OEa, fut, pour la première fois, obligé de fermer ses portes contre une invasion hostile. Un grand nombre de ses principaux citoyens furent surpris et massacrés. Les villages, et même les faubourgs, furent pillés, et les vignes et les arbres à fruit de leur riche territoire arrachés par les peuples de Gatalia. Les autorités provinciales implorèrent la protection du comte Romanus, qui commandait depuis long-temps en Afrique; mais ils s'aperçurent bientôt que leur gouverneur romain était non moins cruel et avide que les barbares. Comme il leur était impossible de fournir les quatre cents chameaux, et le présent exorbitant qu'il exigeait avant de marcher au secours de Tripoli, sa demande équivalait à un refus; et on peut avec justice l'accuser d'avoir été l'auteur du malheur public. Dans l'assemblée annuelle des trois villes, ils élirent deux députés pour déposer aux pieds de l'empereur Valentinien l'offre accoutumée d'une victoire d'or massif, et pour présenter avec ce tribut, plutôt envoyé par devoir que par reconnaissance, l'humble représentation qu'ils étaient ruinés par l'ennemi, et trahis par leur gouverneur. Toutefois le comte, depuis long-temps initié dans l'art de la corruption, avait eu soin de s'assurer de l'amitié vénale de l'un des ministres de Valentinien, et continua, en employant les mêmes moyens, à détourner la vengeance de l'empereur de dessus sa tête coupable, et à la faire retomber sur celles

royaumes de Numidie, et que c'est dans les mêmes lieux où se trouvent aujourd'hui Tri-

d'hommes innocens. Le président de Tripoli fut publiquement exécuté à Utique, et quatre autres des principaux citoyens furent mis à mort par ordre de l'empereur. Lors de l'invasion de l'Afrique par Genséric, Tripoli fut compris dans les royaumes vandales; et, lorsque cette monarchie fut renversée par Bélisaire, cette ville fut l'une des cinq places où le général romain établit des ducs ou commandans.

Après que l'étendard de Mahomet eût flotté victorieux dans l'Orient, Abdallah, lieutenant du calife Othman, à la tête de 40,000 musulmans, disputa, dans le voisinage de cette ville, la possession de l'Afrique, contre une nombreuse armée impériale. L'ardeur des Musulmans ne put être abattue par une marche pénible. Ils avaient dressé leurs tentes en face de la ville. Un renfort de Grecs fut surpris et coupé en pièces sur le rivage; mais les fortifications de la place résistèrent au premier assaut; et les Sarrasins se décidèrent, à l'approche du préfet Grégoire, d'abandonner les travaux du siége, pour courir les chances d'une action décisive. On rapporte que ce préfet avait 120,000 hommes à ses ordres. S'il en est ainsi, les seigneurs réguliers de l'empire doivent avoir été confondus dans les hordes d'Africains qui faisaient nombre, mais qui ne formaient pas la force de son armée.

Les deux armées furent, pendant plusieurs jours, aux prises, depuis l'aurore jusqu'à midi, que la chaleur et la fatigue les obligeaient mutuellement de chercher un abri et du repos dans leurs camps. On dit que la fille de Grégoire, poli, Alger et Tunis, il n'est pas étonnant de rencontrer ici des ruines romaines, malgré l'i-

jeune personne d'une beauté et d'un esprit incomparables, combattait à ses côtés. Elle avait été habituée, depuis sa tendre jeunesse, à monter à cheval, à tirer de l'arc et à manier un cimeterre ; elle se faisait toujours remarquer aux premiers rangs, par la richesse de ses armes et de sa mise. Sa main et 100,000 pièces d'or furent offertes à quiconque apporterait la tête du général arabe. Un semblable prix était fait pour exciter le courage de toute la jeunesse africaine. Zobéir, jeune et noble Arabe, conseilla à Abdallah de rétorquer l'offre envers le préfet impérial, et recommanda en même temps qu'une partie des forces musulmanes restassent cachées dans leurs tentes, tandis que le reste soutiendrait le combat ordinaire du matin avec l'ennemi. Lorsque harassées, les troupes impériales se furent retirées pour prendre quelque repos, après avoir posé leur armes et débridé leurs chevaux, on entend tout à coup sonner la charge. Il sort alors du camp arabe une nouvelle armée de guerriers intrépides et dispos, et les longues lignes des Grecs et des Africains sont surprises, attaquées et renversées. La victoire fut complète, et Tripoli ouvrit ses portes au vainqueur.

Grégoire périt par la main de Zobéir ; mais l'enthousiaste guerrier dédaigna de réclamer une récompense qu'il avait lui-même suggérée ; son exploit eût même été ignoré si, en l'apercevant, les pleurs et les exclamations de la jeune captive, n'eussent pas fait connaître ce que sa modestie lui avait fait taire.

MAYER.

gnorance des Arabes et leur esprit de destruction. Tripoli fut appelé Tripolis par les anciens, comme étant l'une des trois villes de Leptis, OEa et Sabrata. Il est sur le même terrain qu'OEa, et a donné naissance à Apulius. Je ne m'excuserai pas de vous rappeler ces points historiques, parce qu'en vous y renvoyant maintenant ils contribueront à vous intéresser davantage à la partie du globe d'où j'écris. — Un grand nombre de villes, dans le royaume de Tripoli, possèdent des ruines intéressantes qui attestent leur antiquité. — Bengazi, qui est à une petite distance de Tripoli, et qui est gouverné par un bey ou vice-roi, dépendant du pacha, est l'ancienne Bérénice bâtie par Ptolémée-Philadelphe, deux cent quatre-vingt-quatre ans avant Jésus-Christ. Près de Bengazi et de Derne, qui est aussi gouverné par un bey envoyé de Tripoli, on voit, dans un village qui se nomme Rasem, des ruines considérables d'une tour et de fortifications bâties par les Vandales.

Sur la côte près de Tripoli est l'île de Jerbi, connue des anciens sous le nom de Meninx. Cette île est au pouvoir du pacha de Tripoli depuis l'époque où les Mores, en engloutissant dans la mer, avec presque toute leur armée, celle de leurs ennemis, en chassèrent les ducs d'Alva et de Médina-Céli, dans le quinzième siècle. On apporte de cette île à Tripoli une quantité considérable d'un fruit qui est de la grosseur d'un haricot, et qui est jaune-clair lorsqu'il est nouvellement cueilli. Il est produit par un arbre qu'un auteur français assure être le lotus des anciens. Les Mores l'appellent karroob, et se servent de sa graine ou de ses noyaux pour peser les diamans et les perles. La valeur de ces pierres précieuses est déterminée par le nombre de noyaux de karroob. — Une ville considérable, nommée Bona, dans le voisinage de Tripoli, est entièrement construite avec les ruines d'Hippo-Régius (1), et n'est guère éloignée de plus d'une lieue de l'endroit où cette ancienne ville était bâtie.

Le désert qui touche à Tripoli, et qui conduit en Égypte, porte encore le nom de Barca (2), qui lui a été donné par les Romains, à

(1) Hippo-Régius est fameux, comme ayant été le siége épiscopal de saint Augustin, qui y mourut, pendant que les Vandales l'assiégeaient en 430. Il s'y tint un concile en l'année 392, époque à laquelle saint Augustin n'était encore que simple prêtre.

(2) Le pays de Barca tire, dit-on, son nom de l'ancienne ville de Barce, bâtie, d'après Hérodote, par Battus,

cause de la férocité de ses habitans à cette époque. Les courriers qui se rendent de Tripoli au Grand-Caire traversent ce désert sur des chameaux que les Mores considèrent comme plus vites que les chevaux; aussi est-on obligé d'attacher ces messagers dessus. L'extrême difficulté que l'on éprouve à passer ces régions désertes, fait qu'ils ne peuvent que rarement quitter leurs caravanes; ils mettent ordinairement vingt-cinq à trente jours pour aller de Tripoli au Caire.

Dans la partie du désert qui conduit en Égypte, il y a des îles habitées, environnées d'un océan de sable, qui les isole entre elles et du monde entier. Qui que ce soit n'ose s'aventurer à travers cette terre de feu pour reconnaître ces îles, nommées oasis par les anciens géographes, et parmi lesquelles était celle d'Ammonica, où vivaient les adorateurs de Jupiter Ammon. Mais comme la divinité perdit de sa réputation, on oublia insensiblement la route d'Ammonica, et on ignore aujourd'hui s'il existe encore un peuple de ce nom.

---

fils d'Arcésilas, roi d'Égypte, et détruit ensuite par Amaris. Il est très-désert, et rempli de rochers et de plaines de sable.

Il n'y a que quelques-unes de ces îles dans cette partie du désert qui soient connues des caravanes. Celles-ci s'y arrêtent lorsqu'elles ont un extrême besoin de repos, et pour se remettre des fatigues d'un voyage plus dangereux qu'on ne peut se l'imaginer, et que souvent l'on ne parviendrait pas à terminer sans le secours d'une boussole et de l'astronomie. Les changemens considérables et subits produits sur les sables par les vents qui nivellent des collines dans un endroit pour les reporter dans un autre, varient à un tel point l'aspect de la route, que le voyageur incertain se voit à chaque pas obligé d'avoir recours aux astres.

Près de ces déserts est Pentapolis, au pays de Cyrineca, où se trouvaient les cinq villes d'Apollonica, Cyrène, Arsinoé, Ptolemaïs et Bérénice. Cette partie de la Barbarie, jadis appelée le grenier des Romains à cause de sa fertilité, est bien déchue. On attribue sa stérilité actuelle au défaut de pluie, qui était autrefois beaucoup plus abondante et plus fréquente que depuis un certain nombre d'années. — Les hautes montagnes de Gouriana, sont les seules que par un temps clair l'on aperçoive de Tripoli. Elles sont habitées, ainsi que les plaines sablonneuses, par de nombreuses tribus d'Arabes, parmi lesquelles on distingue celles des Tahownis, des Acas, des Benolides, des Nowalles, des Nargummas. Ces Arabes forment trois clases. La première, composée de ceux qui viennent d'Arabie ; la seconde, de ceux d'Afrique; et la troisième, des Bédouins errans. Les deux premières sont également belliqueuses; les individus sont d'un beau physique, d'un caractère généreux, honnêtes dans leurs transactions, grands et ambitieux dans toutes leurs actions lorsqu'ils sont revêtus du pouvoir, et sobres dans leur manière de vivre. Ils ont du génie, et sont doués d'une constante gaieté qui ne tient en rien de la bouffonnerie. Chacune de ces tribus est gouvernée par un chef qui porte le nom de cheik, d'après les lois duquel tous ceux qui sont sous son commandement sont gouvernés, jugés et punis. Chaque famille a un chef pris dans son sein, qui a également droit de vie et de mort. Leur commerce est la guerre. Ils servent d'auxiliaires à quiconque les paie le mieux. On les considère maintenant comme attachés aux intérêts du pacha de Tripoli. Les Bédouins sont des hordes de petits marchands errans, vivant de ce qu'ils colportent d'un endroit à l'autre. Ils fabriquent une sorte d'étoffe pour baracans, et des tissus épais de poil de chèvre, que l'on emploie à couvrir les tentes, et qu'ils vendent aux Mores.

Au printemps, ces Bédouins s'approchent de Tripoli par la plaine qui touche à la ville ; ils sèment alors leur blé, attendent qu'il soit mûr, et disparaissent jusqu'à l'année suivante. Pendant leur séjour dans la plaine, leurs femmes tissent différentes étoffes qu'ils vendent aux Tripolitains. Ils dressent leurs tentes sous les murs de la ville, mais ne peuvent pas y entrer sans permission. Leur chef est responsable envers le pacha de tous les désordres qu'ils peuvent commettre. Outre que ces peuples sont divisés en hordes, chaque famille est de plus gouvernée par son chef, comme les Arabes. Les uns et les autres conservent encore différentes coutumes décrites tant dans l'histoire sacrée que dans l'histoire profane, et sont, presqu'en toute chose, le même peuple dont il est question dans les relations anciennes. J'èspere en voir un grand nombre, et de pouvoir, par la suite, vous parler plus longuement de leurs mœurs.

Les sultans ou rois de Fezzan et de Borno, sont tous deux tributaires du pacha de Tripoli. En 1714, le grand-père du roi actuel de Fezzan fut amené prisonnier à Tripoli par Hamet-le-Grand, grand-père du pacha régnant. Les Mores de Fezzan et de Borno sont d'une couleur de cuivre foncé approchant du noir, et d'une nuance beaucoup plus brune que les Tripolitains qui habitent les pays situés à une petite distance de Tripoli. Quant aux Mores qui forment la population de cette ville et de ses faubourgs, ils sont généralement blancs. — Le pacha envoie à chacune des villes qui sont sous sa domination, un vice-roi avec le titre de bey, et aux districts d'une moindre importance un gouverneur que l'on nomme cyde. La désunion qui existe entre les princes mores ne permettant pas au pacha de s'occuper aussi attentivement de ces gouvernemens que dans les temps ordinaires, les cydes ne se rendent guère à leurs postes qu'à l'époque où ils doivent lever les tributs destinés au pacha, et alors ils emploient la force pour y parvenir. Partout où les cydes ont résidé dans leurs districts, ils ont trouvé les Mores fidèles au pacha, et n'ont eu aucune difficulté à percevoir les tributs ; tandis que ceux qui étaient tourmentés par des cydes qu'ils ne voyaient que momentanément, sont devenus incommodes, et même dangereux pour l'état. Parmi ces dernières cydaries sont celles de Messeah (y compris les villages de

Sucari et d'Amrose), Tajura, Mezzurata, Menlata, Zavia, Zuarra, et quelques autres. Près de la cydarie de Messeab il y a une grande étendue de pays sous la juridiction et au pouvoir d'un prêtre. Ce district se nomme Séide, du nom du prêtre son précédent maître, et signifie *lion*. C'est un sanctuaire qui est inviolable pour le pacha lui-même. La vie d'un meurtrier qui s'y réfugie est regardée comme sacrée. On peut le faire mourir de faim en empêchant ses amis de lui porter aucun secours; mais on ne peut l'en arracher de force.

Jeune du ramadan. — Jeûne des Juifs. — Fête du Beiram. — Tentative des Arnautes. — Gardes placés dans les domiciles des consuls.—Costumes des Bédouins et Bédouines. — Manière de converser des Bédouins.—Salut moresque. — Village arabe. — Palais et maisons. — Chiens de police. — Auberges. — Bains. — Visite au pacha et à sa famille. — Palais du pacha. — Femme et filles du pacha. — Deuil moresque. — Famille du bey. — Particularités concernant le pacha. — Chefs de la garnison turque étranglés. — Polygamie. — Sérail de Constantinople. — Lilla Halluma.

Le grand ramadan des Mores est presque fini (1). Il a été terrible pour eux, à cause de l'excessive chaleur de la saison. Les batteries du château tirent des salves au commencement et à la fin de ce jeûne, et des drapeaux sont arborés sur toutes les mosquées et sur les forts, au signal qui en est donné par un coup de canon tiré du château du pacha. Ce jeûne finit à

(1) Ramadan est le nom de la lune ou du mois pendant lequel les Turcs font leur carême. Ce jeûne a été ainsi appelé, parce que Mahomet disait que l'Alcoran lui avait été envoyé du ciel pendant ce temps-là. *Dictionnaire des sciences et arts*, par Lunier.

la première apparition de la nouvelle lune qui suit celle où il a commencé; mais il n'excède pas trente jours si la lune n'est pas visible à cette époque. Pendant toute sa durée, les vrais musulmans ne prennent aucune nourriture depuis le lever jusqu'au coucher du soleil. Il y a un garde dont le seul devoir est de parcourir tous les quartiers de la ville au point du jour, heure à laquelle les Mores disent leur *adan*, ou premières prières. Ce garde prévient à temps le peuple de faire un repas chaud avant le lever du soleil, pour pouvoir se passer de nourriture jusqu'à son coucher; il emploie à cet effet une boîte de fer-blanc où se trouvent quelques morceaux de fer, et qui fait un bruit extraordinaire. Cette boîte remplace les sonnettes, qui sont inconnues ici, attendu que la religion des Mores ne leur permet pas d'en employer. L'*adan* (le matin) est l'heure des cinq chansons ou prières que les Mores chantent pendant vingt-quatre heures du haut de leurs mosquées, et en se promenant extérieurement autour avec un étendard de la Mecque dans leurs mains. La seconde prière a lieu à midi précis; la troisième entre midi et l'heure du coucher du soleil : elle s'appelle ici *lazero*; la quatrième se fait au coucher du soleil, et la cinquième une heure et demie après; on la nomme le *dernier marabout.*

Ces appels répondent exactement à nos cloches et horloges d'église; ils annoncent le moment de la prière, et par conséquent l'heure du jour. — Les bons musulmans sont si rigides observateurs du ramadan, que, durant un vent de terre qui s'est fait sentir il y a trois jours, et qui a occasioné une chaleur excessive, semblable à ce que l'on éprouve à la bouche d'un four très-chaud, et capable de suffoquer, on n'a vu aucun More un peu distingué rompre son jeûne, et diminuer ses angoisses en buvant de l'eau. Plusieurs sont tombés dans les rues accablés par la soif. Le peuple leur répandait alors de l'eau sur la figure, sans toutefois leur en approcher de leurs lèvres. Ceux qui le peuvent dorment une partie du jour; mais le bey et les autres fils du pacha se divertissent en allant se promener à cheval dans les sables pendant presque toute la durée du ramadan. Après plusieurs heures d'une course fatigante, ils se retirent à l'heure du lazero, ou prière du soir, à l'un des palais du pacha, situé hors de la ville, et vont se baigner dans un gebbia, ou grand réservoir d'eau de source placé dans le jardin, et ombragé par des mûriers. C'est la seule manière dont ils se rafraîchissent dans les plus grandes chaleurs. Ils ne manquent jamais d'être de retour en ville au coucher du soleil, qui est le moment de rompre le jeûne. Les portes des maisons des consuls étrangers sont constamment ouvertes à cette heure; et les Mores s'y précipitent cinq ou six à la fois, afin d'étancher leur première soif. Les domestiques, presque tous Mores, guidés par la religion et par un sentiment d'humanité, sont toujours prêts à aller à leur rencontre avec un vase d'eau fraîche. Il en est parfois qui sont tellement épuisés, qu'ils ont à peine la force de boire; assez souvent d'autres tombent avant que le domestique ait pu parvenir jusqu'à eux.

Les Juifs ont un jeûne de sept jours et sept nuits, qu'un grand nombre prétend avoir observé. Mais comme la raison démontre qu'un semblable effort est au-dessus des forces humaines, il faut en conclure, ou qu'ils se trompent eux-mêmes, ou qu'ils désirent tromper les autres. Il en est cependant plusieurs qui avouent ingénument qu'ils en ont vainement fait la tentative, ce qui est sans doute le cas avec tous. — Une très-jolie Juive d'environ seize ans, et qui est maintenant à notre service, a voulu, à notre insu, tâcher d'observer ce jeûne, parce qu'elle savait que nous n'approuvions pas une chose aussi contraire au bon sens, et qui pouvait occasioner sa mort. Elle devint bientôt très-malade, mais ne voulut pas avouer, quoiqu'on la questionnât souvent, qu'elle jeûnât. Comme elle ne couchait pas dans notre maison, nous ne pûmes pas nous assurer de la vérité. Enfin elle fut retenue chez elle le quatrième jour. La nature épuisée ne lui permit pas d'aller plus loin, et elle tomba sans connaissance sur le plancher. L'intérieur de sa bouche était couvert d'une peau blanche très-épaisse, et son haleine était extraordinairement repoussante. On lui fit de suite avaler du lait nouveau et de l'huile douce ; et, à force de précautions, quant à la qualité et à la quantité des alimens qu'on lui donna pendant plusieurs jours, elle recouvra la santé. Toutefois elle conserva long-temps après un teint très-jaune, quoiqu'elle l'eût jusqu'alors extrêmement beau.

Les Mores, après leur long jeûne de trente jours, surtout pendant cette saison, observent avec un telle impatience l'apparition de la nouvelle lune qui doit y mettre un terme, qu'il est passé en proverbe dans leur langue, lorsqu'on souhaite ardemment une chose, de dire qu'on la désire comme la lune du ramadan. Le lendemain de cette fête, les canons du château et ceux de toutes les batteries des remparts annoncent la fête du Beiram, qui dure trois jours en ville et sept dans la campagne (1). Ils semblent, par tout le tapage et les divertissemens qui ont lieu à cette époque, vouloir se dédommager de tout ce qu'ils ont souffert pendant le jeûne. Des hommes parcourent les rues costumés de la manière la plus bizarre, ne ressemblant en aucune manière à des êtres humains. Quoiqu'ils se donnent les noms de lions, de chameaux, etc., on ne peut, avec toute la bonne volonté possible, reconnaître dans leur accoutrement autre chose qu'un paquet de bâtons et de guenilles liés ensemble. Ils se promènent en dansant au son du chalumeau et autres instrumens. Des balançoires sont tendues entre deux collines extrêmement hautes, dans les rues, où le

---

(1) « Les musulmans n'ont que deux *beirams*. Le pre-
» mier tombe au deuxième jour du dernier mois de l'année
» arabique, et s'appelle *beiram buiuk*, grand *beiram*. Le
» second finit le jeûne du mois ramadan, et se nomme *bei-*
» *ram kutschuk*, petit *beiram*. On appelle communément
» celui-ci la Pâque des Turcs; et dans l'opinion du vulgaire,
» il passe pour leur plus grande fête, et pour le grand
» beiram. »

(*Dictionnaire des sciences et des arts*, par Lunier.)

peuple se balance pour une très-légère rétribution. — Il est impossible de se procurer du poisson pendant le Beiram, parce que toutes les barques sont alors occupées à promener le peuple de la basse classe autour du port. Quoique l'usage du vin soit défendu par la loi de Mahomet, un nombre prodigieux de Mores s'enivrent avec une liqueur qu'ils appellent *lakaby* (1), que l'on extrait du dattier, et qui les rend fort incommodes, puisqu'elle les plonge dans une espèce de folie. Aussi, durant ces trois ou quatre jours, est-il dangereux pour les chrétiens de se promener dans les rues. Dans les maisons des consuls, on dresse dans la cour une table, que l'on tient toujours couverte de vin, d'huile, de pain et d'olives, pendant les trois jours de la fête. Ces vivres sont destinés à

---

(1) « Le lakaby coule ordinairement pendant un mois, à raison d'environ dix pintes par jour ; on marque toujours l'arbre après cette opération : le fruit ne revient qu'au bout de trois ans. Il arrive quelquefois que l'arbre subit l'opération de la ponction, si je puis me servir de cette expression, cinq ou six fois. Il meurt alors, et est converti en bois de charpente pour les maisons. On voit par là que le dattier est beaucoup plus important que l'on n'est généralement porté à le croire en Europe. »

(*Lettres* de Blaquière.)

tous les *hampers*, *chouses* et esclaves noirs, appartenans au pacha, qui veulent en prendre leur part; les drogmans ou les gardes les invitent à entrer par troupes, suivant leur rang. Les mosquées sont illuminées tous les soirs, pendant la durée de la fête. La ville n'étant éclairée d'aucune manière, le brillant éclat de plusieurs rangs de lampes placées autour des hautes mosquées, en ressort avec plus d'avantage. — Le café bazar, dont j'ai déjà parlé, est aussi illuminé d'un bout à l'autre, pendant tout le beiram, jusqu'à une ou deux heures du matin. Nous nous y promenâmes un jour durant cette fête, jusqu'à minuit. Il était rempli de chaque côté des premières personnes de la ville, presque toutes richement costumées. Les parfums d'ambre, de fleur d'orange et de jasmin, exhalaient une odeur beaucoup trop forte pour être agréable. Le nombre de lampes était si considérable, que l'on y voyait aussi clair qu'en plein jour. Après le coucher du soleil, tous les principaux Mores se réunissent au café bazar pour parler de nouvelles, et prendre le café.

Ce fut pendant l'une de ces soirées, il y a trente ans, et au commencement du règne du pacha actuel, que, dans ce même bazar, il se passa un événement singulier, qui faillit décider en un instant du sort de Tripoli. Un Arnaute (1), chargé d'une expédition par le grand-seigneur, et ayant quelques petits bâtimens et environ cinq ou six cents hommes, relâcha dans le port de Tripoli pour prendre des vivres, quelques jours avant le ramadan. Le gouvernement, quoique beaucoup plus énergique qu'il ne l'est aujourd'hui, était cependant, comme celui de tous les états mores, extrémement faible. Il y avait beaucoup de monde très-mécontent. Cet homme ayant trouvé plusieurs des principaux officiers dont les sentimens n'étaient pas favorables au pacha, et tout prêts à se révolter ; et ayant aussi remarqué qu'une partie des fortifications près de la mer pouvaient, faute de quelques légers travaux, donner un accès facile dans la place, conçut l'idée extraordinaire de s'emparer, avec sa petite troupe, de Tripoli, par surprise. Il est probable que, si l'un de ses émissaires n'eût pas commis l'action la plus insensée que l'on puisse s'imaginer, il aurait réussi dans cette surprenante tentative. Il se lia avec quelques grands personnages qui, fatigués

(1) Les Arnautes sont un peuple d'Albanie, sur la côte orientale du golfe de Venise ; ils passent pour braves, errants, infatigables et voleurs.

du gouvernement du pacha ou de la manière dont il en tenait les rênes, résolurent de favoriser son plan. Parmi ceux-ci, était le cheik. Il est à présumer que, si l'Arnaute n'avait pas été assuré de la coopération d'un homme aussi puissant, il n'aurait pas tenté l'entreprise.

Un soir, assez tard, il débarqua presque tout son monde, au-dessous de la partie des murs que les Mores appellent le Château espagnol, là où les fortifications étaient dans le plus mauvais état, et s'en empara. Les canons, qui de ce côté avaient été négligés, et se trouvaient hors d'état de service depuis un certain nombre d'années, dominaient en plein sur le château du pacha. Les Arnautes s'occupèrent aussitôt à les rétablir. On a depuis comblé les embrasures sur ce point, et retiré les canons qui y étaient. Ce fort ayant été laissé sans garde, les Arnautes y entrèrent facilement. Ils s'y glissèrent sans être remarqués, et y placèrent sur-le-champ une grande quantité de munitions, tirées de leurs bâtimens. Vers dix heures du soir, pendant le ramadan, au moment où tous les principaux Mores se trouvaient réunis dans le café bazar, le chef des Arnautes envoya à son ami le cheik, un de ses gens avec un message, en prescrivant à celui-ci d'observer et de l'instruire, à son retour, quels étaient ceux des grands personnages qui se trouvaient au Bazar. Cet homme, qui était vraisemblablement ivre, et n'avait pas compris le projet de son maître, en arrivant auprès du cheik, entouré dans ce moment de beaucoup de personnes distinguées, fut frappé de l'idée la plus extravagante; et tandis qu'il remettait son message à son adresse, il tira secrètement un pistolet de sa ceinture et étendit le cheik à ses pieds. Une démarche aussi violente, comme de raison, sema aussitôt l'épouvante. Dans un instant, l'émissaire fut massacré par le peuple. La plupart des Arnautes furent presque aussitôt taillés en pièces; le reste se sauva dans le plus grand désordre à bord des bâtimens. Leur chef parvint, au bout de quelques heures, à gagner une maison de chrétiens, où il resta caché quelques jours, et d'où il réussit, en se déguisant, à s'embarquer à bord d'un navire. Ainsi se termina cette tentative mal conduite, et qui sauva le trône du pacha pour quelque temps.

Dans toutes les parties de la Barbarie, comme à Constantinople, le gouvernement envoie une garde de deux drogmans pour rester à demeure dans le domicile des consuls étrangers. Cette garde accompagne toujours la famille lorsqu'elle va à la promenade. Ici elle est renforcée par quelques hommes que le pacha accorde, si les chrétiens désirent s'éloigner à une certaine distance de la ville, parce qu'il ne veut pas être responsable de leur sûreté, à cause des Arabes qui sont fort incommodes dans le moment actuel ; ce que l'on attribue à la rareté de toutes les choses nécessaires à la vie, et au besoin où le pacha s'est trouvé d'augmenter le tribut qu'il leur impose. A Alger, les familles chrétiennes sont obligées d'avoir le drogman à leur propre table. Il épie là tout ce qui se passe, et peut rapporter au dey tout ce qui lui fait plaisir. Aussi ces révélations donnent lieu quelquefois à des troubles très-sérieux, et compromettent souvent la sûreté des chrétiens ; mais dans la partie de la Barbarie où nous sommes, les chrétiens sont parfaitement bien traités.—Dans la promenade que nous avons faite cet après-midi à l'ouest de la ville, nous avons vu un grand nombre de Bédouins du désert, ou plutôt de leurs villages ambulans. Ce sont les premiers qui se soient offerts à mes regards depuis mon arrivée, parce que c'est la saison à laquelle ils s'approchent de Tripoli, pour cultiver la terre, celle où ils se trouvaient étant trop aride. Leurs tentes sont dressées très-près des murs, dans la partie la plus fertile de la plaine qui touche la ville. Ils sont divisés en un nombre prodigieux de tribus, que l'on distingue par les noms de leurs chefs. Chaque tribu forme une espèce de village, et chaque famille occupe une tente ou hutte portable qui lui appartient. Ils trafiquent avec le peuple de Tripoli. Au nombre des objets qu'ils lui portent, sont des baracans de laine qu'ils tissent dans leurs huttes. Chaque cheik (1) est à la fois responsable envers sa tribu, et envers le pacha de Tripoli, de la conduite de chacun des individus qui la composent. Comme les oiseaux de passage, ces Bédouins n'ont pas d'habitation fixe. Quand le beau temps et le grain leur manquent dans un endroit, ils l'abandonnent aussitôt, et vont en chercher un plus fertile, emmenant avec eux leurs familles, leurs maisons et leurs troupeaux. Parmi eux, une famille considérable occupe souvent quatre à cinq tentes ; aussi ne peut-on imaginer rien de plus frappant que

(1) *Cheik* signifie littéralement l'ancien. Dans les parties montagneuses de la Syrie, ce mot ne veut dire que propriétaire ; le premier cheik d'un pays se nomme émire, ou prince.

(*Voyages du docteur Clarke*, t. II, p. 496.)

l'innombrable quantité de tentes de toutes les formes qui se trouvent maintenant réunies dans la plaine près de la ville, et qui la couvrent presque en entier. Tout le bétail de chaque famille se trouve près de la tente, sous un appentis fait de feuilles de dattier. On le place sur un rang, et un gros cordage de paille qui passe le long des jambes de chaque animal, les lie tous à la fois. Les Bédouins sèment du froment, de l'orge et d'autres grains; ils attendent qu'ils soient mûrs pour les récolter, et se dirigent ensuite vers une autre partie du pays.

Les Bédouins portent un épais baracan de laine brun foncé, de cinq à six aunes de long, sur environ deux de large; il leur sert de vêtement pendant le jour, et de couverture pendant la nuit. Ils le mettent, en réunissant ensemble les deux extrémités supérieures au moyen d'un poinçon de bois ou de fer. Ces deux extrémités étant d'abord réunies sur l'épaule gauche, ils s'enveloppent le corps avec le reste; il en est qui se drapent avec goût. Ce n'est pas une chose facile que de porter un baracan, pour quiconque n'en a pas l'habitude; et un étranger est bientôt reconnu sous les plis de ce costume, tant il est éloigné de pouvoir l'ajuster comme ceux dont il fait le vêtement habituel. Les femmes portent aussi un baracan de même espèce, et qu'elles emploient aux mêmes usages que les hommes: peu d'entre elles ont une chemise dessous. Le baracan fait partie du costume moresque; mais les dames de Tripoli ne s'en servent que comme vêtement de dessus. Celui qu'elles mettent dans la maison est de soie et de gaze fine; pour sortir, elles en ont d'une étoffe de soie et de coton très-fin mélangés, et du plus beau blanc, par-dessus lequel elles en portent un autre d'une très-belle laine blanche. Quelle addition de draperie le luxe rend indispensable pour les femmes tripolitaines, tandis que celles des Bédouins n'en emploient qu'une seule! Celles-ci portent le baracan avec infiniment de grâce, et beaucoup mieux surtout que les femmes mores. Elles ornent leur tête de morceaux de verre et de fer-blanc, et de grains de porcelaine et de corail. Elles disposent leurs cheveux sur le front en un très-grand nombre de petites tresses, qu'elles coupent précisément au-dessus des sourcils; l'effet n'en est point désagréable, et fait, au contraire, paraître quelques-unes d'entre elles fort jolies. Leur peau est très-foncée, on peut même dire presque noire; elles ont toutes les yeux noirs, des dents extrordinairement blanches, et en général de beaux traits. Elles ont la barbare coutume de se scarifier la figure, et particulièrement le menton ; elles frottent aussitôt la blessure avec de la poudre à tirer, ce qui laisse toujours une marque noire sur la partie où le dessin a été fait. Beaucoup d'entre elles piquent très-avant avec une aiguille la figure qu'elles désirent s'imprimer sur la peau ; ce qui est à la fois une opération plus longue et plus douloureuse. Mais le prix qu'elles attachent à cette espèce d'ornement, leur fait endurer avec résignation le mal qu'elles éprouvent.

Nous sommes entrés dans l'une des plus belles tentes, et nous avons eu une longue conversation avec les femmes qui s'y trouvaient. L'une de celles à qui nous parlâmes, avait des grains de pierres de différentes couleurs passés dans la figure, particulièrement au milieu de la bouche et dans les joues. Nous trouvâmes les femmes très-occupées à tisser. Les principaux objets que les Arabes fabriquent, sont des baracans de laine, et des toiles pour tentes ; ce sont les femmes qui confectionnent ces objets ; elles ne se servent pas de navette, mais conduisent chaque fil avec leurs doigts, et le rabattent en même temps qu'elles le croisent avec un ustensile assez grossier qu'elles tiennent à la main.

Le tissu acquiert, par ce moyen, un degré de force et d'épaisseur, ainsi qu'un fini qui paraissent particuliers à la manière de fabriquer des Arabes. Nous vîmes les enfans des deux sexes occupés du bétail, le mari du labour, et la femme tournant le moulin, assise au métier, ou employée à apprêter les alimens. Une femme nous offrit son plat de cuscane avec franchise, et parut offensée de ce que nous refusâmes d'en goûter ; il était précisément accommodé, et se trouvait sur le feu, qui était fait entre deux pierres dans un coin de la hutte. Le cuscane est un plat que l'on ne trouve que chez les Mores et les Turcs. On ne l'accommode qu'avec la vapeur de la viande, et lorsqu'il est fait, comme à Tripoli, de pur froment, il est très-bon : celui que la Bédouine nous offrit était grossier et presque noir. Malgré tous les travaux que font ces femmes, elles n'ôtent jamais aucun de leurs ornemens ; et on peut dire qu'elles en sont chargées. Elles n'oublient jamais de teindre en noir leurs paupières, de peindre leurs sourcils, et ont bien soin d'en arracher tout ce qu'elles jugent inutile ; elles leur donnent la forme, la longueur et la largeur qui leur plaît davantage, sans s'embarrasser de leur forme naturelle. De sorte qu'une Bédouine, de même qu'une dame more en Barbarie, se trouvant tout-à-fait métamorphosée, lorsqu'elle est habillée et ornée, peut facilement rester inconnue à ceux qui l'auraient vue peu auparavant. Il est donc permis de dire qu'une Africaine, enveloppée de sa simple couverture, dans le désert de Barca, n'est pas plus exempte de la folie de se parer, que la plus belle dame d'une cour européenne. Les Bédouins, comme leurs voisins les Arabes, dont ils ne diffèrent que par le nom, se vantent beaucoup de leur noblesse. Ils se disent les descendans des tribus de Sabéens qui passèrent de l'Arabie-Heureuse en Afrique, sous la direction de leur roi Mélic-Ifrique, qui donna, dit-on, son nom à l'Afrique. La Bédouine qui s'arrêta pour nous parler, nous parut affable et aisée dans ses manières; son mari semblait inquiet; aussi s'éloigna-t-il à notre approche. Leurs tentes ne sont pas somptueuses dans l'intérieur. Elles sont dressées sur le sable, qui, sans aucun préparatif, sert de plancher; ce qui fait que, lorsque quelqu'un d'entre eux se lève, il se forme aussitôt un nuage de poussière qui éclipse toute la famille. Lorsque les Bédouins ou Arabes causent ensemble, ils s'asseyent en cercle; celui qui parle commence d'abord par unir un petit espace sur le sable, avec sa main, et continue son discours avec ses doigts, en faisant des signes sur le sable, et recommençant à l'unir à mesure que le besoin l'exige. Ils sont si habitués à cela, que, faute de sable, un Arabe qui parle à un chrétien, saisit sa main, fait sur la paume divers signes pour marquer les différens points de son discours, et passe ensuite une main sur l'autre pour annuler les signes déjà employés, à la manière des sourds-muets; si son interlocuteur lui refuse sa main, il se sert de la sienne. Les Bédouins sont, à quelque chose près, ce qu'ils étaient il y a quelques mille années. Ils s'abordent en se servant mutuellement de l'ancien salut : « Que la paix soit avec vous, » qui s'exprime dans la langue moresque par les mots : *salem alieke*, et s'appliquant en même temps la main droite sur la poitrine.

Lorsque les Tripolitains veulent témoigner du respect, ils portent la main à différentes reprises, alternativement de la poitrine au front, et du front à la poitrine; mais lorsque deux amis se rencontrent, leur manière de saluer est encore plus singulière; ils se serrent fortement la main droite, et s'embrassent réciproquement cette main très-vite, et pendant plusieurs minutes. — En général les Bédouins sont grands, sveltes et bien faits. Leurs femmes ne partagent pas l'opinion des dames de Tripoli, qui pensent que, si elles ne sont pas trop grasses pour se mouvoir sans appui, elles ne sont pas positivement belles ; et qui, pour parvenir au degré d'embonpoint voulu, s'efforcent, après un copieux repas, de manger encore un petit pain de beau froment trempé dans de l'eau froide.

La plaine qui avoisine la ville paraît très-belle et très-riche dans ce moment, quoique ce ne soit la majeure partie de l'année qu'une mer de sable mobile, quelquefois recouverte de boue, et où se trouvent de petits espaces de terre qui ont été ensemencés, mais qui ont l'air d'avoir été brûlés par le feu, ce qui provient de l'extrême chaleur du soleil, qui noircit entièrement le chaume. Son aspect est fort différent dans ce moment. C'est une riche plaine de grains, toute ensemencée de bichenu, de maïs et d'orge. Le maïs parvient ici à la hauteur de cinq à six pieds, et forme les plus belles allées pour la promenade, lorsque le sable n'est pas trop mouvant. Mais comme c'est assez généralement le cas, nous sommes obligés de nous borner à parcourir une partie de la route de Tunis, ainsi nommée comme étant effectivement la grande route de Tripoli à ce royaume.

Il y a près de la route un lac, sur les bords duquel on trouve du sel à une assez grande profondeur; mais il tombe rarement assez d'eau pour qu'il vaille la peine de le ramasser, dans le dessein d'en faire un objet de trafic. Ce lac est à sec la majeure partie de l'année, et est alors propre, doux et uni comme le plus beau tapis; nous nous promenons souvent dessus. Nous avons vu à une grande distance les sommités bleues des montagnes de Gouriana, que l'on n'aperçoit au reste que par un temps clair. Il y a dans ces montagnes un village d'Arabes, très-curieux (1).

(1) « Un officier, au service de Son Altesse, m'a donné les renseignemens suivans sur la manière dont ces hordes vivent. Ils commencent d'abord par creuser un trou en terre, de la profondeur de vingt pieds; sa longueur et sa largeur sont déterminées par le nombre d'individus destinés à y demeurer. Ils font, de chaque côté, plusieurs réduits moins grands, destinés à prendre le repos, à des magasins, etc. L'entrée de ces cavernes est oblique, et assez haute pour qu'un chameau puisse y entrer. C'est là que, la nuit ou le jour, toute la famille, avec son bétail, se réfugie lorsqu'elle a quelque crainte d'être attaquée. »

(*Lettres de Blaquières.*)

Les habitations sont au sommet même des montagnes, et ne peuvent être facilement reconnues que par ceux dont elles sont le séjour, par la raison qu'elles sont toutes bâties sous terre. Une entrée petite et étroite, et creusée obliquement, conduit à la demeure ; on y fait passer le bétail, qui est suivi par la famille. Ces Arabes sont pour la plupart des bandits, que l'on n'attaque jamais, parce que les longs défilés souterrains qui conduisent à leurs asiles, et où un homme peut en arrêter plusieurs, les garantissent suffisamment contre toute entreprise des Turcs. La longueur de ces défilés a donné naissance à une comparaison proverbiale parmi les Mores. Toute histoire ou conte trop long et fatigant est, disent-ils, comme le skiffar (entrée) de Gouriana, qui est sans fin.

Les maisons des gens de la première classe, à Tripoli, diffèrent des maisons égyptiennes, qui, d'après les usages de l'Orient, ont presque toutes trois ou quatre étages. On passe d'abord, pour y entrer, par une salle ou loge, que les Mores appellent un skiffar, ayant des bancs de pierre de chaque côté. D'ici, un escalier conduit à un seul grand appartement, nommé gulphor, qui a des croisées sur la rue, ce qui n'est pas permis dans aucune autre partie du bâtiment. Cet appartement est uniquement réservé au maître de la maison. C'est là qu'il tient ses levers, qu'il traite d'affaires, et reçoit ses amis. Les personnes même de sa famille n'osent entrer dans ce gulphor, sans sa permission expresse; et, quoique cela puisse paraître extraordinaire, on peut cependant dire que, dans ce seul cas, le pouvoir d'une dame more égale celui de son seigneur, puisqu'il ne peut pas entrer dans l'appartement de sa femme, s'il trouve sur le seuil une paire de sandales de dame, et qu'il doit attendre pour passer outre, qu'elles aient été retirées. Au-delà de cette salle ou loge est une cour, pavée en raison de la fortune du propriétaire. Quelques-unes de ces maisons sont en ciment brun, ressemblant à du marbre très-poli; d'autres sont de marbre noir ou blanc, les plus ordinaires sont de pierre ou de terre. Qu'elles soient petites ou grandes, à la campagne ou à la ville, elle sont toutes bâties sur le même modèle. La cour sert à recevoir un grand nombre de femmes, que la maîtresse de la maison régale à l'occasion de la célébration d'un mariage, ou de tout autre événement semblable; et, en cas de mort, à l'accomplissement des cérémonies funèbres, avant que le corps soit porté en terre.

Dans ces circonstances, on couvre la cour de nattes et de tapis de Turquie, et on tend dessus une toile pour garantir de l'inclémence ou de la chaleur de l'atmosphère ; ce qui, fort souvent, entraîne les Turcs à de très-grandes dépenses. De riches coussins de soie sont placés tout autour pour servir de siéges; les murs sont garnis de tapisseries; en un mot, la cour est transformée en un grand salon. Elle est environnée d'un portique, soutenu par des piliers, et au-dessus duquel s'élève une galerie dans les mêmes dimensions, fermée par un treillis de bois. Du portique et de la galerie, des portes donnent entrée dans de grandes chambres qui ne communiquent pas entre elles, et qui ne sont éclairées que par cette cour. Les croisées sont sans carreaux, mais elles sont garnies d'une manière assez curieuse. Elles n'admettent qu'une lumière sombre, par des espaces qui n'ont pas plus de trois lignes de largeur, et sont traversées par de lourdes barres de fer : comme d'ailleurs elles n'ont vue que sur une cour, elles sont en tout disposées de manière à calmer l'esprit inquiet du More le plus jaloux. Les combles des maisons, qui sont plats, sont couverts de plâtre ou de ciment, et entourés d'un parapet d'un pied de haut, pour empêcher que rien ne tombe dans la rue. C'est sur ces terrasses que les Mores sèchent et préparent leurs figues, leurs raisins, leur dattes et pâte de dattes. Ils vont y jouir de la fraîcheur que procure l'*inbat*, ou brise de mer, si précieuse après une journée brûlante; et on les y voit toujours après le coucher du soleil, occupés à faire leurs dévotions à Mahomet; car, quel que soit le lieu où un More se trouve, au moment où le marabout annonce la prière du soir, rien ne peut l'empêcher de se prosterner à terre; ce qui est assez fait pour surprendre un Européen qui se trouve en société avec des Mores, ou qui se promène par les rues à cette heure. Des terrasses, les eaux pluviales tombent dans des citernes qui sont au-dessous de la cour, et où l'eau se conserve pendant des années dans la plus grande pureté. C'est la seule bonne eau douce que l'on puisse se procurer dans le pays. Il est vrai que l'on trouve de l'eau partout presqu'à la surface du sol, mais elle est saumâtre et d'une odeur désagréable.

Il n'y a pas de rivière à la proximité de Tripoli; par conséquent une sécheresse continue peut y occasioner la peste. Il arrive souvent qu'il pleut pendant plusieurs jours de suite sans interruption; mais une fois que la pluie a cessé, il se passe quelquefois des mois entiers sans qu'il tombe une seule goutte d'eau. L'intérieur des citernes est fait d'un mastic qui ressemble au marbre ; en général ces citernes occupent un espace aussi grand que la cour. — Le corps-de-garde, connu sous le nom de *sandannar*, et où un aga ou capitaine est toujours de service avec une garde, se trouve à peu près au milieu de la ville. Cet aga y envoie une patrouille de soldats, accompagnés d'une meute de chiens d'une extrême maigreur, qui épargnent aux soldats la peine de poursuivre ceux qu'ils veulent arrêter; car, à un seul mot, ces animaux s'élancent, saisissent la malheureuse victime, et la tiennent couchée à terre jusqu'à ce que la patrouille arrive.

Une des plus belles fendukes moresques ou auberges, vient d'être terminée aux frais de l'épouse du pacha, que cet acte de charité hospitalière met en grand crédit, parce que les voyageurs trouvent toujours dans cet établissement un gîte gratuit. C'est un édifice très-spacieux, avec une enceinte carrée, où il y a une source d'eau et un gébia ou réservoir en marbre, pour la commodité des Mores qui se lavent avant les prières et les repas. Autour de cette enceinte, se trouve un certain nombre de petites chambres destinées à recevoir les marchandises ou effets des personnes qui sont logées au-dessus.

Les chameaux, chevaux et mulets des voyageurs, sont placés autour de la cour. Lorsqu'un étranger arrive, un More balaye le plancher d'une chambre vide, y étend une natte, qui est le seul meuble fourni, et laisse l'arrivant s'arranger comme bon lui semble. Le portier s'attend toujours à une légère gratification de la part de ceux qui partent, et qui en ont le moyen ; personne, au reste, ne peut entrer ni sortir de la fenduke jusqu'à l'adan, ou point du jour, moment auquel un More ouvre les portes.

Les bains sont grands, et généralement faits en marbre. Ils sont fréquentés pendant toute la journée par un nombre prodigieux de dames qui s'y rendent pour se parer, et qui s'y font accompagner par leurs femmes et leurs esclaves. Chaque dame exige à sa sortie du bain les soins de plusieurs d'entre ces dernières. L'une lave entièrement ses cheveux avec de l'eau de fleurs d'orange, tandis qu'une autre se tient prête à les sécher, avec de la poudre qu'elle a préparée exprès, et qui est composée d'ambre brûlé, de girofle, de cannelle et de musc ; elle les divise ensuite en une cinquantaine de petites tresses au moins : opération très-longue et qui fait beaucoup souffrir; mais de nouvelles souffrances les attendent lorsqu'il faut faire disparaître avec un instrument tout ce qui peut nuire à la régularité des sourcils, et peindre ensuite avec la plus grande recherche les sourcils et les cils avec une composition noire que l'on étend avec un poinçon d'or ou d'argent.

Dans notre promenade d'aujourd'hui, nous avons passé auprès des murs d'un grand édifice, où le grand divan ou conseil se rassemblait au temps des Turcs, lorsque Tripoli était sous la domination d'un pacha envoyé de Constantinople. Ce divan était composé des Mores les plus élevés en dignité. Le pacha faisait part au divan des ordres qu'il recevait de la Porte et qui avaient ordinairement pour objet de faire rentrer les tributs, et de se tenir en garde contre certains partis qui obtenaient trop de pouvoir. Aujourd'hui que le pays est entièrement sous la domination moresque, le grand divan, qui joue un rôle si considérable à Constantinople, n'est plus rassemblé ici que dans de certaines occasions.

Malgré le despotisme qui règne dans ce gouvernement, il n'est cependant pas difficile au sujet d'obtenir accès auprès du souverain, et de lui faire connaître les griefs dont il a à se plaindre. Il arrive souvent, lorsque le pacha est sur son trône, que l'on entend le cri de *Shar-Allah* (qui veut dire justice, au nom de Dieu !) retentir dans le palais. Le plaignant prononce ces mots à mesure qu'il approche, et avant qu'il soit en la présence du pacha. Lorsqu'on entend cette invocation à la justice, on fait aussitôt place au suppliant ; et, quand bien même le souverain descendrait de son trône, on s'attend toujours à ce qu'il s'arrête pour entendre la plainte de celui qui a recours à lui, et qu'il lui rende justice.

On peut dire qu'ici le peuple marche sur l'or. On trouve de ce précieux métal sur le bord de la mer, quoiqu'à la vérité en petite quantité ; mais il en existe des veines entières dans l'intérieur, en approchant de Fezzan. Quand on en découvre sur la côte (qui dans différentes parties est près de Tripoli), le peuple le ramasse par poignées, le met dans des écuelles de bois, et le lave à plusieurs eaux, jusqu'à ce qu'il soit entièrement dégagé de sable. On lie ensuite ces différentes parcelles dans des morceaux de linge, par paquets de la grosseur d'une petite noix, et on les rapporte ainsi à Tripoli.

Ces parcelles réunies sont connues sous le nom de métagales. Chacun d'eux vaut exactement un sequin de Venise, ou dix schellings six pences (12 fr. 60 cent.). Les négocians qui achètent ces métagales, en convertissent un certain nombre en barres, qu'ils appellent lingots, nom qu'ils portent aussi dans l'Inde. Ces lingots sont de différentes grandeurs.

Je me propose, ma chère amie, de vous rendre compte aujourd'hui de la visite que nous avons récemment faite à la famille du pacha; et comme l'intérieur du harem et du château de Tripoli n'ont pas encore été décrits par aucun de ceux qui peuvent avoir été confidentiellement admis dans leur enceinte, je me flatte que ce que je vais vous en dire, sera de nature à vous intéresser. En approchant du château, on traverse les premiers ouvrages, escortés par les hampers ou gardes du corps du pacha. Ce château est environné d'un mur de plus de quarante pieds d'élévation, avec des créneaux, des embrasures et des tours, d'après l'ancienne manière de fortifier. Son architecture est d'une époque reculée, et il est au reste très-défiguré dans l'intérieur, par les additions irrégulières faites par le pacha actuel, pour contenir les nombreuses branches de sa famille. Après avoir passé la grande porte, on entre dans la première cour du palais, remplie de gardes qui attendent devant le skiffar ou salle, où le chiah se tient tout le jour; c'est l'officier le plus élevé en grade, et auquel le pacha accorde le plus de confiance. En cas d'absence du pacha, c'est lui qui est investi du pouvoir suprême. Personne ne peut entretenir le pacha d'aucune affaire, que par son intermédiaire ; un grand nombre de gardes et d'esclaves sont toujours auprès de sa personne. Il y a dans cette salle une place carrée, avec une galerie, soutenue par des piliers de marbre, où est bâtie la messeley, ou chambre du conseil, et où le pacha reçoit sa cour, dans les jours de gala. L'extérieur de cet appartement est garni de tuiles chinoises, dont un certain nombre forme une espèce de tableau : on s'y rend par un escalier en marbres de différentes couleurs. Le nubar, ou musique royale, joue avec beaucoup d'appareil, devant la porte de la messeley, chaque après-midi, quand le troisième marabout annonce les prières du Lazzero, à quatre heures, et toute la nuit du mercredi qui est la veille de l'accession du pacha actuel au trône. Qui que ce soit, et sous aucun prétexte, ne peut passer devant la musique, et les chaoux du pacha doivent être présens pendant tout ce temps. Le nubar ne joue jamais que pour le pacha et son fils aîné, lorsqu'ils vont en campagne avec l'armée. Avant qu'il commence, le chef ou capitaine des chaoux, que l'on peut regarder dans cette circonstance comme faisant les fonctions de hérault d'armes, renouvelle la cérémonie de proclamer le pacha. Les sons du nubar sont singuliers pour une oreille européenne ; ils sont composés du turbuka, espèce de timbale, du chalumeau et du tambour de basque ; le turbuka appartient aux Mores ; le chalumeau et le tambour de basque aux Nègres.

Les nombreuses constructions ajoutées au château, forment différentes rues, au-delà desquelles est le bagne où sont enfermés les esclaves chrétiens. Il s'y trouve dans ce moment un certain nombre de Maltais, Génois et Espagnols, mais aucun individu d'une autre nation. Il n'est permis à aucun homme d'approcher le harem, ou appartement des dames, plus près que du bagne, où l'on est conduit par des eunuques à travers de longs passages voûtés, si sombres, que l'on a beaucoup de peine à reconnaître son chemin. On est frappé en entrant dans le harem d'une certaine tristesse. La cour est recouverte d'un grillage fait de barres de fer très-rapprochées; ce qui lui donne une apparence très-mélancolique. Les galeries qui règnent autour de la cour, devant les chambres, sont entourées de treillis de bois à petites entailles. Lorsque les filles du pacha sont mariées, elles ont des appartemens réservés à elles seules; personne ne peut y entrer, excepté leur mari, leur suite, leurs eunuques et leurs esclaves ; et si les princesses sont dans le cas de parler en présence d'une tierce personne, même à leur mari, à leur père ou à leur frère, elles doivent être voilées. Le grand nombre de serviteurs qui remplissent toutes les issues, fait qu'il est presque impossible de se rendre d'un appartement à l'autre.

Nous trouvâmes quelques esclaves Noires, récemment amenées de Fezzan, extrêmement gênantes, par la crainte qu'elles éprouvaient à la vue d'une figure et d'un costume européens. L'une d'elles prit une miniature qu'une dame avait au bras, pour un shietan ou malin esprit ; et cette miniature est d'une telle ressemblance avec l'original, qu'en l'apercevant cette esclave jeta des cris affreux, et que ce fut avec beaucoup de peine que l'on parvint à la tranquilliser. Il est dangereux de se trouver en leur présence avec des dentelles de prix ou des

perles; car, si on leur permet d'y toucher, elles mettent en pièces les premières, et mordent les autres pour s'assurer si elles sont véritables.
— En entrant dans l'appartement de Lilla Kebbiera, l'épouse du pacha, nous la trouvâmes assise avec trois de ses filles. L'aînée est mariée au Duganire, qui est directeur des douanes, et la seconde au bey de Bengazi; on s'attend que la troisième épousera le rais, ou amiral du port. Tous ces individus sont des renégats, parce qu'ici la famille régnante ne veut pas s'allier avec ses sujets. Il arrive souvent que les princesses traitent les maris qu'on leur donne de cette manière, infiniment plus mal que leurs esclaves, surtout s'ils sont d'une basse extraction, ce qui arrive souvent. Toutefois, le mari se console du peu de cas dont sa femme fait de lui, par la liberté dont il jouit, et par l'accroissement journalier de ses richesses et de son importance, suites naturelles de sa haute dignité et de ses rapports avec la famille du souverain.

La physionomie de Lilla Kebbiera justifie ce que l'on dit de son caractère. Elle est extrêmement affable, et a les manières les plus insinuantes qu'il soit possible d'imaginer. Elle a plus de quarante ans; mais on ne sait pas exactement son âge, parce qu'il est défendu par la religion moresque de tenir des registres de naissance. C'est encore une très-belle femme; elle a le teint blanc, les yeux bleu-clair et les cheveux très-blonds. Elle est d'une complexion délicate; mais elle a évidemment beaucoup souffert par le chagrin et les jeûnes sévères qu'elle s'est imposés, par suite de la perte qu'elle a faite de quelques-uns de ses enfans, qu'elle chérissait le plus, et des disputes qui ont journellement lieu entre ses trois fils, excités par le démon de la jalousie. En rendant visite à cette souveraine, il est permis aux femmes des consuls de lui baiser la tête; aux autres personnes de leur société, ou à leur fille, sa main droite, et à celles de leur suite sa main gauche. Si quelques-uns des noirs, ou des serviteurs du château se trouvent présens dans pareille circonstance, ils profitent de l'occasion pour baiser, en s'agenouillant, son baracan, ou vêtement de dessus. Elle est adorée de ses sujets, à cause de son extrême bienfaisance. Son défaut n'est pas de dissiper, mais de donner au-delà de ce que son revenu lui permet. Dans sa famille on l'appelle Lilla Halluma. Lilla signifie dame, en moresque; mais ses sujets lui donnent le titre de Lilla Kebbiera, la grande ou très-grande dame. Le bey, son fils aîné, est marié depuis plusieurs années; il l'a été à sept ans. Il est vrai que les Mores se marient si extrêmement jeunes, que l'on voit souvent jouer ensemble la mère et l'aîné de ses enfans, tous deux également inquiets ou chagrins du résultat de leurs jeux enfantins. Il arrive fréquemment ici que des femmes soient grand'mères à vingt-six ou vingt-sept ans, ce qui fait qu'elles peuvent voir plusieurs générations de leurs enfans. D'après la tournure mélancolique de l'esprit de Lilla Halluma, dans ce moment, elle a toujours quelque partie de son costume qui dénote le deuil profond où elle est.

Le deuil, chez les Mores, consiste seulement à ôter aux habits tout ce qui peut leur donner l'apparence de neuf; et plus on veut que le deuil soit grand, et plus les vêtemens doivent être négligés, même usés. Il s'ensuit que, lorsque Lilla Halluma ordonne qu'il lui soit fait un bonnet neuf, qui est toujours si richement brodé, qu'on le dirait d'or massif, elle ne le met pas sans qu'il n'ait été préalablement passé à l'eau devant elle, et tout son lustre effacé. Elle pleure pendant cette cérémonie, et ses dames de compagnie improvisent des vers sur la cause de ses chagrins. Le reste de son costume était d'ailleurs brillant, et elle portait des pierreries. Un voile transparent de plusieurs aunes, qui flottait négligemment autour d'elle, en plis gracieux, laissait apercevoir la totalité de son riche costume, et sa physionomie, qui respirait à la fois la majesté et la plus grande douceur.

L'appartement où elle se trouvait était tendu d'une tapisserie de velours vert foncé, parsemé de fleurs de damas coloriées, et sur laquelle des sentences de l'Alcoran, en lettres de soie, et formant une large bordure en haut et en bas, étaient très-joliment cousues. La frise était en tuiles vernies, représentant des paysages. Les deux côtés du passage de la porte et l'entrée de l'appartement étaient en marbre; et d'après les ornemens en usage dans ce pays, une moulure en porcelaine et en cristal, près du plafond, environnait toute la pièce. Immédiatement au-dessous de cette moulure étaient placées de grandes glaces, dont les cadres étaient d'or et d'argent. Le plancher était couvert de nattes curieuses, recouvertes elles-mêmes de riches tapis. Des matelas et des coussins, placés en forme de sophas, couverts en velours et brodés en or et en argent, avec des tapis de Turquie étendus devant, tenaient lieu de siéges. On servit le café dans de très-petites tasses de porcelaine, placées dans des tasses d'or travaillées à jour, sans soucoupes, sur un guéridon en or massif, d'une grandeur extraordinaire, richement ciselé en bosse. Ce guéridon était porté par deux esclaves, qui le présentaient à chaque personne de la société. Rien n'était plus brillant que le costume de ces eunuques, les plus richement vêtus que nous ayons vus au château; ils étaient entièrement couverts d'or et d'argent. On apporta ensuite des rafraîchissemens sur des tables de la plus belle marqueterie, et qui n'avaient pas plus d'un pied de haut. Il y avait, parmi les sorbets que l'on servit, du jus de grenade frais, exprimé à travers l'écorce du fruit, ce qui lui donnait un goût exquis. Après le repas, des esclaves apportèrent des encensoirs à jour, et présentèrent en même temps des serviettes, dont les extrémités étaient brodées en or la longueur d'une demi-aune.

Les deux jeunes princes, Sidy Hamet et Sidy Useph, étant de retour dans ce moment de leurs courses sur le sable, divertissement qu'ils prennent souvent, entrèrent pour faire visite à leur mère. Leurs sœurs se voilèrent pendant qu'ils restèrent dans l'appartement, ce qui ne fut que peu d'instans, parce qu'ils se rendaient auprès du pacha avant la fin de son lever. Lorsque le pacha donne audience, ce qui n'arrive pas tous les jours, à cause de sa santé, il s'attend à ce que tous ceux qui ont droit d'y assister soient présens, particulièrement sa famille.

Nous suivimes Lilla Halluma et sa fille à la maison du bey, pour rendre visite à Lilla Aisha, sa femme. Nous vîmes, chemin faisant un nouveau grand gulphor, que l'on bâtit en marbres de différentes espèces, apportés de Gênes, et en tuiles de la Chine, que l'on s'est procurées à Malte. Cet édifice est destiné au bey. Pour faire les terrasses on a fait venir des Maltais, qui construisent ces ouvrages avec un art particulier. On dit que Lilla Aisha, la femme du bey, quoique hautaine, est doué de beaucoup de bon sens. Ses appartemens sont magnifiques, et elle était elle-même vêtue d'une manière très-splendide. Sa chemise était entièrement brodée en or au cou. Sur sa chemise elle avait un jilec ou veste tissue d'or et d'argent, sans manches ; et par-dessus un autre jilec de velours pourpre, richement lacé en or, avec des boutons de corail et de perles, placés très-près les uns des autres sur le devant; celui-ci avait des manches courtes qui se terminaient par un galon d'or, un peu au-dessous de l'épaule, et laissait apercevoir une large tunique en gaze transparente, ornée d'or, d'argent et de bandes de ruban. La draperie ou baracan qu'elle portait par-dessus tous ses autres vêtemens, était de la plus belle gaze cramoisie transparente, entre de riches bandes de soie de la même couleur. Elle avait autour de la cheville du pied, à chaque jambe, de même que toutes les dames de la famille du pacha, une espèce de fer fait avec un épais lingot d'or, si fin, qu'elles le serrent autour de la jambe avec une seule main; cet ornement a un pouce et demi de largeur, et autant d'épaisseur; chacun d'eux pèse quatre livres. Il n'y a que les filles et petites-filles du pacha à qui il soit permis d'en avoir d'or : les dames qui ne sont pas du sang royal sont obligées de se borner à le porter d'argent. Immédiatement au-dessus de ces fers un tissu de fil d'or, de trois pouces d'épaisseur, terminait les extrémités d'un pantalon de soie jaune pâle et blanche. Elle avait cinq boucles à chaque oreille, deux en bas et trois au haut, toutes montées en pierres précieuses. Elle a beaucoup de dignité et infiniment plus d'influence sur le pacha et le bey que les autres princesses. On croit qu'elle se mêle de politique; mais elle conserve toutefois une apparente déférence pour l'opinion de Lilla Kebbiera, qui lui est fort attachée. Nous quittâmes le château vers sept heures, à l'annonce du marabout, ou l'heure de la cinquième prière des Mores. Nous fûmes reconduites à travers le harem ; et, quoiqu'il fît jour, nous fûmes obligées d'avoir des torches, à cause de quelques passages obscurs que nous avions à traverser. Si tous les chemins souterrains et les lieux dérobés de ce château pouvaient révéler les secrets et les événemens singuliers qui ont lieu chaque jour dans son enceinte, on apprendrait des choses fort extraordinaires. En approchant du bagne des esclaves chrétiens, notre guide du harem nous quitta, et les gardes ou hampers nous conduisirent, avec les hommes de notre société, à travers les fortifications extérieures.

Je vais maintenant vous parler plus au long du pacha Alli Coromalli. Il est d'une petite stature, et fort au-dessous de ses fils, du côté de la physionomie ; mais son air est à la fois posé et vénérable, quoiqu'il n'ait pas encore cinquante ans. Il est le second pacha more qui a régné après son père et son grand-père. Les Mores ont donné à celui-ci le nom de Hamet-le-Grand, parce qu'en 1714 il s'empara de la souveraineté de Tripoli, qui avait été pendant plusieurs siècles sous la tyrannie d'un pacha et de troupes réglées turques, qui tenaient les Mores dans le dernier état de sujétion. Tout le pays était tributaire de la Porte. Une garnison turque était depuis long-temps maintenue aux frais du peuple, pour soutenir l'autorité et l'importance des pachas envoyés par le grand-seigneur, lesquels résidaient dans cette ville pendant trois ans. Hamet, l'aïeul du pacha actuel, était bey ou prince de Tripoli, pendant le règne du dernier pacha turc. Lors du retour de celui-ci à Constantinople, il adopta son fils, en le faisant passer dans une chemise de sa femme; c'est le cérémonial prescrit en pareil cas. Cet enfant a vécu et est aujourd'hui grand chiah; il a la figure la plus vénérable, et porte une barbe blanche comme l'ivoire. Le pacha turc, à son départ, laissa des troupes pour la sûreté de la place, ou plutôt pour la perception des droits imposés pour le grand-seigneur. Pendant cet intervalle, Hamet-Bey, sur la demande qu'il en fit à la Porte, fut nommé pacha. Il trouva bientôt moyen de changer totalement le gouvernement; et la manière expéditive dont il opéra ce changement est vraiment extraordinaire. Il réussit, sans le moindre trouble, à expulser, dans vingt-quatre heures, de Tripoli, tous les soldats turcs, au nombre de plusieurs centaines. Il donna à son palais, non loin de la ville, une fête superbe, à laquelle il invita tous les officiers turcs. Trois cents de ces malheureux furent étranglés, à mesure qu'ils entraient dans le skiffar ou salle. Ce skiffar est très-long, et renferme de chaque côté de petites chambres obscures, et d'autres réduits dérobés, où l'on avait caché des gardes. Ceux-ci massacraient les Turcs l'un après l'autre à leur passage, et faisaient aussitôt disparaître leurs cadavres, de manière que celui qui arrivait le dernier ne s'apercevant de rien à son entrée dans le skiffar, laissait son cheval et ses domestiques, et peu après recevait le coup fatal.

Le lendemain, tous les Turcs qui se trouvaient à Tripoli furent trouvés massacrés dans tous les quartiers, et on ne fit que peu, ou point de recherches contre ceux qui prirent part à ces terribles exécutions. Quelques Turcs épars furent les seuls qui échappèrent pour en porter la nouvelle. Le pacha envoya des présens considérables à Constantinople pour apaiser le grand-seigneur, et dans un ou deux jours personne n'osa plus parler de la garnison turque. Étant parvenu ainsi à se débarrasser lui-même et sa famille du joug des Turcs, et ayant réussi à se maintenir dans les bonnes grâces du grand-seigneur; il plaça Tripoli entièrement sous un gouvernement moresque; ce qui fait que les Mores qualifient encore son règne de glorieux. Si Bey-Abdallah, le fils du pacha turc, et que Hamet-le-Grand avait adopté, était destiné à avoir quelque part au gouvernement, il paraît qu'il le perdit entièrement de vue, car il nomma son fils Mohammed, encore enfant, à la dignité de bey de Tripoli. Mohammed lui succéda, et à sa mort laissa le trône à son fils, le pacha régnant.

Toutefois, Abdallah fut dédommagé par l'emploi élevé dont il fut revêtu. Ce prince est grand chiah du château, où il commande en l'absence du pacha, et qu'il garde lorsqu'il est présent. Il ne quitte son poste ni nuit ni jour; il se tient toujours dans le skiffar, et a un adjoint, appelé le petit chiah. Quoique la ville soit gouvernée par un chiah, les clefs n'en sont pas moins remises au grand chiah, chaque soir. Il n'en est pas de même des clefs du château, qui sont chaque soir aussi portées au pacha qui les garde dans son appartement; il s'ensuit que tout accès avec le château est fermé jusqu'au lendemain matin, autrement qu'en escaladant les murs avec des cordes, ce qui est également dangereux et diffficile, et n'est jamais tenté que dans un cas extraordinaire, et sans la permission du grand chiah.

Quoique le pacha n'ait pas cinquante ans, la blancheur de sa barbe le fait paraître vieux. Le bey, son fils aîné, n'a pas trente ans; il a une figure majestueuse, et est très-aimé du peuple, à cause de sa douceur et de sa justice. Sa garde et son pouvoir égalent presque ceux du pacha. Cette suprématie a excité la jalousie de ses deux plus jeunes frères, jalousie qu'enveniment encore des personnes mal intentionnées qui les entourent, et qui les rend fort gênans pour lui.

Quoiqu'il soit permis aux Turcs d'avoir quatre femmes, le pacha n'en a épousé qu'une, Lilla Halluma. Elle parle avec beaucoup de satisfaction des beautés grecques et noires, amenées au château, lesqu'elles ne lui ont occasioné d'autre désagrément que les dépenses nécessaires à leur entretien. Aussi se considère-t-elle, sous ce rapport, comme ayant été beaucoup plus heureuse que la grande sultane de Constantinople qui, au milieu des grandeurs, ne trouve aucune espèce de consolation domestique dans l'intérieur du sérail. Si, par leur singularité, les coutumes du sérail s'opposent au bonheur de la vie sociale, d'un autre côté elles rendent le cœur étranger à ses douceurs, ou l'obligent à les chercher en vain. Mais on jugera mieux de la vie d'un sultan de la Porte Ottomane, par la description suivante du sérail, ou plutôt du harem du grand-seigneur; car sérail veut dire l'enceinte de tout le palais ottoman, qui forme à peu près une ville de moyen ordre. Le mur qui l'entoure a trente pieds d'élévation. Le sérail a neuf portes, dont deux sont d'une grande magnificence. C'est de l'une d'elles que la Porte ottomane prend le titre de Sublime Porte; mais l'endroit habité par les femmes du sultan est appelé, comme ici, le Harem; et qui que ce soit, autre que ceux qui y sont officiellement attachés, ne peut passer la première porte. Le Harem a vue sur la mer de Marmara; le grand-seigneur et ses eunuques sont les seuls qui y entrent. Lorsque quelques-unes des sultanes sortent du sérail pour se promener sur l'eau ou dans la campagne, le bateau ou la voiture qui les conduit est soigneusement couvert. Un passage garni en toile est disposé tout le long du chemin, depuis la porte de leur appartement jusqu'à l'endroit où elles s'embarquent ou montent en voiture. Le nombre de ces dames, toujours très-grand, est déterminé par le sultan; et, d'après un règlement assez singulier, il n'y a parmi elles toutes qu'une servante. Elles se servent l'une l'autre à tour de rôle; la dernière entrée sert celle qui est entrée avant elle, et se sert elle-même : de sorte que la première entrée est servie sans servir, et la dernière sert sans l'être. Elles couchent toutes dans des appartemens séparés, et il y a une inspectrice pour cinq, qui surveille minutieusement leur conduite. Leur première gouvernante est appelée *caton-ciaha*, qui signifie gouvernante des nobles jeunes dames.

Quand il y a une sultane-mère, elle forme sa cour des dames du harem, d'après le privilége dont elle jouit de prendre auprès d'elle celles qui lui plaisent davantage, et en aussi grand nombre qu'elle veut. Lorsque l'intention du grand-seigneur de laisser promener ces dames dans les jardins du sérail, est signifiée à la caton-ciaha, on ordonne à tout le monde d'en sortir. On commande alors une garde d'eunuques noirs, qui sont placés, sabres nus, le long des murs du jardin, tandis qu'un autre détachement garde les promenades. Si malheureusement, par ignorance ou par inadvertance, quelqu'un est rencontré dans les jardins dans ce moment, il est aussitôt mis à mort et sa tête envoyée au grand-seigneur.

La mère du fils aîné du grand-seigneur est appelée Asaki, c'est-à-dire, sultane-mère. A la naissance de ce fils, elle est couronnée de fleurs. Elle peut former sa cour, comme il a déjà été dit, et s'arroge toutes les prérogatives d'une femme. Des eunuques sont désignés pour son service particulier. Aucune autre dame, quoiqu'ayant un fils, n'est couronnée, ni ne jouit de distinctions aussi éminentes que la sultane-mère. Toutefois, celles qui sont dans ce cas, sont servies à part, ont de grands appartemens destinés à elles seules, et sont exemptes de servir. Après la mort du grand-seigneur, toutes les sultanes qui ont donné le jour à des garçons, et qui sont par là considérées comme reines, sont enfermées dans le vieux sérail, d'où elles ne peuvent jamais sortir, à moins qu'un de leurs fils ne monte sur le trône. D'après ces détails, on s'imagine facilement qu'à Tripoli, Lilla Halluma estime sa position tout ce qu'elle vaut. — On entretient un nombre considérable de chevaux pour l'usage du grand-seigneur; on ne peut en augmenter ni en diminuer le nombre, et qui que ce soit, excepté sa hautesse, ne peut les monter. Tous les pages du sérail sont fils de renégats. — Pour en revenir à Lilla Halluma, elle parle avec sa compassion ordinaire des veuves encore existantes de Mohammed-Pacha, qui, d'après ses ordres, sont traitées avec tous les ménagemens possibles. Elle sont fort gaies et s'accordent parfaitement ensemble, exemptes, comme elle dit, des craintes continuelles qu'elle-même éprouve chaque jour sur le sort de ses trois fils, tous trois également chers à son cœur, et également jaloux l'un de l'autre.

Description des mosquées. — Égards montrés aux chrétiens.
—Culte mahométan.—Du duganire.—Partie de plaisir
chez l'ambassadeur. — Belle Circassienne assassinée. —
Château de Lilla Zénobie. — Singulier aspect du pays.
— Eau conservée par les chameaux. — Histoire du séide
et de sa fille. — Mort de Hamet-le-Grand. — Magasins
à grains. — Le dattier. — Jardins moresques et fruits.
— Mort de la fille de l'ambassadeur. — Extrême chaleur
de la saison.

La grande mosquée, dans laquelle est bâti un vaste mausolée en l'honneur de la famille régnante, est sans contredit la plus belle de cette ville. Les autres sont jolies, mais cependant fort au-dessous de celle-là. Les Mores obligent tout le monde, hommes ou femmes, à y entrer nu-pieds; ils remettent leurs souliers à leurs domestiques en-dehors. Cette coutume de se déchausser à la porte n'a rien de désagréable, en ce que le carreau de la mosquée est entièrement couvert de nattes superbes, par-dessus lesquelles il y a de riches tapis de Turquie. L'édifice dont je parle est grand, élevé et presque carré. Les murs, à la hauteur de trois pieds du plafond, sont garnis de belles tuiles de la Chine, peintes et placées uniformément; le plafond est orné de la même manière. Les seize colonnes de marbre ont de minces verges de fer, dorées et peintes en bleu, passant de l'une à l'autre, et formant une espèce de grand grillage à travers tout l'édifice, à six pieds au-dessous du comble, d'où pendent en festons des lampes antiques suspendues par de longues chaînes d'argent, dont quelques-unes sont très-larges; des vases d'argent, à jour, pour mettre de l'encens, et des œufs peints suspendus par des cordons de soie. Il y a, sur trois faces de la mosquée, des fenêtres carrées et basses, garnies de grillages de fer, sans vitrage. Du côté qui regarde la Mecque, il y a une chaire de marbre semblable à de l'albâtre, à laquelle on monte par un escalier de quatorze marches, environné d'une balustrade de marbre. Cette chaire est couverte en tuiles de la Chine. Au-dessus est un petit dôme d'albâtre, soutenu par quatre piliers de marbre blanc qui reposent sur la chaire; l'extérieur de ce dôme est entiè-rement couvert en or. Près de la chaire il y a une petite niche pratiquée dans le mur, où l'iman descend pour prier, ayant d'un côté le shiak, et de l'autre le chiah. Comme les autres autels sont opposés à l'orient, l'iman prie toujours la face tournée vers la Mecque.

Les fenêtres, de deux côtés, ont vue sur un péristyle qui environne la mosquée ; du troisième côté elles donnent sur un élégant édifice de pierre blanche, qui ressemble à une mosquée, mais qui est le mausolée appelé Turbar. Il est rempli de beaux tombeaux appartenant aux personnes de la famille royale qui sont décédées en ville, parce qu'il est expressément défendu d'y rentrer le corps de qui que ce soit, mort hors de son enceinte. — Le cimetière des chrétiens est près de la mer, au dehors de la porte de la Marine. Aucun chemin n'y conduit de la campagne ; le seul qui existe passe par la ville, et on ne peut par conséquent y transporter les corps qu'en traversant la mer à l'embouchure de la rade. Quelle que soit la passion de l'argent chez les Mores, et quelle que fût d'ailleurs la somme qu'on pourrait leur offrir, on ne parviendrait pas à obtenir qu'ils laissassent le corps traverser la ville ; il ne reste, dans ce cas, d'autre ressource qu'un voyage par mer.

Mais revenons au Turbar. Il est en entier du plus beau marbre, et est rempli d'une immense quantité de fleurs toujours fraîches, presque tous les tombeaux étant ornés de festons de jasmin d'Arabie, et de gros bouquets de fleurs de toute espèce, comme d'orangers, de myrtes, de roses rouges et blanches, etc. Tous ces arbustes exhalent une odeur que ne peuvent concevoir ceux qui ne sont pas habitués à les voir journellement.

Les tombeaux sont presque tous de marbre blanc ; quelques-uns seulement sont ornés de marbre de couleur. Ceux des hommes sont distingués de ceux des femmes par un turban sculpté dans le marbre, et placé dessus.

Comme les croisées de la grande mosquée sont très-basses et très-profondes, la lumière est partout extrêmement faible ; ce qui ajoute à la solennité du lieu, et soulage agréablement la vue du vif éclat de la lumière extérieure. Le parfum de l'eau de fleur d'orange, de l'encens, du musc, joint à la grande quantité de fleurs dont j'ai déjà parlé, et la fraîcheur délicieuse du temple, nous firent presque croire que nous étions en paradis, surtout en sortant d'une rue brûlante et remplie de poussière. L'extrême propreté de cette mosquée, sa vaste enceinte, et les parfums que l'on y respire, agissent singulièrement sur l'imagination. Elle a été rebâtie il y a quarante-deux ans par le père du pacha actuel.

Les Mores sont toujours amplement récompensés de la peine que les chrétiens leur donnent en visitant leurs édifices ; mais il faut convenir qu'en général rien n'égale leur politesse et leur attention : et c'est une qualité qu'il est assez extraordinaire de rencontrer parmi le peuple, quand on considère combien leurs mœurs sont diamétralement opposées aux nôtres. Mais aussi n'est-il aucune partie de la Barbarie où l'on montre autant de déférence pour les chrétiens qu'ici.

On sait que, chez les Mores, les usages ont peu varié depuis plusieurs siècles. Il n'est donc pas extraordinaire que leurs édifices produisent sur l'imagination un effet semblable à ce que nous lisons dans les saintes écritures, ou à ce que nous voyons représenté dans les tableaux qui y ont rapport. Les laïcs comme les prêtres, lorsqu'ils sont à la mosquée, dirigent toute leur attention vers la partie qui est supposé faire face à la Mecque, de la même manière qu'ils se tournent vers cette ville chaque fois qu'ils s'agenouillent pour prier dans la rue ou ailleurs. Toutes les mosquées sont ornées de minarets ou flèches, d'où un homme placé en dehors, tenant à la main un drapeau, annonce à grands cris l'heure de la prière.

Le pacha, le bey, et son second fils Sidy

Hamet se sont rendus aujourd'hui à la mosquée. Il n'y a que les personnes de la famille royale qui puissent aller à cheval dans la ville ; leur suite va à pied, excepté le premiér chiaoux, qui précède la procession monté sur un cheval superbe. Il a devant lui une timbale sur laquelle il frappe à coups mesurés, et proclame, à peu près comme un héraut d'armes, l'entrée du pacha dans chaque rue. Il accompagne de la même manière le bey lorsque le pacha est absent, mais non pas ses autres fils. Son costume est à peu près le même que celui des autres chiaoux, excepté que son turban est orné à gauche d'une grande griffe d'or, et que le devant de son jilec ou veste est presque entièrement d'argent. Six chiaoux le suivent à pied, uniformément vêtus en écarlate ; leurs habits étaient justes, tout-à-fait simples, assez courts, et fixés à la taille par une ceinture de cuir. Ils avaient pour coiffure des bonnets blancs, droits, faits exactement dans la forme d'une corne d'abondance. Venaient ensuite les queues de cheval, le pacha de Tripoli étant pacha à trois queues ; et après celles-ci les hampers, ou la garde du pacha, très-richement habillés, et portant de petits bâtons argentés à la main. On voyait ensuite les serviteurs du pacha. Autour de lui étaient les officiers d'état, plus ou moins rapprochés de sa personne, selon leurs rangs. Son porte-épée marchait d'un côté et son premier ministre, avec lequel il avait l'air de s'entretenir très-attentivement, était de l'autre. Il était vêtu d'un cafetan de satin jaune, doublé d'une riche fourrure. Son turban, garni d'or aux extrémités, était très-large; il ne portait pas de pierres précieuses, quoique ordinairement il en ait sur lui qui sont d'un très-grand prix. L'omission de cet ornement est pour indiquer au peuple que le pacha a quelque motif d'affliction. Son cheval, ainsi que celui du bey, étaient superbes, mais par trop surchargés de harnais. Leurs selles étaient d'or relevé en bosse, et avaient des étriers d'or pesant plus de treize livres chacun. Le cheval du pacha était orné de cinq colliers d'or, et celui du bey de trois. Le bey portait un cafetan vert-pâle et argent; un schall cramoisi, ayant les extrémités garnis d'or, était roulé autour de son turban. L'un de ses officiers d'état avait un cafetan tissu d'or, et par-dessus une belle bernuse de drap pourpre. Vous voyez qu'on ne peut trouver nulle part plus de magnificence dans les costumes qu'ici.

Le pacha a l'extérieur vénérable; mais le bey

a beaucoup plus l'air d'un souverain que lui. La figure de ce dernier est noble, et surtout extrêmement belle. Un nombre considérable d'esclaves nègres et de domestiques environnaient la procession et éloignaient la foule. Le pacha se rend à la mosquée à l'occasion du moindre événement particulier, bon ou mauvais, qui a rapport à lui ou à l'état. Quelquefois il fait visite au rais de la marine, qui ne doit cependant pas beaucoup envier cet honneur, puisqu'il lui en coûte toujours deux de ses esclaves noirs qu'il est obligé de présenter au pacha, en reconnaissance de sa gracieuse condescendance. Pendant que le pacha passait, un homme qui se trouvait dans la maison de l'un des consuls étrangers (les maisons de ces fonctionnaires étant regardées comme des asiles inviolables), en sortit, courut toucher le cheval du pacha, et fut ainsi pardonné. Cette faveur d'obtenir grâce en touchant soit les vêtemens ou le cheval du pacha, s'étend aux vêtemens et aux chevaux du bey lorsqu'ils sont dehors. Mais il y a cette différence que le cheval du pacha protége en tout temps, même dans l'écurie; si un criminel parvient à se mettre sous lui ou à s'y attacher, sa vie est en sûreté. Lorsque le pacha se rend à quelqu'un de ses jardins, ce qu'il fait toujours à cheval, des esclaves conduisent devant lui trois chevaux de relais, richement caparaçonnés; sa suite vient après. Presque tous les principaux officiers de l'état accompagnent le pacha; il n'y a d'exception que pour le grand chiah, par la raison, comme je l'ai déjà observé, qu'il ne peut pas s'absenter du château en même temps que le pacha.

Toutes les affaires du moment sont soumises au chiah. Mais tout ce qui a rapport à la distribution de la justice est renvoyé au cadi, qu'on regarde comme en étant le chef.

Le duganire faisait partie de la suite du pacha. C'est un personnage d'une haute importance. Il a la surintendance des droits de douane, emploi qui, à Tripoli comme dans toutes les autres parties de la Barbarie, est l'un des premiers du gouvernement. Il est à la fois contrôleur et fermier général. Toutes les taxes sur les exportations et la consommation intérieure sont de son ressort. Il arive souvent que le pacha lui demande inopinément de fortes sommes, qu'il obtient en imposant des taxes additionnelles. Il est presque certain que le refus de payer ces sommes amènerait la perte de sa place, et probablement celle de sa vie. Toutes les marchandises que les consuls importent pour leur propre consommation, ne paient aucun droit. Le duganire fournit le château de tout ce qui est nécessaire, en pain, viande, charbon-de-terre, huile et savon. Ces différens objets sont envoyés chaque jour de la douane au château, tant pour la maison du pacha que pour toutes celles des différentes branches de sa famille. Le pacha détermine lui-même la quantité qui doit être allouée à chacun. Le duganire est napolitain; il est d'une très-basse extraction, quoique marié, comme je l'ai déjà dit, à la fille aînée du pacha, et a été amené ici, comme esclave, il y a un grand nombre d'années. Il est maintenant fort riche, a une grande influence, et se fait aimer du peuple. On s'attend qu'un de ses neveux épousera aussi quelque femme de la famille du pacha, à laquelle il apportera en mariage une partie des richesses que son oncle a amassées.

Le gouvernement est dans ce moment d'une douceur telle que le trône du pacha peut en être compromis, par la raison qu'il abandonne trop les Mores à eux-mêmes. Il n'en est pas de même à Maroc, où règne le plus despote des tyrans. Il s'y est passé il y a quelque temps un événement singulier, au sujet d'un marchand More qui vient d'arriver ici. Pendant qu'il était à Maroc, il y importa une grande quantité d'objets d'habillement qu'un Juif lui avait demandés, mais qu'il refusa ensuite, comme ne lui convenant pas. Le marchand en porta plainte directement à son souverain, et lui demanda justice. L'empereur ordonna que puisque les marchandises ne convenaient pas au Juif, il n'entendait pas qu'il les prît. Le More rentra chez lui inconsolable. Tout ce qu'il possédait se trouvait employé dans cette affaire, et il se voyait ruiné. Toutefois quelques heures après il entendit proclamer par toutes les rues un édit portant que tout Juif qui, après cet avis de l'empereur, paraîtrait dans les rues sans des bas jaunes, un chapeau noir, et quelques autres objets faisant partie de la pacotille du marchand More, mourrait aussitôt sous le bâton. Dès ce moment la maison de notre marchand fut trop petite pour admettre tous ceux qui se présentaient pour acheter, et il réalisa, dans l'espace de quelques instans, le montant de ce qu'il regardait, peu auparavant, comme une spéculation malheureuse.

Pendant l'absence de l'ambassadeur de Tripoli à Maroc, son fils, qui a à peu près vingt-cinq ans, invita un certain nombre de chrétiens à aller à la maison de campagne de son père, dont les jardins, grâce au bon goût du maître, qui a visité presque toutes les cours de l'Europe, sont d'une distribution bien mieux entendue que quelque autre que ce soit du voisinage. C'est un lieu de délices composé d'épais bocages d'orangers, au travers desquels les rayons du soleil ne pénètrent que faiblement. Des canaux en marbre blanc où coule une eau limpide coupent les jardins dans différentes directions, et l'air que l'on y respire est chargé des suaves émanations de l'oranger, du rosier et du jasmin d'Arabie, dont l'ombrage épais contraste agréablement avec une atmosphère embrasée. Il y a au milieu du plus grand jardin, près de la maison, un gulphor très-agréable, considérablement élevé au-dessus du sol. Les planchers, les murs, les siéges de croisées sont garnis de tuiles chinoises ornées des plus brillantes couleurs. Tout autour règnent des croisées d'où s'échappent le chèvre-feuille, l'oranger et le jasmin; ces arbrisseaux y réfléchissent la plus brillante verdure, et répandent de tous côtés les plus agréables parfums.

Ces gulphors sont particulièrement consacrés à l'usage du maître de la maison pour y recevoir ses amis, puisqu'ils ne peuvent pas être admis dans sa demeure habituelle à cause des dames de la famille que l'on ne peut pas par conséquent s'attendre à jamais voir. Mais celles de la famille de l'ambassadeur ne se conforment pas à cette règle ; aussi doit-on redouter qu'en enfreignant, comme elles le font dans tant de circonstances, les bornes de l'étroite indulgence accordée aux dames mores, il ne s'ensuive de fâcheuses conséquences. Le fils de l'ambassadeur, qui parle anglais, entretint la société sur le compte de sa sœur, mais de manière à donner des craintes sur son compte, et en improuvant sa conduite. J'ai déjà remarqué que l'on appréhendait que son oncle ne la fît mourir. Une mesure semblable, qui paraît si monstrueuse à nos yeux, a lieu ici sans hésitation ni examen. Le chef d'une famille, soit père, frère ou mari, ayant droit de vie et de mort sur les femmes qui dépendent de lui, n'a, pour la mettre à exécution, qu'à obtenir un teskerar du pacha. C'est un petit morceau de papier revêtu de sa signature, qui permet à celui qui l'a sollicité, de mettre à mort l'objet de son courroux ; et on obtient ce teskerar avec la plus grande facilité.

L'ambassadeur avait, il y a quelques années, pour esclave une Circassienne qui demeurait dans un jardin, à une petite distance de la maison de son maître. Il crut sa conduite repréhensible. Après l'avoir aussi souvent menacée que pardonnée, elle fut enfin victime de la fureur d'un Mameluc appartenant à l'ambassadeur.

Ce misérable était l'ennemi de son maître, et l'admirateur rebuté de la belle Circassienne. Apprenant que celui-ci était à une fête donnée par les chrétiens, il alla le trouver tard dans la soirée, et sut si bien s'emparer de son esprit, qu'il obtint enfin le fatal teskerar. Le Mameluc monta aussitôt à cheval, et se rendit en toute hâte au jardin de la favorite. Il n'y avait que peu d'instans que le terrible messager était parti, quand l'altération visible des traits de l'ambassadeur et son anxiété firent bientôt soupçonner à ses amis l'ordre cruel qu'il avait donné, et qu'on lui persuada aisément de révoquer. Il dépêcha des cavaliers avec tous les renseignemens nécessaires pour atteindre le sanguinaire Mameluc, et arrêter son bras impatient de consommer le crime qu'il avait prémédité. Ils arrivèrent au jardin quelques secondes après lui ; mais comme il connaissait une brèche qui avait été faite au mur, il pénétra par là, et trouva la belle Circassienne qui se promenait alors seule. Elle s'enfuit à sa vue, parce qu'elle le regardait depuis long-temps comme destiné à devenir son meurtrier. Dans sa frayeur, elle parvint à monter sur le haut du mur, et courut tout autour. Ceux qui étaient envoyés pour la sauver la virent courir en vain. Ils enfoncèrent les portes, et pénétrèrent dans l'habitation. Mais dans l'intervalle ils entendirent deux coups de pistolet, et peu après les derniers gémissemens de la victime que le Mameluc, pour éviter toute explication ultérieure, avait poignardée après lui avoir tiré deux coups de pistolet.

C'est dans un moment de désespoir, et sur des accusations portées contre cette belle esclave, et qu'il a sans doute reconnues ensuite pour être exagérées, que l'ambassadeur a donné ordre de la faire mourir. Il paraît n'avoir jamais été heureux depuis cet instant ; et, à en juger d'après les continuelles angoisses que lui fait éprouver la conduite des dames de sa famille, on est généralement porté à croire qu'il ne reviendra pas ici. On le regarde comme fort rigide sur son honneur, exempt de bigotisme, et ayant l'esprit très-éclairé. Ces deux dernières qualités s'opposent à ce qu'il soit jamais bien dans sa patrie.

Non loin des jardins de l'ambassadeur, on voit les ruines d'un ancien édifice, appelé le château de Lilla Zénobie, parce qu'il était resté en sa possession après la mort de son père. C'était alors un très-beau palais, et ce souverain y tenait sa cour. On remarque dans une partie des jardins qui en dépendent une très-large monticule de terre qui recouvre les ossemens de plusieurs centaines de Turcs massacrés à l'époque où Hamet-le-Grand fit main-basse sur la garnison turque de Tripoli. C'est ici le même palais où il avait invité les principaux officiers à se rendre, comme je vous l'ai dit précédemment. Les réduits secrets dans le skiffar, où furent jetés les corps des Turcs, subsistent encore en entier, de même que le skiffar que les Turcs traversèrent pour se rendre dans l'intérieur du palais. Il y a un certain nombre d'années que Lilla Zénobie est morte, et depuis lors on a négligé cet édifice au point qu'il tombe en ruine. Ce château est, dit-on, le lieu du rendez-vous et des divertissemens nocturnes des esprits des Turcs qui y ont péri. Les Mores assurent que leur société est si nombreuse, qu'il n'y a pas place pour d'autres. Il n'y a qu'un petit nombre d'appartemens inférieurs, et une grande salle (que l'on dit être celle où le pacha donnait audience) encore existante. Il n'y a plus ni plancher ni toit. On distingue sur les murs quelques peintures dont les couleurs conservent encore de la fraîcheur, et une partie du plafond couverte d'herbes se voit au milieu de cette vaste pièce. Les portes sont extraordinairement grandes et fortes. Ayant visité dans ce vieil édifice tout ce qui était susceptible d'être vu, nous retournâmes aux jardins de l'ambassadeur pour y prendre des rafraîchissemens. Les domestiques chrétiens y avaient apporté tout ce qu'ils avaient pu sauver des mains des Mores affamés. Tripoli manquant de grain depuis quelque temps, la foule s'était insensiblement réunie autour des domestiques et avait attaqué les mulets chargés au moment où ils sortaient de la porte de la ville. Dans quelques instans tout fut enlevé, excepté quelques plats de lard que les vrais musulmans regardent avec horreur; et telle était l'extrémité où les avait réduits la faim, qu'ils se disputaient jusqu'aux légers débris qui étaient d'abord tombés à terre.

Ce que nous avons vu ce matin dans les rues des premiers effets de la famine, est horrible. C'est le manque total de pluie qui occasionne cette cruelle détresse pour le moment actuel, et qui nous fait craindre de la voir bientôt à son comble. Rien n'est plus affreux qu'une semblable perspective. Les riches en pâtiront; mais combien les pauvres n'en souffriront-ils pas davantage !

Pendant notre promenade d'hier, nous avons été frappés du singulier aspect que le pays offre à une petite distance de la ville. En Barbarie, les lieux destinés à la sépulture se trouvent hors des villes, à la manière des anciens; et les nombreux tombeaux qui pour la forme ressemblent à des toits de maisons, font que les cimetières ont l'air de villes en miniature. Les mausolées érigés à des gens de distinction sont, comme les grands édifices proportionnés, dans leurs dimensions, aux bâtimens plus petits qui les entourent. Dans quelques-uns on entretient des lampes qui brûlent constamment, et on y cultive les fleurs les plus recherchées, dont le parfum vous frappe en approchant des tombeaux. — Les jardins, qui sont en grand nombre, nous parurent être autant de bois d'orangers, qui, joints aux plantations détachées d'oliviers et de dattiers, formaient un coup d'œil tout différent de ce que l'on rencontre en approchant des diverses capitales de l'Europe. Nous mîmes pied à terre dans une ferme. Les dames furent admises dans la maison où l'on nous servit plusieurs espèces de lait et des dattes fraîchement cueillies ; elles étaient du plus beau brun transparent, et ressemblaient, quant à la couleur et au goût, à celles que l'on confit avec le plus grand soin. On obtint également du lait et des figues pour nos messieurs qui étaient restés dans le jardin. Les Mores furent obligés d'attacher un chameau femelle que l'on eût beaucoup de peine à empêcher d'attaquer nos chevaux, pendant qu'ils étaient dans la cour. Le chameau est d'ordinaire un animal très-doux ; et cette femelle ne montra de la méchanceté que parce qu'elle nourrissait son petit. Le lait de chameau se donne ici aux personnes attaquées de la poitrine ; il est extrêmement saumâtre, d'une odeur désagréable, et d'une couleur rouge. Le chameau âgé de quelques semaines est très-joli. Rien n'est plus pénible que de l'entendre crier à cet âge, par la ressemblance frappante qu'il y a entre sa voix et celle d'un enfant. Plus vieux, leur voix est très-forte et dure ; et lorsqu'ils sont en colère, ils font un certain râlement avec leur gosier, auquel on ne peut se méprendre ; ce qui est assez heureux, puisqu'il annonce qu'ils veulent mordre. La grandeur de leur bouche, et l'habitude où sont les Mores de ne jamais leur mettre de muselière, font d'ailleurs qu'une morsure de leur part ne peut être que dangereuse. Heureusement ils sont en général si doux et si traitables, qu'ils vont ordinairement sans bride ni licou; une simple baguette suffit presque toujours pour les diriger chargés d'un poids de neuf cents livres.

On ne paraît faire usage du dromadaire ici que pour les courriers ou la poste. — Les Mores ne mettent pas de sangles à leurs chameaux comme nous faisons aux chevaux en Angleterre. Mais, si ces quadrupèdes ne montrent aucun goût pour les ornemens, ils sont toujours satisfaits d'entendre les chants de leurs maîtres, et ils en accélèrent leur marche : aussi les chaméliers chantent-ils constamment lorsqu'ils sont en route. Le chameau supporte pendant plusieurs jours la soif, en traversant les déserts brûlans pesamment chargés ; mais dans les villes où il y a plus de fraîcheur, et dans l'hiver, il peut se passer de boire pendant des semaines entières, parce qu'il s'abreuve de l'eau qu'il conserve dans une poche d'où il la conduit à volonté dans son estomac (1). La dernière

(1) Il y a dans le chameau, indépendamment des quatre estomacs qui se trouvent d'ordinaire dans les animaux ruminans, une cinquième poche qui lui sert de réservoir pour conserver de l'eau. Ce cinquième estomac manque aux au-

fois que le bey campa, on ouvrit un chameau pour avoir l'eau qu'il contenait, et on en trouva plusieurs pintes parfaitement conservée. Le camp manquait d'eau à cette époque, et le bey n'eut recours à ce coûteux expédient que vu l'extrême besoin où l'on était, et le nombre d'individus qui mouraient journellement, attendu qu'un chameau est toujours un objet fort cher. Les Mores en mangent la chair, qu'ils assurent être très-bonne.

En continuant notre promenade vers les sables, nous vîmes dans l'éloignement deux des plus belles mosquées de ce royaume. Elles sont

---

tres animaux. Il est d'une capacité assez vaste pour contenir une grande quantité de liqueur; elle y séjourne sans se corrompre, et sans que les autres alimens puissent s'y mêler; et lorsque l'animal est pressé par la soif, et qu'il a besoin de délayer les nourritures sèches, et de les macérer par la rumination, il fait remonter dans sa panse, et jusque dans l'œsophage, une partie de cette eau par une contraction des muscles. C'est d'après cette conformation très-singulière que le chameau peut se passer plusieurs jours de boire, et qu'il prend, en une seule fois, une prodigieuse quantité d'eau qui demeure saine et limpide dans ce réservoir, parce que les liqueurs du corps ni les sucs de la digestion ne peuvent s'y mêler.

(BUFFON, *Histoire naturelle.*)

situées à quelque distance dans le désert. Les criminels y prennent refuge, et ont leur vie sauve aussi long-temps qu'ils peuvent demeurer dans un certain circuit autour d'elles. Ce circuit s'étend à un quart de mille, et souvent à deux ou trois milles, d'après la mosquée de laquelle il dépend, et est inviolable, même pour le pacha. Toute personne surprise à donner des vivres au coupable peut être arrêtée; et, dans ce cas, celui-ci est condamné à mourir de faim ou contraint de se rendre.—L'un des marabouts, que nous avons vus aujourd'hui, se nomme le Séide. Les Mores racontent l'histoire de celui qui le premier porta ce nom, en y mêlant un grand nombre de fictions. Le mot *séide*, qui est arabe, signifie lion. Cette qualification fut donnée à un More qui, sans presqu'autre secours que son propre courage et sa force, parvint à chasser tous les lions de cette partie du pays; son fils était marabout de cet endroit. On donne également le nom de marabout à la mosquée et au saint, ou saint homme, qui y réside; et l'histoire toute simple du séide, comme fait, est racontée de la manière suivante :

Hamet, grand-père du pacha actuel, alla, comme cela se pratique dans certaines occasions particulières, visiter ce marabout ou mosquée. Dans la confusion produite par la visite du pacha, et au milieu de tous les mouvemens que se donnait la famille du séide pour procurer des rafraîchissemens, le pacha entrevit un instant la fille aînée du marabout, qui était, dit-on, l'une des plus belles femmes existantes à cette époque. Il fut tellement frappé à sa vue, qu'il dit aussitôt au marabout que sa fortune était faite s'il envoyait sur-le-champ sa fille à Tripoli, parce que sa volonté était qu'elle fût première dame du sérail. Le vénérable et religieux marabout, loin d'être satisfait des honneurs que son souverain lui offrait à ce prix, gémit, et fit de nombreuses objections à ses ordres. Le pacha courroucé y répondit en lui disant que, s'il n'envoyait pas sa fille richement parée et parfumée au sérail, cette nuit même, il ne resterait pas trace de lui ou de sa famille le lendemain matin. Il partit après cette menace, et laissa des gardes pour faire exécuter ses ordres.

L'infortuné marabout, se trouvant dans l'impossibilité de détourner l'orage de dessus sa tête et de dessus celle de sa fille, la fit revêtir de ses plus beaux habits, et la couvrit d'or et de bijoux, après qu'elle eût préalablement consenti à prendre une potion mortelle pour se soustraire à la violente passion du pacha.

Il la baigna de ses larmes, et la conduisit à la porte de sa maison, où il fit chanter l'hymne nuptiale devant elle avant qu'elle n'en sortît. Il la plaça ensuite sur une espèce de lit de repos en toile, fixé sur le dos d'un chameau élégamment orné, tel que ceux que les dames de ce pays emploient pour voyager, et la remit entre les mains des officiers du pacha, en fondant en larmes et en appelant la vengeance divine sur la tête de celui qui lui enlevait sa fille bien-aimée.

Un grand nombre de serviteurs, outre ceux que le pacha avait laissés, vinrent se joindre à ceux-ci pour la conduire au château. A son arrivée, elle fut immédiatement introduite dans l'appartement du pacha, où, peu après, il se rendit lui-même pour la recevoir. Mais il fut frappé d'horreur en entrant dans la pièce où elle se trouvait, d'apercevoir, étendu sur le carreau, le corps le plus beau roide et glacé du froid de la mort. Il s'assura que personne n'avait porté une main violente sur elle; d'un autre côté il avait été défendu à qui que ce fût d'entrer chez lui après son arrivée. Il avait vraisemblablement entendu parler, par ses serviteurs, des malédictions du marabout contre lui. Ces imprécations, jointes aux reproches de sa propre conscience et aux opinions superstitieuses des Mores, ne manquèrent pas de le jeter dans les plus vives agitations, et le plongèrent dans un état à peu près semblable à celui de la victime étendue à ses pieds.

Au lever de l'aurore, il se rendit auprès du séide, et lui demanda s'il pouvait expliquer d'une manière quelconque la mort soudaine de sa fille. Le marabout lui répondit que sa fille avait eu assez d'bonneur pour recevoir, avant son départ de chez lui, un breuvage mortel de sa main, et que, dans ce moment, il ne lui restait plus qu'une faveur à obtenir du prophète Mahomet, qui avait si visiblement sauvé sa fille dans le moment du péril : c'était qu'il lui plût de le priver, lui, Hamet pacha, de la vue. Cet accident arriva en effet au pacha cinq ou six ans avant sa mort. Toutefois la version populaire dit qu'il eut lieu dans le moment même où le marabout le sollicita du prophète, et on l'appela, comme de raison, la vengeance du séide. Mais Hamet-le-Grand était déjà avancé en âge lorsqu'il perdit la vue. S'apercevant que, par suite de cet accident, sa puissance décroissait chaque jour davantage, et ne voulant pas en être témoin, ni voir éclipser le nom de Grand qu'il avait acquis parmi ses sujets, il s'occupa de régler tout ce qu'il désirait qui fût exécuté avant sa mort, et nomma son fils Mohammed pour son successeur. Ces dispositions faites, il ordonna à l'un de ses plus jeunes pages de le suivre au golphor, où il passait fréquemment plusieurs heures seul. Aussitôt qu'ils y furent entrés, le pacha demanda ses pistolets au page; il lui prescrivit en même temps de se tenir auprès de lui, et, si le premier pistolet ratait, d'être prêt à lui remettre l'autre, au péril de sa vie. Le pacha se tua du premier coup, en présence de son fils adoptif, Bey-Abdallah, le grand chiah actuel, sans que ni lui ni le page eussent le temps de songer à prévenir la catastrophe. Bey-Abdallah avait alors à peu près onze ans. C'est ainsi que mourut Hamet-le-Grand, après un règne prospère de trente-deux ans.

Tout le pays environnant l'endroit où est bâti le marabout du séide est entièrement désert, et l'on n'y aperçoit autre chose que la ville de Tripoli, à une certaine distance.

Nous restâmes quelque temps dans les sables, parce que les deux jeunes princes Sidy-Hamet et Sidy-Yuseph, s'y trouvaient avec un parti de cavalerie. Le spectacle qu'ils nous procurèrent est tout-à-fait nouveau pour l'œil d'un Européen, et non moins beau qu'extraordinaire. Leurs manœuvres consistent particulièrement en combats simulés. Sidy Hamet descendit de cheval pour nous faire voir comment leurs cavaliers se mettent en embuscade. Ils s'enterrent, pour ainsi dire, dans le sable, et, dans cette posture, tirent sur l'ennemi. Une des choses les plus surprenantes dans ces espèces de revues, est l'extrême vitesse avec laquelle ils courent, la manière dont ils arrêtent, et surtout dont ils tournent leurs chevaux, qui, dans cette révolution, ont absolument l'air d'avoir le côté aplati. Sidy Hamet et Sidy Useph vinrent plusieurs fois à nous ventre à terre; et, arrêtant tout à coup leurs chevaux, déchargeaient leurs armes si près de nos oreilles, que cette galanterie ne nous parut pas du tout agréable, quoique faite cependant dans l'intention contraire. Ils tirent si fréquemment les uns sur les autres de cette manière, qu'il est étonnant qu'il n'en résulte pas de fréquens accidens.

Sidy Hamet était richement monté. Il portait un cafetan d'étoffe pourpre à fleurs d'or et d'argent, par-dessus lequel il avait un jilec de velours cramoisi et or, sans manches. Ces deux vêtemens étaient serrés à la taille par une large ceinture d'or fort riche. Il avait un turban blanc, autour duquel était un schall cramoisi. Ses armes étaient magnifiques. La poignée de son sabre était d'or et d'argent, et ornée de pierres précieuses ; le fourreau était bosselé. Ses pistolets étaient garnis d'or et d'argent, et singulièrement travaillés. Le devant et le derrière de sa selle étaient ornés de feuilles d'or bosselées. Les selles moresques sont très-hautes devant et derrière.

La première housse du cheval de Sidy Hamet était de velours cramoisi, avec une broderie d'or ; la seconde de pourpre, avec un large galon d'argent, et une frange d'or très-riche ; et la troisième de velours uni, foncé, garnie d'un large galon d'or.

Sidy Useph était aussi fort splendidement mis, de même que tous les principaux officiers, et les noirs ; et ils offraient ensemble un très-beau coup d'œil.

Ils restèrent long-temps dans les sables. Beaucoup des chevaux les moins bons paraissaient tout-à-fait rendus, et je fus très-satisfaite de les voir rentrer. Les étriers moresques ont une singulière forme. Ceux des princes étaient d'argent, richement dorés. Ils pèsent de dix à treize livres, et ont une demi-aune depuis la pointe du pied jusqu'au talon. Ils sont plats sous le pied, ont de chaque côté un bord élevé, et vont en élargissant à la pointe du pied et au talon. Ils coupent comme des rasoirs, et font trembler pour les pauvres chevaux ; aussi arrive-t-il fréquemment, qu'en rentrant à l'écurie, on est obligé de leur panser les flancs.

Lorsque les deux princes passèrent devant nous, ils s'arrêtèrent quelques temps pour nous parler ; ils nous expliquèrent le but de quelques-unes de leurs manœuvres, et se conduisirent avec beaucoup d'affabilité. Après nous avoir salués, ils partirent en galopant çà et là, et tiraillant tout le long du chemin jusqu'à leur entrée en ville. La poudre à tirer ne coûte que très-peu de chose au bey, parce que l'empereur de Maroc lui en envoie de grandes quantités par les ambassadeurs tripolitains.

En retournant chez nous, nous passâmes par une rue remarquable par les puits ou caveaux à grain qui s'y trouvent. Ils sont placés de chaque côté de la rue, à environ quinze toises l'un de l'autre, et sont creusés à une grande profondeur en terre. Ils étaient destinés à renfermer du blé, qui, assure-t-on, peut s'y conserver parfaitement un siècle entier. Qu'i serait heureux pour les habitans de ce pays, si ces caveaux étaient maintenant remplis comme ils l'étaient jadis, lorsque la fertilité du sol permettait d'exporter du grain dans différentes parties du monde, où il était préféré pour ainsi dire à tout autre. L'orge que l'on sème ici rend deux fois plus qu'en Europe. Quand il vient bien, on compte ordinairement de vingt-cinq à trente épis pour un, tandis qu'en Europe, on regarde comme avantageux d'en recueillir quatorze à quinze. Les choses sont tellement changées aujourd'hui, qu'on en importe à très-grands frais. Ce changement déplorable est attribué au défaut de pluie, qui manque depuis plusieurs années; on ne compte pas plus d'une ou deux bonnes récoltes depuis trente ans. S'il n'arrive pas bientôt des cargaisons de Tunis, la situation de Tripoli sera affreuse. On espère recevoir des approvisionnemens de l'empereur de Maroc, qui a été assez reconnaissant pour ne jamais oublier l'accueil que le pacha lui fit il y a déjà long-temps, à son passage par cette ville pour se rendre à la Mecque.

On attend bientôt son fils Muley Yesied, qui revient de la Mecque. Il paraît, d'après tout ce que l'on en dit, que c'est un être absolument dépravé. Sa mère et sa sœur sont avec lui. On croit que celle-ci épousera un chérif de la Mecque avant son retour.

Il y a quelque temps que le pacha ne permet plus aux chrétiens de demeurer à plus de quatre à cinq milles de Tripoli, parce qu'il ne peut pas répondre de leur sûreté, à cause des incursions des Arabes, et même des Mores : quelques Cydaries sont dans ce moment presque en état de révolte. — Nous avons à notre disposition une maison de campagne moresque, située au bord de la plaine de sable. Quoique le terrain qui en dépend ne soit pas dans le meilleur état possible, il est cependant dans le style de tous les jardins africains, c'est-à-dire, un mélange de beautés et d'objets affligeans. Les orangers, les citronniers et les tilleuls sont dans tout leur éclat; leurs branches, couvertes de fleurs, sont en même temps courbées sous le poids des fruits prêts à être cueillis. Les jasmins d'Arabie et les violettes couvrent la terre. Toutefois on trouve dans différentes parties du jardin du froment, de l'orge, des melons d'eau et d'autres plantes plus communes encore, qui y croissent indistinctement. Le tour des murs est planté de grands dattiers, dont les longues branches s'étendent à droite et à gauche. Elles ont environ quatorze pieds; elles croissent du sommet de l'arbre, et sont garnies de feuilles très-serrées les unes auprès des autres, qui ont deux à trois pieds de longueur. Chaque grappe de dattes, qui ressemble à une énorme grappe de raisin, pèse de vingt à trente livres. Cet arbre croît à la hauteur de cent pieds. Avec son fruit, l'Arabe nourrit abondamment sa famille, apaise la fièvre avec le lakaby nouvellement exprimé, et s'égaye avec celui qui a fermenté. On extrait cette liqueur de l'arbre, en faisant trois ou quatre incisions à son sommet. On met à chaque entaille une jarre de pierre, contenant à peu près une bouteille et demie. Les jarres, placées à la nuit, se trouvent au matin remplies d'un breuvage extrêmement doux et agréable, tandis que celles que l'on pose le matin, et qu'on laisse pendant la journée, se remplissent d'une boisson spiritueuse très-forte, que les Mores rendent encore plus violente et plus pernicieuse en y mêlant du levain. Le dattier donne de cette liqueur chaque jour pendant six semaines ou deux mois; et, après la saison, si l'on en prend soin, il se remet dans trois ans, et rapporte des fruits meilleurs qu'avant d'avoir été saigné, comme disent les Mores. Il est d'habitude, dans les familles nobles, de faire servir un cœur de dattier, pour la célébration d'un événement extraordinaire, tel qu'un mariage, la naissance d'un fils, le premier début d'un jeune homme dans la carriere de l'équitation, le retour d'un ambassadeur dans sa famille; condamnant ainsi ce précieux arbre à la stérilité; car il n'a, comme bois de charpente, qu'une très-petite valeur. Le cœur du dattier se trouve au haut de l'arbre, entre les branches de son fruit, et pèse, lorsqu'il est coupé, de dix à vingt livres; il n'est bon que lorsque l'arbre est parvenu à toute son élévation. Lorsqu'on le sert sur table, il est d'un goût délicieux, et d'une apparence aussi singulière que belle. Quant à sa couleur, elle est composée de toutes les teintes, depuis l'orange le plus foncé et le vert clair (qui l'entoure), jusqu'au blanc le plus éblouissant. Ces teintes sont légèrement disposées par veines et par nœuds, comme en certains bois. Son odeur est celle du bananier et du pin, excepté la partie blanche, qui ressemble plus à une amande verte pour la consistance, et qui réunit une variété de parfums qu'on ne peut décrire.

Les meilleures dattes, appelées *taponis* par les Mores et les Arabes, ont, lorsqu'elles sont nouvellement cueillies, quelque chose de la transparence du sucre candi, et surpassent en éclat quelque autre fruit que ce soit. — Les Mores ne font pas d'allées dans leurs jardins ; on n'y trouve que des sentiers irréguliers le long des nombreux canaux de marbre blanc et des ruisseaux qui traversent, comme je vous l'ai déjà dépeint, un bois presque impénétrable d'arbres et d'arbustes odoriférans. — L'orange douce de Barbarie est considérée comme préférable à celle de la Chine, tant sous le rapport de la beauté que de la qualité. Il en est une d'une autre espèce, qui tient le premier rang après celle-ci ; elle croît à Malte. Elle est petite, rouge, et presque cramoisie intérieurement. Ici on ne connaît pas les cerises ; et il n'y a que les chrétiens qui cultivent des pois et des pommes-de-terre. Les melons d'eau, comme par une prévoyance divine, sont d'une bonté particulière, et viennent en grande abondance. Nombre d'individus, accablés par la chaleur et expirant de soif, doivent la conservation de leur existence à ce fruit bienfaisant. La grenade est un autre fruit de luxe de ce pays. En en exprimant le jus à travers son écorce, les Mores se procurent une boisson délicieuse. Il est reconnu que les figues de l'Inde et de la Turquie sont excellentes ici. On y a deux espèces d'abricots, dont l'un est remarquable par sa grosseur et son excellent goût, tandis que l'autre, avec l'odeur du melon et de la pêche, est fort ordinaire. Il y a plusieurs sortes de belles prunes, et du raisin d'une odeur exquise, qui, s'il était cultivé par grandes parties, de manière à pouvoir faire du vin, rendrait ce pays très-riche en vignobles. Mais Mahomet a trop expressément défendu le vin aux musulmans, pour permettre qu'il soit fait en leur présence ; car l'Alcoran en interdit même la vue.

Il se trouve dans notre voisinage de charmans bois d'oliviers ; mais il est désagréable de s'y promener quand les olives sont mûres, parce que l'on est exposé à les voir tomber sur soi, toutes pleines d'huile. Près de ces bois, il y a, pour recevoir l'huile, des réservoirs de marbre, d'où on la transvase dans des jarres de terre ; elle est ordinairement excellente, et aussi claire que de l'eau de roche. Les habitans qui en ont le moyen sont si difficiles sur le goût de l'huile, que, lorsqu'elle a huit ou neuf mois, ils la laissent pour la consommation de leurs domestiques ; et cependant, vieille même d'un an, elle surpasse souvent l'huile de Florence la plus fine. — Les murs qui entourent les maisons et les jardins des personnes aisées, divisent cette partie de la campagne en un grand nombre de petites routes qui suivent toutes les directions. Au-delà de ces routes sont des plantations de dattiers, entrecoupées de champs d'orge et de grand blé de Turquie. Si, à des espaces de sable séparés par des plantations d'oliviers, des paysans hâlés par la chaleur du climat, des chameaux sans nombre, vous ajoutez un soleil brûlant et un ciel brillant du plus bel azur, vous vous formerez une idée assez juste de cet endroit.—Les déserts voisins, quoique d'un aspect singulier, paraissent être effrayans, d'après les fréquentes catastrophes qui y ont lieu. Il est arrivé hier quelques personnes, dans un tel état d'épuisement, qu'elles seraient mortes sur la route, si elles n'avaient pas été promptement secourues par les Mores. La veille, le manque d'eau et l'excessive chaleur avaient fait périr quatre de leurs compagnons. Hadgi Abderrahman, qui vient d'être nommé ambassadeur en Angleterre, parle fréquemment de la fin cruelle de sa fille, morte dans des souffrances affreuses, deux jours après avoir traversé le désert avec lui, au retour de son dernier pèlerinage à la Mecque. D'une constitution très-délicate, ses pieds, par la brûlante chaleur du sable, se couvrirent de pustules, qui furent bientôt suivies de la gangrène,

Un auteur, écrivant sur les déserts qui sont près de Suez, les dépeint de la manière suivante: « En réfléchissant sur le désert qui nous est con-
» tigu, il est affreux de penser combien le voya-
» geur fatigué y éprouve de découragement.
» La résolution lui manque, lorsqu'il considère
» l'espace immense qui le sépare du monde,
» espace où l'œil ne rencontre ni arbre ni ar-
» buste, en un mot, aucun objet entre le ciel et
» la terre. Il n'a devant lui qu'un océan de sable
» sans fin comme la mer, et, comme elle, agi-
» té par les vents. Privé de tout, et seul au
» milieu de ces vastes solitudes, il soupire en
» vain pour une goutte d'eau; défaillant de soif
» et de chaleur, il gémit et meurt loin de tout
» être humain. »

La chaleur est si grande dans ce moment, que même l'intrépide Arabe, habitué au climat, cesse ses travaux à dix heures, et met ses animaux de labour à l'ombre. A cette heure, les familles chrétiennes cherchent un refuge dans leurs jardins, et jouissent de la délicieuse fraicheur que l'on y rencontre. L'atmosphère est toujours brûlante jusqu'au moment où la brise de mer s'élève; ce qui arrive, pendant ces chaleurs excessives, régulièrement chaque après-midi. Mais cet air de mer rouille toute espèce d'ouvrages d'acier, même dans la poche, et mouille entièrement, dans l'espace de quelques minutes, les vêtemens des personnes qui s'exposent à son action. Le More haletant, en jouit aussitôt qu'il le sent. Il se rend sur la terrasse située sur le comble de sa maison, et là, dort des heures entières. C'est à cette coutume que l'on attribue le grand nombre de cécités qui ont lieu dans presque toutes les parties de la Barbarie.

Les gulphors et les plus belles chambres des maisons de campagne sont quelquefois rafraîchis d'une manière fort agréable par un large courant d'eau très-claire qui coule au milieu de chaque pièce dans un canal de marbre. Le plancher et les côtés de l'appartement sont garnis de tuiles coloriées, et les plafonds sculptés et peints en mosaïque. Dans la cour intérieure appartenant à la maison, il y a un gebbia ou réservoir, continuellement rempli d'eau fraîche, provenant des sources qui sont auprès, et qui coule de là dans les jardins. Ce réservoir est entouré d'un parapet de marbre, et un certain nombre de marches en marbre conduisent dedans. On ne laisse autour qu'un large chemin qui est pavé ou terrassé, et sur lequel s'ouvrent les principaux appartemens de la maison. Cette disposition des lieux procure une douce fraîcheur à la maison, et en rend le séjour délicieux pendant la grande chaleur.

~~~~~~

Beauté grecque. — Géorgiennes. — Histoire de Lilla Amnani. — Son mariage. — Son affliction. — Histoire de Juliana. — Voleurs turcs. — Ils brûlent un enfant. — Noble Vénitien captif. — Généreux marchand arménien. — L'institutrice Zeleuca. — Le noble Vénitien est racheté. — Évasion des belles Géorgiennes.

Je crois que la vie d'une beauté grecque, racontée par elle-même, acquerra d'autant plus d'intérêt à vos yeux, que celle dont j'ai à vous entretenir est femme de l'ambassadeur Hagi Abderrahman que vous verrez bientôt à Londres. C'est un homme fort éclairé, et qui a visité plusieurs fois les premières cours de l'Europe. Il a obtenu de différens souverains, par la manière distinguée dont il s'est conduit, de précieux témoignages de faveur que la belle Grecque s'empresse de montrer à toutes les personnes qui vont la voir. Il jouit ici d'une si excellente réputation, qu'il est aussi généralement aimé par les chrétiens que par les Mores, et est adoré de sa famille.

Cette dame grecque nous a raconté les divers événemens de sa vie de la manière la plus intéressante. Elle nous avait donné rendez-vous; aussi était-elle mise avec recherche, et paraissait-elle extrêmement belle. Elle porte le costume moresque moins par choix que par contrainte; car elle nous observa, en soupirant, qu'elle avait été obligée de quitter l'habit grec en embrassant, le jour de son mariage, la religion mahométane. Toutefois elle se dispense, autant que possible, de toutes les additions artificielles que les dames mores font à leur toilette. Ses diamans brillaient, attendu qu'ils étaient taillés (les dames mores les portent souvent sans l'être), et tous les autres moyens de plaire qu'elle avait mis en usage, n'avaient rien que de naturel, et servaient assez bien à relever sa physionomie. Mais chaque compliment que nous lui adressions sur ses grâces personnelles, semblait lui faire beaucoup de peine, en ce qu'il lui rappelait, disait-elle, le douloureux souvenir de sa beauté passée, à l'époque où Abderrahman l'avait achetée. L'expression de ses regrets dans cette circonstance, qui eût été puérile de la part d'une autre, provient entièrement de son éducation. Elle est sensée, très-aimable, grande, et d'une très-belle figure; elle a les yeux bleus et de charmantes petites dents blanches. Sa physionomie, quoique gaie et spirituelle, est l'image de l'innocence elle-même. Elle était aussi richement mise que le lui permettait le costume moresque, et avait pour vêtement de dessus un baracan bleu transparent, retenu sur les épaules par un nœud de brillans, auquel pendaient plusieurs rangs de perles. Elle avait de doubles bracelets d'or aux bras. Son bonnet était tout en or avec un bandeau noir passant par-dessus le front, garni de pierreries qui lui tombaient sur la figure. A chacune de ses oreilles étaient suspendus six grands anneaux montés en diamans, perles et autres pierres précieuses. Deux esclaves noires se tinrent constamment à ses pieds pendant tout le temps de notre visite. Lorsqu'elle se levait pour aller d'un endroit à un autre, elles se levaient aussi, la suivaient et se remettaient de nouveau à ses pieds lorsqu'elle se rasseyait; deux autres femmes noires se tenaient constamment derrière elle. Il n'est aucune dame more qui vive avec autant de splendeur que les Grecques et les Circassiennes. Abderrahman resta quelques années veuf avec plusieurs enfans; et plutôt que de prendre une femme parmi les dames mores, il préféra chercher une esclave noire pour avoir soin de sa maison, espérant que la crainte qu'elle aurait d'être vendue de nouveau ou mise à mort, l'engagerait à avoir plus d'égards et de soins pour ses enfans. Il se détermina ensuite à se rendre au Levant pour y choisir une Grecque, et en amener une autre à son neveu.

Dans ses recherches, il rencontra deux sœurs également belles. Le lien qui les unissait eût empêché beaucoup de Mores de les prendre, surtout étant destinées pour la même famille. Mais Abderrahman, toujours bienveillant, et loin de ressembler en rien au More jaloux, espéra, s'il était heureux dans son acquisition, de parvenir à exciter leur affection en devenant l'objet de leurs soins mutuels ; et il se détermina à attendre qu'il en eût la preuve avant d'épouser celle des deux sœurs sur laquelle il aurait jeté son choix, ou à engager son neveu à prendre l'autre. Chose étrange ! le marché fut conclu pour toutes deux avec le père d'Amnani, en sa présence ; et elle fut vendue plus cher que sa sœur, parce qu'elle savait dessiner, chanter, et la musique. Le même soin avait d'ailleurs été pris pour cultiver leurs dispositions naturelles ; car c'est sur les talens que se fonde l'espérance d'un Géorgien à la naissance d'une fille. Il ne la considère que comme un objet de pure spéculation, et la beauté sans quelques talens ne la ferait pas priser davantage au marché, qu'une esclave ordinaire. On emploie dès lors tous les moyens pour faire naître en elle des grâces artificielles ou naturelles ; pour qu'elle excelle dans la musique vocale et instrumentale, dans les ouvrages de main ; en un mot, dans tout ce qui peut contribuer à augmenter les charmes de sa personne.

Elle parlait avec enthousiasme de sa patrie, comme d'un vaste jardin, situé dans la partie la plus riche du globe, et où les fleurs et les fruits les plus délicieux croissent spontanément. Les habitans font les meilleurs vins qui existent et en aussi grande quantité qu'ils veulent, sans pour cela consommer la moitié du raisin qui vient sans culture, et couvre toutes les collines. Mais ce ne fut pas sans quelque émotion qu'elle nous parla du sort cruel de ses belles concitoyennes. Nées pour être esclaves, les chaînes les attendent au berceau. Dans cet âge si plein d'innocence, la mère dénaturée observe avec impatience la beauté naissante de son enfant. Chacun de ses charmes la comble d'une joie qui n'est pas excitée par l'amour maternel ; mais, ô perversion ! par la sordide idée de tout l'or qu'elle lui rapportera lorsqu'elle sera en âge d'être vendue à celui qui en donnera le plus. Cette marâtre attend les offres d'un certain nombre de Turcs qui sont dans l'habitude d'acheter ces beautés malheureuses, non pas pour eux-mêmes (car dans ce cas la mère, qui voit l'acquéreur pendant quelques instans, pourrait du moins lui recommander son enfant), mais pour des marchands d'esclaves avec lesquels ils trafiquent, ou, ce qui est pis encore, pour les mener au marché voisin, où ils espèrent en tirer un grand bénéfice en les offrant à une foule de rusés marchands. Celles de ces créatures charmantes, dont les parens peuvent être mus par des sentimens différens de ceux de la plupart de leurs concitoyens, ou que leurs richesses dispensent de vendre leurs enfans, quoiqu'en petit nombre, sont exposées à un destin tout aussi cruel, et souvent pire. Il arrive qu'elles sont fréquemment enlevées par des bandes de voleurs turcs, qui font des incursions dans leur pays pour s'emparer de toutes les femmes qui peuvent tomber entre leurs mains, et se procurer ainsi à bon marché les femmes les plus belles qui existent. Ces bandits épient celles qui s'éloignent inconsidérément à une trop grande distance de leurs demeures, accompagnées seulement par quelques domestiques femelles. Ils galopent jusqu'à elles, les saisissent, et, après les avoir placées derrière eux comme un ballot de viles marchandises, s'en retournent avec la même vitesse. Ils font toutes ces expéditions avec une promptitude qui ne permet pas de s'en apercevoir assez à temps pour secourir les infortunées qui sont tombées en leur pouvoir, et qui sont souvent obligées de voyager de cette manière pendant plusieurs jours, à travers d'affreux déserts, avant d'atteindre un lieu habité.

Ces brigands n'ont d'autres égards pour leurs victimes que de les nourrir et d'empêcher qu'il ne leur arrive aucun accident ; encore cette attention n'est-elle que celle d'un marchand de bestiaux qui calcule qu'un membre cassé ou de la maigreur ne pourraient que faire diminuer de leur prix au marché. Mais les fatigues et les souffrances que ces infortunées endurent au commencement de leur voyage, sont souvent fatales à un corps trop délicat pour les soutenir, et dérobent ainsi à leurs ravisseurs le prix de leur rapine. Aussitôt que ceux-ci se croient hors d'atteinte, ils renferment leurs captives dans des sacs, dont ils sont toujours pourvus, pour les garantir du soleil et d'autres inconvéniens.

Quelque incroyables que puissent vous paraître tous ces tourmens, je vous raconterai bientôt, pour faire suite à l'histoire de Lilla Amnani, celle d'une autre dame grecque qui demeure maintenant ici, et qui a éprouvé elle-même toutes les souffrances dépeintes par Lilla Ammani.

Amnani est le nom moresque qui a été donné à la belle Grecque lors de son mariage avec Abderrahman. Elle avait à peu près dix-sept ans lorsqu'elle et sa sœur, qui était encore plus jeune, s'embarquèrent avec lui à Alexandrie. Abderrahman rendit d'abord ses soins à sa sœur, et la négligea, elle, entièrement. A leur arrivée à Tripoli, sa sœur vit avec une entière indifférence tous les préparatifs que l'on faisait dans la maison d'Abderrahman pour la recevoir, tandis qu'Amnani ne put cacher ses larmes lorsque le jour qu'elle devait se rendre chez Sidy Mustapha, le neveu d'Abderrahman, fut fixé. Le premier regard sévère, nous dit-elle, qu'Abderrahman lui eût jamais adressé, fut, dans cette occasion, quand il leur ordonna à l'une et à l'autre de se retirer. Cet ordre donné, elles n'en entendirent plus parler pendant plusieurs jours. Livrées à elles-mêmes, elles se rappelaient leur malheur, et frissonnaient à l'idée d'être vendues de nouveau, surtout Amnani qui ne voyait point Abderrahman avec indifférence.

A leur première entrevue, il présenta sa sœur à son neveu, et pria Amnani de se considérer comme la mère de ses enfans, et de lui prouver son attachement par ses soins pour eux. A cette époque, la plus heureuse de sa vie, comme elle l'appela, le courage faillit lui manquer. Elle s'imagina être très-changée au physique, attendu qu'elle ne paraissait pas entièrement remise des fatigues de son voyage par mer. Elle craignait aussi qu'un changement plus grand ne s'opérât en elle, parce qu'elle quittait tout à coup un genre de vie très-doux, où tout ce qu'il est permis d'avoir lui avait été prodigué. Il fallut qu'elle mît tout en usage pour être gaie et avoir l'air satisfaite, afin de convaincre les amis d'Abderrahman, qui étaient ses ennemis à elle, qu'elle était entièrement occupée du soin de sa famille. Celle-ci était composée d'enfans encore fort jeunes, excepté une fille aînée qui avait à peu près son âge, et qui était la favorite de son père. Amnani ne parlait pas un seul mot moresque ; de plus elle était chrétienne et se trouvait transplantée dans une famille barbaresque, où la seule personne éclairée avec laquelle elle pouvait s'entretenir, était Abderrahman. Elle employa les premiers jours de son arrivée, à chercher de faire en sorte que l'œil vigilant d'Abderrahman ne découvrît pas les traits de méchanceté auxquels elle était en butte de la part des femmes de sa famille ; parce qu'elle présumait avec raison que son mécontentement, quelle qu'en fût d'ailleurs la cause, ne servirait qu'à les irriter, et par conséquent à augmenter encore ses embarras. Elle se serait volontiers passée de leurs visites continuelles, ou plutôt de leur examen ; et quoique, d'après les ordres d'Abderrahman, elle fût traitée avec tous les égards possibles, elle n'en était pas moins, dans sa position précaire, qui était celle d'une esclave, obligée à toute espèce de déférences pour leurs conseils (souvent contraires à ses intérêts), jusqu'à ce qu'elle eût enfin assez gagné la confiance d'Abderrahman et de Lilla Uducia, sa fille, pour être libre de ses propres actions : Abderrahman lui accorda bientôt cet avantage. Il semblait croire que tout ce qu'il pouvait lui procurer était au-dessous de son mérite, et insuffisant pour lui procurer son attachement. Afin de lui témoigner la confiance sans bornes qu'il avait en elle, il lui donna une liberté toute nouvelle parmi les Mores, celle d'écrire à ses amis, et de recevoir leurs réponses. Toutefois elle n'obtint cette faveur qu'après son mariage, qui eut lieu, avec une pompe extraordinaire, un an après son arrivée à Tripoli, à l'époque de la naissance d'un fils qui est vivant, et pour lequel elle professe un attachement extraordinaire. Ses motifs pour cela sont, outre ceux que la nature inspire, que sa naissance a mis un prompt terme à sa captivité, l'a faite l'épouse d'Abderrahman, et l'a placée au niveau des dames de Tripoli qui approchent le plus près de la famille du souverain. Abderrahman la présenta à ses parens comme aussi digne de leurs égards que lui-même, et la fit présenter à Lilla Kebbiera, qui, d'après ses longs et loyaux services auprès du pacha, la reçut de la manière la plus flatteuse. Heureuse dans son intérieur, bien vue au palais, au-dessus de la puissance de ceux qui pouvaient vouloir lui nuire, et chérie de tout le monde, elle paraissait être au pinacle du bonheur lorsqu'elle reçut de la Géorgie des nouvelles qui l'informaient que, par des pertes inattendues, ses parens se trouvaient dans le plus grand dénûment. Amnani avait la plus vive tendresse pour son père, à cause de l'éducation qu'il lui avait donnée, et lui pardonnait presque de l'avoir vendue. A cette époque Abderrahman, comme beaucoup d'autres, éprouva une grande réduction dans ses revenus, par suite d'une disette qui se faisait sentir à Tripoli, et qui n'a fait qu'augmenter depuis ce moment. Cette circonstance lui fit vivement désirer, attendu l'accroissement de sa famille, de diminuer ses dépenses.

Amnani était généreuse et timide ; aussi ne put-elle que gémir en silence sur les malheurs de sa famille. Elle suspendit sa lyre ; ses chants ne respiraient plus la gaieté, et ses regards devinrent sombres ; souvent même une larme involontaire décelait son chagrin. Elle ne s'aperçut du danger de son silence que lorsqu'elle le lut dans les yeux d'Abderrahman. Il se plaignit du changement survenu dans sa manière d'être, sans s'informer de la cause qui l'avait produit. Ce reproche l'alarma, et elle résolut de l'en instruire aussitôt, sans vouloir cependant paraître en appeler à sa libéralité, qui était sans bornes pour elle, ni abandonner légèrement ses parens au malheur desquels elle ne pensait pas sans la plus vive affliction. Tandis qu'elle arrêtait cette explication dans sa pensée, Abderrahman fut tout à coup nommé, pour la troisième fois, ambassadeur en Suède. Cette ambassade fut si promptement résolue, qu'avant son retour chez lui, le jour où la proposition lui en fut faite de la part du pacha, la nouvelle en était déjà parvenue à l'infortunée Amnani, et qu'un pavillon d'ambassadeur avait été aussitôt arboré sur le bâtiment où il devait s'embarquer. Il trouva Amnani plus morte que vive. Elle lui dit la cause de sa première affliction, qui n'était que légère en comparaison de celle qu'elle éprouvait dans ce moment, mais en trop peu de mots pour l'expliquer convenablement. Il la pria de chercher à éviter de le mécontenter une autre fois, en le choisissant pour son seul confident. Le court espace qui lui restait ayant été employé en audiences avec le pacha, et à terminer quelques affaires, il n'eut que peu d'instans pour prendre congé de sa famille. Afin de consoler Amnani de l'affliction où elle s'était volontairement plongée, il lui laissa, à son départ, un pouvoir illimité sur tout ce qui lui appartenait, et la confia à son frère, pour réclamer sa protection si elle se trouvait en avoir besoin, mais sans aucune sujétion; ce qui est assez extraordinaire, parce que les dames mores sont toujours soumises à la vigilance de la famille du mari pendant son absence.

Peu après son départ, un de ses enfans du

premier lit mourut. Amnani redoutait avec raison que les différentes branches de la famille ne cherchassent à lui nuire dans l'opinion de son mari, relativement aux soins donnés à cet enfant. Mais leur méchanceté, nous dit-elle, émoussa sa pointe contre le cœur d'Abderrahman sans pouvoir le percer. Elle oublia (d'après la coutume qui existe ici) de casser et de détruire les glaces et les meubles les plus précieux de sa maison à la mort de cet enfant; ce qui lui fut vivement reproché comme un manque d'égard envers la famille. Tous ses ennemis se persuadaient qu'elle avait généralement agi d'une manière si répréhensible pendant l'absence d'Abderrahman, que sa ruine était inévitable lors de son retour. Toutefois il en fut autrement. A son arrivée il combla Lilla-Amnani de nouveaux présens, envoya chercher son frère au Levant, et pourvut à l'entretien de son père et de sa mère. Les égards d'Abderrahman ont constamment été les mêmes, et Amnani remercie souvent le ciel que les vœux qu'elle avait jadis faits d'être appelée au harem d'un souverain ne se soient pas réalisés ; et il faut convenir que ce n'est pas sans raison, surtout lorsqu'on compare sa position à celle des trois reines ou femmes du dernier pacha de

Tripoli, qui sont emprisonnées ou obligées de vivre dans le château pendant le reste de leurs jours.

Vous trouverez dans les événemens suivans, qui m'ont été racontés par la dame grecque dont je vous ai parlé, un de ces exemples presqu'uniques d'une beauté jeune et délicate qui est parvenue à surmonter les souffrances incroyables qu'elle a éprouvées dans les mains des voleurs turcs. La signora S***, qui est encore belle, est née en Dalmatie. Son nom de baptême était Juliana. Son père était un officier distingué au service de Venise. Sa famille n'était pas aimée des Turcs, à cause du talent et du courage que son grand-père avait déployés en cherchant à défendre la Morée contre les Turcs, la dernière fois qu'ils s'en sont rendus maîtres. Elle, sa mère et deux sœurs vivaient dans une très-belle propriété, admirablement située, sur les confins de la Macédoine. Cette partie de la contrée était entrecoupée de landes aromatiques, de bois impénétrables et de nombreux vignobles. Elles étaient entourées de riches villages, quoique appartenant à des Turcs et à des Tartares, et se trouvaient à une petite distance du village de Contessa, mais fort éloignées de toute grande ville, Saloniki, l'ancienne Thessalonique, étant la plus voisine. Cette dame croit que, si sa mère avait envoyé des aumônes à la sainte montagne d'Athos, elles auraient évité tous les malheurs qu'elles ont éprouvés. Cette montagne est habitée par des moines; on n'en compte pas moins de trois mille qui vivent dans trente monastères. Beaucoup de Grecs s'y rendent, et achètent, à grands frais, les bénédictions séparées des différens couvens. Comme les habitans des villages environnans étaient presque tous turcs ou tartares, la société de ces dames ne consistait guère qu'en quelques familles arméniennes, dalmatiennes et esclavones, qui, comme elles, s'étaient retirées dans cette partie de la Macédoine, tandis que les chefs de ces mêmes familles, rangés sous les drapeaux des Vénitiens, se battaient contre les Turcs dans la Dalmatie vénitienne. Reléguées au fond des bois de la Turquie, elles étaient souvent privées pendant long-temps d'aucune nouvelle de la partie la plus civilisée de l'Europe, ce que la mère de Juliana semblait beaucoup plus regretter que toutes les autres dames grecques. Elle avait passé la majeure partie de sa vie à Venise; et, comme elle était plus éclairée que ses compagnes, elle éprouvait de plus vives craintes qu'elles. Elle semblait prévoir la catastrophe qui arriva, et recommandait chaque jour à ses serviteurs de ne pas s'éloigner de la maison avec ses enfans, à cause des incursions des Turcs et des Tartares, qui, après chaque victoire, sont dans l'habitude de courir le pays, et s'enrichissent ainsi par le pillage, tout le long de leur route, jusqu'à Constantinople ou jusqu'à leurs différens ports sur la mer Noire. Toutefois, comme ils s'abstiennent de s'introduire dans les palais et les maisons, il est possible de se soustraire à leur rapacité en se tenant renfermé.

Enfin quelques rapports vagues sur les succès des Vénitiens lui firent concevoir plus de sécurité; elle se rendit malheureusement aux sollicitations de ses amis, et consentit à aller passer une journée chez un Arménien dont la terre touchait à la sienne. Elle était accompagnée de ses deux charmantes filles, Juliana, qui avait alors près de treize ans, et sa sœur qui en avait environ onze; et elle confia le plus petit de ses enfans, âgé de deux ans, aux soins de sa nourrice, jeune esclave circassienne qui était avec elle depuis plusieurs années. Quoique sans aucune appréhension, elle crut cependant prudent de se faire accompagner par presque tous ses serviteurs. A peine était-elle sortie de ses terres, qu'à l'angle d'une immense forêt dont elle avait quelques pas à traverser, elle voit un parti de Turcs s'élancer sur sa petite troupe comme un tigre sur sa proie. A leur vue la malheureuse mère tombe sans connaissance. Chacun de ces brigands saisit aussitôt sa victime, après avoir taillé en pièces le petit nombre d'hommes qui leur étaient opposés. Ils enveloppèrent ensuite, une à une, leurs malheureuses captives dans de grands sacs de canevas qu'ils lièrent par le haut, et qu'ils attachèrent sur leurs chevaux. Ils emmenèrent ainsi Juliana, sa sœur et la Circassienne, qui, par amour pour l'enfant qu'elle avait dans ses bras, chercha à le garder. Elle y réussit malheureusement (comme on en fut bientôt convaincu), quoique les Turcs lui eussent ordonné plusieurs fois de le laisser où il se trouvait. Mais, comme sa mère était sans mouvement, la Circassienne ne voulut pas abandonner son nourrisson. Les brigands poussèrent leurs chevaux, pendant plusieurs lieues, avec toute la vitesse imaginable, à travers des collines élevées, jusqu'à ce qu'un orage, accompagné de tonnerre et d'éclairs, les obligeât enfin de s'arrêter. Ils étendirent des sacs à terre au pied d'une montagne boisée, et y dressèrent quelques mauvaises tentes qui ne garantissaient que très-imparfaitement de la pluie, et déposèrent dans l'une d'elles leurs déplorables captives, plus mortes que vives.

Après que l'orage eut cessé, ils leur apportèrent du pain noir, de l'eau, et de la viande sèche salée, à laquelle les Mores donnent le nom de *kadide*, et qu'ils avaient fait rôtir, et leur ordonnèrent d'en manger, sous peine de mort. La Circassienne, effrayée de la manière dont les Turcs s'étaient plaints des cris de l'enfant, fit tout pour les étouffer. Mais elle ne savait pas encore toutes les horreurs dont elle devait être témoin; car, au soleil couchant, ces tigres livrèrent cet innocent aux flammes pour se débarrasser de ses plaintes et de l'inconvénient d'en prendre soin, et voyagèrent ensuite avec célérité à travers des déserts de sable, des bois épais, et des montagnes de toutes les descriptions, jusqu'à quelque distance de Constantinople, où ils vendirent la malheureuse Juliana et sa sœur à un marchand d'Alep, qui, pour mettre le comble à leur infortune, refusa d'acheter la Circassienne. Ce dernier, les séparant ainsi de leur fidèle domestique et compagne de souffrances, les mena à Constantinople.

Peu après leur enlèvement, les amis de leur malheureuse et inconsolable mère se mirent à sa recherche, la trouvèrent et la rendirent à la vie. Quand elle fut un peu remise du cruel état où l'avait plongée cette catastrophe, elle apprit en même temps, à force de recherches, que son mari, commandant un détachement de Vénitiens, avait été massacré par les Turcs, et que les brigands ou soldats turcs qui avaient enlevé ses filles les avaient conduites à Constantinople. Son premier mouvement fut de réaliser tout ce qu'elle put de sa propriété, et de les suivre. Elle s'adressa, à Constantinople, à un négociant arménien, sous la protection duquel elle se mit pour tout le temps qu'elle resterait dans cette capitale. Lorsqu'elle l'eut instruit de sa douloureuse histoire, il lui fit part à son tour qu'il déplorait aussi le sort d'un jeune Vénitien de famille avec lequel il s'était entretenu ce jour même, et qu'il désespérait de pouvoir racheter. Il avait été fait prisonnier, et était devenu la propriété d'un pacha turc qui avait été rappelé par la Porte pour être nommé à un nouveau gouvernement, et qui augmentait chaque jour la somme qu'il exigeait pour la rançon de ce jeune homme.—Comme le grand-père de Juliana avait fait plusieurs campagnes au service de Venise, et que son père venait d'y succomber tout récemment, dès que la nouvelle de l'enlèvement des deux sœurs fut parvenue aux états, ils ordonnèrent de les racheter aussitôt que l'on pourrait découvrir où elles se trouvaient. Cet ordre était parvenu à Constantinople quelques jours avant que leur mère y arrivât. Un semblable hommage rendu à la mémoire de ceux qui lui étaient chers avait quelque chose de consolant; mais personne ne pouvait savoir où étaient les jeunes captives. Le marchand arménien auquel elle s'était adressée, quoique très-jeune, était fort opulent, et généralement considéré, à cause de l'amabilité de son caractère. Il partageait sincèrement sa douleur; son âge et ses dispositions obligeantes lui inspiraient d'ailleurs le plus vif intérêt en faveur des deux sœurs, surtout d'après le portrait qu'elle lui en avait fait.

Il avait pour ainsi dire renoncé à l'espoir de les trouver quand le jeune noble Vénitien, dont il s'occupait de briser les fers, se présente chez lui. Il était accompagné d'un mameluc du pacha, et venait lui faire, de la part de ce prince, l'offre de lui vendre un grand nombre d'esclaves noirs, avant son départ pour son gouvernement, en ajoutant que, comme il était déjà nommé depuis quelque temps, et que sa suite et ses équipages avaient ordre de le suivre dans huit jours, il ne pouvait que donner peu de temps à cette affaire. Le négociant ne put d'abord que partager tout le chagrin de son ami, qu'il voyait sur le point d'être emmené en Perse avant de recevoir une réponse aux lettres qu'ils avaient écrites à Venise pour demander que l'on augmentât la rançon offerte au pacha, et qu'il avait refusé de recevoir. Il fut frappé du désespoir que témoignait le Vénitien, et cherchait à lui faire espérer qu'ils pouvaient encore avoir des nouvelles avant son départ de Constantinople, lorsque, à sa grande surprise, celui-ci l'informa que l'arrivée de nouvelles, même favorables, n'étaient plus de nature à calmer ses peines actuelles. Il lui raconta que, depuis quelque temps, le pacha se trouvait avoir en sa possession deux jeunes Grecques de la plus grande beauté, qu'il avait eues de quelques brigands turcs près d'Andrinople. On présuma d'abord que le pacha pourrait bien être disgracié pour les avoir achetées, parce qu'elles se trouvaient dans un état réellement pitoyable. Il les avait payées très-cher, et on craignit un instant qu'elles ne se rétablissent jamais de tout ce qu'elles avaient souffert durant le premier période de leur voyage. Toutefois, comme elles embellissaient chaque jour davantage, et que chaque instant faisait découvrir en elles de nouvelles perfections, le pacha s'en réserva une pour lui-même, et destina l'autre à son frère qui est un prince d'Érivan. Elles étaient alors, dit-il, confiées à Zéleuca, esclave grecque, investie de la confiance du pacha, et auprès de laquelle elles doivent demeurer jusqu'à leur arrivée en Perse. Zéleuca était depuis long-temps dans la famille du pacha, et avait beaucoup d'influence sur lui. Le Vénitien confia à son ami qu'avant que le pacha eût fait connaître la préférence qu'il accordait à l'aînée des deux jeunes captives, il avait résolu de les racheter toutes deux avec sa propre rançon, et qu'il tâcherait ensuite d'obtenir sa liberté d'une autre manière ; mais, comme il était maintenant convaincu que le Turc ne s'en séparerait plus, la liberté, ajouta-t-il, lui était devenue tout-à-fait indifférente. L'Arménien chercha à lui cacher la vive émotion qu'il éprouvait lui-même dans ce moment ; car il ne doutait plus que ces jeunes captives ne fussent celles qu'il cherchait si ardemment. Il consola le malheureux Vénitien, l'engagea à être patient et discret, et surtout à ne plus profiter des occasions que le hasard pourrait lui fournir pour voir ou pour parler aux jeunes personnes, jusqu'à ce qu'il le revît chez le pacha. Le Vénitien l'informa que celui-ci n'emmenerait pas sa famille avec lui, à cause de quelques affaires publiques dont il était chargé; qu'un mameluc devait l'accompagner, et qu'elle se mettrait en route quatre jours après le prince. Il prit ensuite congé du marchand, non sans avoir été frappé de l'agitation extraordinaire où il paraissait être, et de la recommandation qu'il lui avait faite d'éviter de voir davantage Juliana et sa sœur. Mais il avait été témoin d'un si grand nombre d'actions généreuses de sa part dans ses fréquentes entrevues avec le pacha, qu'il avait conçu la plus haute estime pour lui, et s'était en conséquence déterminé à s'en rapporter à ses conseils.

L'Arménien ayant fait part de ses doutes à la mère de Juliana, elle en fut si transportée, qu'elle serait aussitôt accourue pour embrasser ses enfans, et pour les réclamer, à genoux et les larmes aux yeux, du pacha leur maître, si son ami ne l'avait pas empêchée de faire une démarche aussi précipitée. Il lui observa que, quoique tout fît présumer que les deux jeunes esclaves fussent ses filles, la chose n'était cependant pas encore certaine, et qu'il convenait, préalablement, de délibérer sur les moyens les plus propres et les plus praticables de les délivrer, si en effet, elles étaient telles. Il lui persuada de laisser leur sort entre ses mains pendant quelques jours, et de s'en rapporter à lui pour tout ce qui serait à propos de faire pour leur délivrance. Il savait que le pacha, qui était l'un des premiers officiers de son grade à la Porte, aimait à passer pour populaire, et craignait de paraître sévère ou injuste. Toutefois il était féroce, violent dans ses passions, et porté aux vengeances secrètes ; mais comme il était par-dessus tout extrêmement avare, le marchand arménien espéra qu'il parviendrait à rendre Juliana et sa sœur à leur mère inconsolable. Il lui demanda pour Juliana une lettre qu'il tâcherait de lui remettre lui-même, et qui le mettrait à même de découvrir si leurs soupçons étaient fondés. Ce que le Vénitien lui en avait dit, le portait à n'en pas douter ; mais gagner la confiance des jeunes personnes, et les instruire seules du plan concerté pour leur fuite, paraissait presque une chose impossible à accomplir.

Il se rendit, comme de coutume, chez le pacha, pour affaires, et porta avec lui des fils de perles, et un tissu de Perse brodé en or et en argent. Il fut admis auprès de Zéleuca aussitôt qu'il lui eut fait savoir qu'il avait connaissance de plusieurs achats considérables à faire aux Turcs qui se préparaient à entreprendre leur pèlerinage à la Mecque. Il étala devant ses yeux les perles et les soieries quil avait apportées, et qui valaient plusieurs centaines de pataqués (1); et lorsqu'il lui eut expliqué qu'elle pouvait les obtenir en intercédant dans le moment même pour avoir la liberté du jeune Vénitien, elle ne perdit pas un seul instant à tenter d'y réussir. Il lui demanda, pendant qu'il attendrait, d'aller informer le pacha que l'on offrait, pour la rançon du Vénitien, la somme qu'il avait lui-même fixée en dernier lieu, en ajoutant qu'il ne se sentait pas le courage de s'adresser directement au pacha, par la raison qu'il en avait été très-souvent rebuté. Zéleuca, impatiente de posséder tout ce qui lui était offert, disparut aussitôt, pour revenir promptement. L'Arménien savait d'avance qu'en sacrifiant une somme pour compléter celle demandée pour la rançon du Vénitien, il obtiendrait sa liberté sans l'intervention de Zéleuca; aussi n'était-ce pas son intervention qu'il achetait si chèrement dans ce mo-

* Une pataqué vaut à peu près 5 fr. 40 cent.

ment, c'était son absence de l'appartement où ils se trouvaient. Les deux belles Grecques étaient occupées à broder. L'Arménien profita du moment pour montrer à la plus jeune la lettre de leur mère. Son agitation, ses pleurs, ses cris de joie, le convainquirent bientôt que ses doutes étaient fondés. Il la consola, et l'assura qu'il espérait bientôt être à même de la conduire, ainsi que sa sœur, dans les bras maternels, si la funeste agitation où il l'avait jetée ne s'y opposait pas. Il lui dit que tout dépendait de sa prudence ; qu'il fallait qu'elle sût dissimuler ce qu'elle éprouvait, parce que, si l'on parvenait à savoir qu'elle eût vu une lettre, il faudrait dès lors qu'elles renonçassent à tout espoir d'être jamais libres. Il achevait de lui dire que la première personne qu'elle verrait serait une des femmes de sa sœur, lorsque Zéleuca rentra dans l'appartement tenant à la main l'ordre de mettre le Vénitien en liberté, après le paiement de la rançon convenue.

L'Arménien déploya alors la pièce de soierie, pour que Zéleuca pût la voir plus à son aise. Il lui fit observer qu'il s'y trouvait un défaut considérable (une fleur d'or était presqu'entièrement effacée) qui provenait, à ce qu'il assura, de la manière dont elle avait été emballée ; mais que ce n'était là qu'un petit inconvénient ; qu'il lui enverrait une Grecque, fort habile dans tous les ouvrages de Perse, qui la réparerait immédiatement. Zéleuca fut enchantée. Deux jours après le départ du pacha, la sœur de l'Arménien, aussi impatiente que lui-même de rendre le bonheur aux trois infortunées, engagea l'une de ses femmes, qui étaient à son service depuis plusieurs années, à se rendre auprès de Zéleuca, en qualité de couturière. Acassia reçut avec joie cette mission de sa maîtresse ; car elle avait des obligations d'une telle nature à la famille où elle se trouvait, qu'elle ne désirait rien tant que de pouvoir lui en témoigner sa reconnaissance.

Acassia se rendit donc chez Zéleuca, et fut chargée de porter aux jeunes Grecques les habits nécessaires pour leur déguisement. Elle profita de l'heure du jour où, en Turquie, maîtres et domestiques vont se livrer au repos ; et, pendant que Zéleuca dormait, Acassia conduisit les craintives Grecques, par une porte dérobée, dans la rue. A leur arrivée dans la maison de l'Arménien, il en sortit aussitôt, et se rendit au palais du pacha avant que Zéleuca et le Mameluc eussent eu le temps de rendre public l'événement qui venait d'avoir lieu. Il trouva, comme il s'y attendait, Zéleuca dans la plus profonde consternation; mais il parvint facilement à la calmer, ainsi que le Mameluc, par l'offre qu'il fit de les servir, et attendu la possibilité qu'il avait de pouvoir le faire. Il écrivit à leur maître en leur présence, en cherchant à les excuser d'avoir été aussi malheureux à remplir leurs devoirs, et instruisit le pacha de la fuite inattendue des jeunes Grecques vers sa maison. Il fit mention des sommes récemment remises par les États de Venise pour leur rançon, et de celles qu'il était dans l'intention de prêter à leur mère, pour l'augmenter encore. Il pria instamment le pacha d'accepter cette rançon pour deux esclaves dont il ne trouverait sans doute jamais à se défaire aussi avantageusement. L'Arménien s'était formé, par une longue expérience, une idée si juste de la prédilection de ce Turc pour les richesses, qu'il savait d'avance que quand bien même il aurait des doutes sur la vérité de tout ou partie de l'événement dont il l'instruisait, il se consolerait cependant de la perte de ses jeunes esclaves par la somme considérable qu'elles lui valaient.

L'Arménien avait, dans ces circonstances, sacrifié le quart de toute sa fortune; mais il s'en trouva amplement récompensé par la main et la tendresse de la plus jeune des deux charmantes sœurs, et par tout le plaisir qu'il eut à présenter l'autre au jeune Vénitien. Il comptait d'avance sur l'acquiescement empressé de leur mère au plan de bonheur qu'il avait formé pour tous, et il ne se trompa pas. Elle le vit avec reconnaissance disposer de ses enfans d'une manière si conforme à leurs vœux et aux siens.

Peu après son mariage avec la belle Juliana, le Vénitien parvint à obtenir par le crédit de sa famille, qui était puissante, un emploi diplomatique. Il y avait plusieurs années qu'ils étaient mariés, lorsque les ravages de la peste en Afrique lui firent désirer que sa femme s'en éloignât, et il réussit à le lui persuader. Elle le quitta accompagnée de leur fille unique, jeune personne d'une beauté achevée, dont les talens se développèrent en Europe d'une manière remarquable, et qui fut mariée avec tous les avantages que sa mère pouvait désirer pour elle. Elles font maintenant l'une et l'autre l'ornement de notre société.

On a épargné à la mère de la signora S***, l'horrible récit de la mort de son enfant. On l'a toujours entretenue dans l'idée consolante qu'il était mort d'une manière naturelle, à la suite des fatigues qu'il avait éprouvées le premier jour que sa famille lui avait été ravie.

Famine à Tripoli. — Mort et exposition d'une dame more sur un lit de parade. — Cérémonie funèbre. — Maley Yesied. — Magnificence vénitienne. — Croiseur lancé à l'eau. — Prisonniers chrétiens à Alger. — Vente d'esclaves à l'encan. — Traitement qu'éprouvent les esclaves chrétiens. — Malheurs d'une famille espagnole. — Peste et famine à Tunis. — Circonstance remarquable de l'hospitalité arabe. — Cérémonies entre un fiancé et une fiancée. — L'Alcoran. — Cérémonie des offrandes.

Les nouvelles alarmantes reçues depuis quelques jours ont occasioné un mouvement désagréable à Tripoli, et obligent les chrétiens à rentrer immédiatement en ville. Un courrier arrivé par terre, au château, apprend que l'on est dans la crainte de voir la peste se déclarer à Tunis, et que les Espagnols font des préparatifs pour attaquer cette ville, s'ils réussissent contre les Algériens, avec lesquels ils sont maintenant en guerre. Cette dernière circonstance rendrait nécessaire le départ pour Malte, de toutes les femmes chrétiennes, pour quelque temps; mais on ne voit guère la possibilité que cela puisse avoir lieu, parce que la peste ayant paru dans ces parages, elles ne seraient reçues nulle part dans la Méditerranée.

Le pacha a assuré aujourd'hui qu'il n'y a plus d'orge dans la place que pour deux bazars, ou jours de marché. L'orge croissait ici, il y a quelques années, d'une manière si favorable, qu'elle rendait trois fois plus que dans quelque partie de l'Europe que ce soit. On en exporta de si grandes quantités, que Tripoli s'enrichit considérablement par ce commerce; mais le manque de pluie a, depuis plusieurs années, privé le pays de récoltes abondantes. On est déjà réduit à moudre l'écorce du dattier pour nourrir le bétail, les ânes, les chameaux et les mulets; les chevaux n'en veulent pas.

On a fait des demandes de froment à Malte et à Tunis; mais il est si long à venir, qu'on est obligé d'acheter ce que l'on peut trouver de biscuit, des navires machands qui s'arrêtent ici.

La ville est réduite à un tel état de famine, qu'il est horrible de s'y promener à pied ou à cheval, à cause du spectacle affreux qu'offrent des individus mourant à chaque instant dans les rues. Les chrétiens ont diminué autant que possible la consommation de leurs tables, afin de pouvoir réserver quelques portions de viande accommodée que l'on distribue chaque jour à la porte, à un certain nombre de personnes. Il faut avoir le plus grand soin d'empêcher qu'il ne leur soit donné du pain cuit le jour même; car il est arrivé qu'en voulant satisfaire trop avidement leur faim dévorante, plusieurs sont morts sur-le-champ pour avoir mangé du pain chaud.

Tout est à un prix très-élevé, même les choses les plus insignifiantes. Beaucoup de Juifs sont partis pour Livourne, ce qui rend l'achat de tout ce dont on peut avoir besoin plus difficile et plus exorbitant, attendu que presque tout le commerce se fait ici par les Juifs. On n'obtient plus d'argent qu'aux taux onéreux de trente à quarante pour cent, encore déduit-on l'escompte de la somme principale, en la recevant. Vous conviendrez, je pense, avec moi qu'en général il est plus aisé de sentir que de décrire la position où se trouve cette ville, qui dans ce moment n'offre d'autre perspective que celle d'une misère toujours croissante.

Les communications avec Tunis continuent d'avoir lieu par terre et par mer. Les Vénitiens étant en guerre avec les Tunisains, les amiraux Emmo, Priuli et Querine se trouvent dans ces parages avec une flotte très-nombreuse ; ils envoient fréquemment dans ce port ceux de leurs navires qui sont endommagés dans les combats qui ont lieu sur la côte de Tunis.

Un malheureux navire français, ayant la peste à bord, se trouve dans la rade. Il a long-temps erré de côté et d'autre en mer. L'entrée de Malte et d'autres ports lui ayant été refusés, il a été à Lampedoza, qui est une île située entre Malte et Suze, où quelques moines et quelques autres individus vivaient en paix depuis plusieurs années, des productions de l'île, et sans avoir presqu'aucun rapport avec le reste du monde. Ici le capitaine voulut donner l'air à sa cargaison ; mais, comme cette opération occasiona aussitôt la mort de ceux qui en étaient chargés, il fut obligé d'y renoncer. Pendant les sept jours qu'il resta à Lampedoza, le supérieur du couvent et presque tous les habitans moururent, et deux corsaires Tripolitains qui y avaient relâché pour faire de l'eau, furent brûlés. Ce navire est arrivé ici avec la même cargaison, qui consiste en balles de coton. Il y a à bord plusieurs Turcs qui offrent de se raser et de gagner la terre en nageant ; le reste de l'équipage demande constamment du port la liberté de brûler le navire, ce que les Mores ne leur ont pas encore permis de faire.—La famine enlève chaque jour beaucoup de monde ; mais il n'y a jusqu'à présent aucune apparence d'autre maladie.

Un caffagi (1) est arrivé aujourd'hui de Constantinople avec un cafetan du grand-seigneur, qu'il a offert publiquement au pacha, en lui faisant part de la naissance d'un fils de sa hautesse. L'artillerie a tiré pendant que le pacha se vêtissait du cafetan, et demain elle tirera de nouveau pour célébrer la naissance du jeune prince. Ces cafetans sont d'un prix si médiocre, que lorsque le pacha a terminé la cérémonie de les mettre, il les donne à ses serviteurs.

Comme la description du cérémonial observé lors du décès d'une dame more s'offre ici par suite d'un événement récent, je vais vous donner quelques détails à ce sujet.

La mère de Lilla Kebbiera est morte hier à cazera, c'est-à-dire, à quatre heures de l'après-midi, et a été enterrée à la grand'messe des morts, ou namuz de midi, aujourd'hui. La nouvelle de sa mort a tellement affligé sa fille,

---

(1) Un caffagi ne diffère d'un chaoux que parce qu'il est plus élevé en grade, quoiqu'ils remplissent tous deux l'emploi de messager d'une cour turque à l'autre.

que le bruit du décès de cette princesse a couru pendant quelque temps ; bruit qui confirme pleinement l'affection sincère que lui portent ses sujets.

Elle est venue ce matin escortée depuis le château et accompagnée de trois des princesses et de Lilla Aisher, la femme du bey, pour pleurer sur le corps avant qu'il soit porté en terre ; il est placé sur un lit de parade dans le lieu où la défunte a expiré. La cour, les escaliers et les galeries étaient remplis d'une si grande affluence de peuple, que de bonne heure dans la journée il n'était déjà plus possible d'entrer dans les appartemens.

Un nombre considérable de femmes étaient réunies pour crier à l'occasion de cet événement, et prouvaient par là leur fidélité ; leurs cris étaient répétés à différens périodes par la ville avec une telle violence, qu'on pouvait les entendre distinctement à un mille de distance. Tous les lieux étaient remplis de fleurs nouvelles, et on y brûlait des parfums. Ceux que l'on brûlait dans l'appartement où se trouvait le corps consistaient en ambre et clous de girofle, que des femmes noires portaient dans des encensoirs d'argent.

L'appartement était tendu d'une très-riche

draperie qui l'obscurcissait. Le corps était placé sur une estrade élevée à trois pieds de terre, et couvert de velours et de soieries, bordés de broderies d'or et d'argent, et de très-longues franges. Cette estrade avait plusieurs couvertures; les deux de dessous étaient disposées par bandes et bordures représentant des sentences de l'Alcoran : elles avaient été mises dessus avant d'y placer le cercueil, dont le couvert était élevé triangulairement.

Comme il n'y a que la famille royale et la noblesse qui fassent usage de cercueils de cette forme, il est facile de distinguer les funérailles des grands. Tous les autres cercueils sont ouverts par-dessus, et le corps n'est recouvert que d'une draperie de drap ou de soie, suivant la fortune de la famille. Mais le plus pauvre individu, homme ou femme, est toujours assuré d'être recouvert d'un drap de la Mecque autour duquel est un large bord, et où sont tracées des sentences choisies de l'Alcoran, si toutefois il a vécu assez saintement pour obtenir le précieux titre de *chérif de la Mecque*. Si le défunt est un homme, on place en outre sur le cercueil un turban vert, qu'un chérif est autorisé à porter. Dans la circonstance actuelle, le cercueil était couvert de vêtemens d'or et d'argent appartenant à la défunte. A la tête on voyait un très-gros bouquet de fleurs artificielles et naturelles mêlées ensemble, et richement orné d'argent; on y ajoutait à chaque instant de nouvelles fleurs. Des nattes et des tapis de Turquie étaient étendus par terre autour du cercueil aux coins duquel étaient placés des coussins brodés.

Lilla Kebbiera était assise sur l'un de ces coussins, à la tête du cercueil ; elle paraissait vivement affectée et parlait peu. Elle était richement vêtue, mais ne portait ni bijoux ni rien de neuf, ce qui indiquait qu'elle était en deuil. Lorsqu'on vint enlever le corps, elle se retira, entourée de ses dames et de ses esclaves noires, poussant des cris plaintifs. Quand on sortit ce cercueil de la maison, il était recouvert d'un poêle de soie noire et de couleur, richement orné d'or et d'argent, et bordé d'un large tissu d'or avec une frange de soie noire.

Le corps fut reçu sur le seuil de la porte par le muphti ou évêque, qui marchait devant assez près, précédé par les fils du pacha. Immédiatement après le cercueil venait un grand nombre de noirs, hommes et femmes, ayant chacun une baguette à la main avec une étiquette au bout qui les déclarait libres par la volonté de leur défunte maîtresse et de sa fille Lilla Kebbiera. Tous ces gens portaient leurs bonnets retournés; leurs habits étaient négligés, et dépouillés de toute espèce d'ornemens, d'argent et autres. Le corps fut enterré vêtu d'une profusion de riches habillemens et de bijoux.

Aujourd'hui tout a été pavoisé, et les canons ont tiré, à l'occasion de la paix qui a été conclue, à la satisfaction générale, entre le pacha et les cours de Madrid et de Naples. Tous les esclaves espagnols et napolitains ont en conséquence été mis en liberté. Cette paix a tiré cette ville de l'inquiétude où l'on était d'être attaqué par les Espagnols; et la nouvelle en a été suivie quelques jours après par une autre non moins agréable; c'est l'envoi d'une certaine quantité de grain par l'empereur de Maroc.

Ce que je vais vous dire vous prouvera suffisamment jusqu'où s'étend la reconnaissance et l'hospitalité parmi les souverains mores. Il y a plusieurs années qu'à son passage par ce royaume, pour se rendre à la Mecque, l'empereur de Maroc s'est lié de la plus sincère amitié avec le pacha de Tripoli. Depuis cette époque, le pacha a constamment reçu avec bonté Muley Yesied, le fils aîné de l'empereur, dont la férocité sans exemple oblige son père à l'envoyer fréquemment à la Cité Sainte ; ce qui chaque fois l'éloigne pour trois ans de Maroc, parce qu'il lui faut ce laps de temps pour achever son pèlerinage. Il porte, pendant toute la durée de ce voyage, la terreur partout où il passe ; et sa présence n'est tolérée ici qu'à cause de l'amitié que le pacha professe pour son père. L'empereur de Maroc considère la conduite du pacha envers son fils comme un service si éminent, qu'il vient de faire présent à celui-ci de trois cargaisons de froment, se montant à environ seize mille pataqués, et d'une selle ornée de diamans et avec des étriers d'or, estimée encore dix mille pataqués, ce qui fait à peu près cent soixante-dix mille francs.

On s'attend bientôt à voir Muley Yesied, qui fait un autre pèlerinage à la Mecque. — La première cargaison de froment envoyée de Maroc est arrivée il y a quelques jours ; elle était accompagnée de lettres annonçant que le navire qui l'apportait avait pris la peste à Tunis, où elle régnait d'une manière terrible au moment de son départ pour Tripoli. Il n'y a pas de lazareth ici, par conséquent il serait inutile d'y faire faire quarantaine ; cette circonstance a produit la plus vive consternation.

Comme le navire appartient à une puissance chrétienne, le pacha a assemblé un divan (1). Il fut réuni, et décida qu'attendu que le pays était plongé dans la famine, on recevrait le grain ; mais que le navire serait obligé de faire voile pour l'Europe, afin d'y faire quarantaine.

Ce navire est tellement infecté, que l'on présume que tout l'équipage succombera avant d'avoir le temps d'atteindre un port de quarantaine ; Livourne étant le seul qui soit en état (d'après l'administration bien entendue des lazareths du grand-duc), de le recevoir dans le mauvais état où il est.

L'amiral Emmo est parti d'ici, il y a quelques jours, ayant sous ses ordres une nombreuse flotte vénitienne. C'est la première visite qu'il ait faite à cette partie de la Barbarie pendant le temps de son expédition contre les Tunisiens. Il aime beaucoup à se distinguer en pareille occasion ; et on dit qu'il a eu l'honneur de recevoir à bord de son vaisseau presque tous les

---

(1) Quand il survient une circonstance qui intéresse également les chrétiens et les Mores, le pacha assemble un divan ou conseil privé, où sont appelés les premiers officiers de l'état et les consuls des différentes cours de l'Europe.

souverains de l'Europe. Il a relâché dernièrement dans le port de Livourne, et y a joui de l'avantage d'avoir à sa table le roi et la reine de Naples, le grand-duc et la grande-duchesse de Toscane. — Il a donné une fête splendide pendant son séjour ici. On attribue l'immense quantité de vaisselle plate et d'ornemens de prix qu'il a à bord, à une coutume singulière, assez en usage à Venise, et qui est destinée à fournir l'occasion de déployer tout le faste de leurs plus riches maisons. Il a reçu, pour cette expédition, des différentes branches de sa famille, toute la vaisselle plate la plus précieuse et les ornemens les plus recherchés qui, joints à ce qu'il possède lui-même, et à ce que lui accorde la république, lui permet de mettre en évidence un buffet qui, pour l'élégance et pour la richesse, ne peut être égalé ou surpassé que par celui d'un souverain. On y avait placé des piles d'assiettes d'argent, de plusieurs douzaines chacune, pour les besoins des convives. On apporta trois services, tous trois dans des plats d'or et d'argent. Le dessert fut servi dans de très-belle porcelaine, peinte par les premiers artistes, et représentant l'histoire des dieux du paganisme; c'est la reine de Portugal qui en a fait présent à l'amiral Emmo. Les vaisseaux de guerre vénitiens sont beaucoup plus brillans que ceux de toute autre nation par la manière somptueuse dont ils sont décorés, par la richesse de leur armement, et par l'éclat des uniformes de ceux qui les montent.

La famine continue d'augmenter, et malgré quelques arrivages partiels qui ont lieu, la ville est dans une grande détresse. Nous n'avons pas encore la peste, quoiqu'elle soit à Tunis.

Les chrétiens ont été invités hier à voir lancer à l'eau un des navires croiseurs du bey. Il ne s'est rien passé de remarquable dans cette occasion, excepté une ou deux choses assez singulières.

Au moment de quitter le chantier, un esclave noir du bey fut conduit à bord et attaché à la proue pour obtenir au bâtiment une heureuse réception dans l'Océan. Quelques embarras ayant eu lieu au moment de son départ, et Mustapha (le premier ministre) n'ayant pas vu attacher le nègre, dit qu'il n'était pas étonnant que l'opération fût entravée, puisqu'on avait omis cette précaution. Il y avait sur le pont un superbe agneau, choisi pour la circonstance, blanc comme la neige, et orné de fleurs et de rubans. Dès que le navire toucha l'eau, on l'immola, et il fut dévotement offert en sacrifice à Mahomet, pour appeler sa protection sur le croiseur. Il fut salué par l'artillerie de terre et des différens bâtimens qui se trouvaient dans le port; et les pavillons furent arborés de toutes parts.

Les principaux revenus du bey proviennent des bâtimens de guerre que son père lui permet d'avoir en particulier. Son chantier de construction, qui est le seul qui soit ici, est entièrement dirigé d'après ses ordres; les deux jeunes princes, ses frères, ne s'en mêlent jamais, quoiqu'ils le désirent souvent. Cet établissement est si dispendieux pour le bey, que lorsque ses croiseurs sont quelque temps sans faire de captures, il en résulte une perte considérable pour lui. Quoiqu'il aime la magnificence, et qu'il soit noble dans ses habitudes, il est modéré dans les mesures qu'il prend; et s'il éprouve quelquefois de grands échecs par suite de ses entreprises maritimes, il ne s'en prévaut pas pour mettre ses sujets à contribution, coutume trop souvent suivie par les princes de Barbarie et de Turquie.

Les rais ou capitaines du bey, sont très-mécontens de ce que le pacha ait fait la paix avec l'Espagne, parce qu'ils se voient privés par là des sommes qu'ils se procuraient par les prises qu'ils faisaient sur les Espagnols. Mais cette paix réjouit vivement tous ceux qui connaissent les souffrances des esclaves chrétiens à Alger. — Si les capitaines des corsaires algériens ne sont pas les seuls propriétaires de leurs bâtimens, ils y ont toujours un intérêt. Ils croisent où bon leur semble ; mais ils sont obligés, quand ils en reçoivent l'ordre, de se rendre là où le gouvernement leur indique, et de transporter hommes et provisions à leurs dépens. Ils ont toujours à bord un officier expérimenté, nommé par le dey, sans le consentement duquel ils ne peuvent ni donner la chasse à un bâtiment, ni retourner à Alger, ni punir un matelot. A leur retour, cet officier fait un rapport au dey sur la conduite du capitaine et de son équipage. Le capitaine doit aussi faire au gouvernement un rapport sur sa croisière. Le dey exige la huitième partie des prises, des esclaves ou des marchandises dont il s'est emparé. Les prisonniers chrétiens sont menés au palais du dey où se rendent aussitôt les consuls étrangers, pour voir s'il en est qui appartiennent à leurs nations respectives. S'il s'en trouve, et qu'ils ne soient que passagers, ils peuvent les réclamer ; mais si, au contraire, il est prouvé qu'ils fussent à la solde de toute puissance en guerre avec Alger, ils ne peuvent être mis en liberté qu'en payant la rançon que le gouvernement détermine. Le dey a le choix sur huit, et préfère ordinairement ceux qui savent des métiers. Le reste, qu'on laisse à la disposition des propriétaires et des équipages du capteur, sont immédiatement conduits au béristan ou marché aux esclaves, où on les évalue et où l'on détermine le prix de chacun d'eux. Du marché, on les reconduit devant le palais du dey, où ils sont vendus à l'encan. Toute somme offerte pour eux au-dessus du prix fixé, revient au gouvernement. Ces malheureux ont, à l'endroit même où on les vend, un anneau de fer passé au-dessus de la cheville de chaque pied, et attaché à une chaîne plus ou moins longue, selon qu'on leur suppose plus ou moins le désir de s'échapper. Il arrive quelquefois, au bout d'un certain temps, qu'ils abjurent leur religion, et deviennent ainsi ce que l'on appelle rénégats. S'il en est qui puissent se procurer de l'argent, il leur est permis de commercer, en payant un fort tribut au dey; ils vivent ainsi, mais ils sont toujours esclaves. Ceux qui n'ont pas cette ressource et qui n'ont aucune profession, sont traités très-durement. Ils sont mal nourris, travaillent durement toute la journée, et à la nuit sont enfermés dans des prisons publiques sans toits, où ils dorment sur la terre, exposés à l'injure du temps, et quelquefois étouffés dans la boue. Tous les esclaves doivent passer la nuit dans le bagne, à moins que par faveur le dey ne permette qu'il en soit autrement. Si, en ville, on voit les esclaves occupés aux travaux les plus difficiles, à la campagne ils sont quelquefois obligés de traîner la charrue au lieu de chevaux, et sont à tous égards traités avec une telle inhumanité, qu'elle serait punie avec la plus grande sévérité à Alger même, si elle était exercée sur des bêtes de somme. Les chrétiens qui sont à Alger, peuvent demander des esclaves qu'ils prennent comme domestiques ; mais, dans ce cas, ils sont tenus de les représenter quand le gouvernement en fait la demande, ou de payer telle rançon qu'il lui plaît d'exiger. Les esclaves obtiennent quelquefois la permission de coucher chez ceux qui les emploient, quand toutefois les Algériens ne sont pas trop exaspérés contre la nation à laquelle ils appartiennent.

On peut se faire une idée du traitement que subissent les esclaves chrétiens, par les souffrances qu'a éprouvées une famille espagnole qui vient d'être libérée en vertu de la paix signée entre l'Espagne et les Barbaresques.

Une dame, épouse d'un officier, son fils, jeune homme de quatorze ans, et sa fille, âgée de six ans, furent pris par les Algériens, à bord d'un navire espagnol. Les corsaires se conduisirent envers eux avec la plus grande inhumanité. Ils chargèrent le jeune homme de chaînes, et traitèrent la petite fille avec une barbarie si révoltante, que la malheureuse mère en perdit presque la raison. Les Algériens, après les avoir dépouillés de tout, les gardèrent plusieurs jours à bord, mal nourris et n'ayant pour tout vêtement que quelques haillons; après quoi ils les conduisirent à Alger. Ils étaient depuis long-temps renfermés dans un donjon du bagne où l'on garde les esclaves, lorsqu'on fit demander à l'aga ou capitaine du bagne, une esclave femelle. Il arriva heureusement qu'un jour où la dame espagnole embrassait son fils (qui s'arrachait de ses bras, le désespoir dans l'âme, pour suivre ses impitoyables conducteurs) et jetait un douloureux regard sur sa petite fille, dont la vie était déjà à moitié éteinte, elle s'entendit appeler pour suivre le geôlier de la prison, chez une famille qui avait fait demander une esclave. Elle obtint, à force d'instance, la permission de prendre sa fille avec elle. La position des Espagnols à Alger était horrible à cette époque. Les Algériens étaient tellement exaspérés contre les Espagnols, par suite de la guerre, qu'ils se faisaient un devoir de traiter avec la dernière sévérité les infortunés qui étaient tombés entre leurs mains. Cette dame considéra donc comme un bonheur inespéré d'aller dans une maison de chrétiens, quels qu'ils fussent. Chargée d'un enfant, et dans un état apparent de mauvaise santé, ce fut avec un mélange de désespoir et d'anxiété difficile à peindre, qu'elle s'y rendit. Elle tremblait de n'être pas acceptée et d'être contrainte de retourner dans l'affreux donjon qu'elle venait de quitter, où l'on n'avait aucun égard pour le rang, et où des esclaves de toutes conditions étaient confondus pêle-mêle. Tantôt ses oreilles étaient choquées des propos indécens qui se tenaient auprès d'elle, et dans un autre moment attristées des plaintes que proféraient des êtres aussi malheureux qu'elle-même. Son fils ne pouvait rien pour elle, et la malpropreté et l'odeur infecte de la prison empiétaient chaque jour sur sa santé. Elle était donc déterminée à accepter quelque offre qu'on lui fît, bien persuadée que ce que l'on pourrait exiger d'elle ne ne saurait être que fort au-dessous de tout ce qu'elle avait souffert jusqu'alors. Mais, comme elle s'y attendait d'abord, elle ne fut pas agréée, parce qu'elle était très-loin de répondre aux conditions exigées de l'esclave que l'on avait demandée. Toutefois la compassion prenant le dessus, elle fut reçue, ainsi que sa petite fille. Mais il existait une autre difficulté. Son fils était dans les fers. Vivre ainsi sans lui, et manger seule le morceau que réclamait son urgent besoin, était impossible à son cœur. L'extrême obligeance de ceux que le sort lui avait donnés pour maîtres, les ayant portés à remarquer que la faveur toute particulière qu'ils lui avaient accordée manquait son effet, leur firent bientôt découvrir la nouvelle cause de son chagrin. Mais demander ce jeune homme pour le traiter avec douceur, ou d'une manière au-dessus des esclaves ordinaires, était s'exposer à voir exiger pour lui et pour sa mère une rançon telle à faire désespérer pour toujours de leur liberté. On l'envoya néanmoins chercher, et les travaux qu'on leur assigna à tous deux furent tout-à-fait insignifians. Au moyen de quelque circonspection, cette famille vécut ainsi pendant trois ans, au bout desquels la guerre avec l'Espagne étant devenue plus opiniâtre, les Algériens redemandèrent le jeune homme au bagne, pour travailler avec les autres esclaves à réparer les dommages faits à la forteresse par le canon des Espagnols. Il fut alors employé à transporter des pierres, et contraint, chaque jour, à traverser la ville, pesamment chargé, pour aller déposer son fardeau au pied des murs, recevant presque à chaque pas d'effroyables coups, vu l'impossibilité où il était de hâter davantage sa marche.

Épuisé enfin par les mauvais traitemens, et hors d'état, par la faiblesse de son physique et de son tempérament, de soutenir plus long-temps d'aussi pénibles fatigues, il refusa un matin à son conducteur de se lever de la place où il était couché, en lui déclarant qu'il était libre de le tuer, mais qu'il ne ferait même pas la tentative de reprendre ses travaux accoutumés. Différens messages avaient été envoyés à plusieurs reprises de la part du consul vénitien, dans la maison duquel étaient sa mère et sa sœur, à l'aga du bagne pour demander qu'il fût renvoyé. Quand les Algériens virent qu'il était aussi mal, ils crurent qu'il était préférable de le laisser vivre, dans l'espoir que la paix avec l'Espagne, que l'on s'attendait à voir proclamer d'un instant à l'autre, leur vaudrait une rançon pour lui; et, comme il leur en coûtait moins de le laisser aller que de le nourrir dans le bagne, ils consentirent à ce qu'il rejoignît sa mère. On désespéra long-temps de sa vie; mais ses blessures furent soigneusement pansées, et les soins de sa maîtresse, de sa mère et de sa sœur, lui rendirent la santé. On cacha sa convalescence de crainte qu'on ne le réclamât de nouveau. Quelques mois après la conclusion de la paix, une rançon fut offerte pour cette malheureuse famille, et elle fut libre. Elle obtint peu après, par l'obligeance et le crédit de l'épouse du consul vénitien, passage à bord d'un navire et tout ce qui lui était nécessaire; et s'embarqua pour l'Espagne, où maintenant, rendue au bonheur, elle ne cesse d'adresser des témoignages de sa reconnaissance et de son affection à sa bienfaitrice.

Nous conservons à peine l'espoir de nous soustraire à la peste. Elle augmente journellement à Tunis, et, pour comble d'infortune, la population de Tripoli souffre à un tel point de la famine, que l'on s'attend à voir les ravages de ce premier fléau accroître encore nos maux. On a tant retranché sur la nourriture du bétail, qu'on ne pourrait pas en supporter la vue, si déjà on n'était accoutumé à voir des êtres humains dans un état de maigreur tout aussi déplorable. La triste position du royaume dans ce moment, fait que les beys ne parviennent que difficilement à faire rentrer les tributs dus par les Arabes, dont le mécontentement est tel qu'ils sont presqu'en insurrection ouverte. Le bey, fils aîné du pacha, a été obligé d'aller camper à leur proximité avec un corps de troupes, pour tâcher de les faire rentrer dans l'ordre ; et des escarmouches ont constamment lieu dans le désert, entre les Arabes et les troupes du pacha. On rapporte plusieurs anecdotes concernant l'honneur, le courage et l'hospitalité de ces guerriers vagabonds.

Un officier commandant un détachement des troupes du bey, poursuivi par les Arabes, perdit son chemin, et se trouva, à la nuit tombante, près du camp ennemi. En passant devant une tente dont la porte était ouverte, il arrêta son cheval, et exténué de fatigue et de soif, il implora secours. L'Arabe invita son ennemi à entrer en toute confiance, et le reçut avec toute l'hospitalité et les égards qui ont acquis une si grande célébrité à ce peuple. Parmi eux, comme chez les héros de l'antiquité, c'est toujours le chef de la famille qui sert les étrangers. Quand quelque personne de rang leur rend visite, on le voit aussitôt aller chercher un agneau choisi dans son troupeau ; il le tue, et sa femme veille à ce que ses suivantes l'accommodent aussi bien que possible. On conserve encore dans quelques tribus arabes l'ancienne habitude de laver les pieds, et c'est aussi le chef de famille qui s'en charge. Leur souper se composait des meilleures parties de l'agneau que l'on avait fait rôtir, et leur dessert de dattes et de fruits secs. Pour honorer encore plus particulièrement l'hôte de son mari, la femme de l'Arabe lui servit un plat de bosine fait par elle-même ; il consistait en farine et en eau pétries de manière à former une pâte que l'on posa, pour la faire lever, devant le feu pendant qu'il fut allumé ; après avoir ensuite placé cette pâte sur la braise, et l'avoir tournée souvent, on la retira à moitié cuite, on la coupa en plusieurs morceaux, on la pétrit une seconde fois avec du lait nouveau, de l'huile et du sel, et on lui donna la forme d'un poudingue, que l'on garnit de kaddide, ou petits morceaux de mouton séchés et très-salés.

Quoique ennemis l'un de l'autre, ces deux chefs s'entretenaient avec franchise et amitié de leurs hauts faits et de ceux de leurs ancêtres, quant tout à coup la figure de l'Arabe se couvrit d'une grande pâleur. Il se leva précipitamment de son siége, se retira, et fit dire quelques instans après à son hôte que son lit était prêt à le recevoir ; qu'il ne se trouvait pas bien, et ne pouvait pas assister au reste du repas ; qu'il avait examiné le cheval du More, et avait pensé qu'il était hors d'état de faire une longue et pénible route le lendemain ; mais qu'il en trouverait un autre tout frais à la porte de la tente où il le verrait, et d'où il espérait qu'il s'éloignerait avec vitesse : l'étranger ne sachant comment expliquer cette conduite de son hôte, se retira pour se livrer au repos.

Un Arabe le réveilla à temps pour prendre, avant son départ, quelque nourriture préparée d'avance ; mais il ne vit personne de la famille jusqu'à ce que, parvenu à la porte de la tente, il aperçut le chef arabe qui tenait la bride du cheval, et soutenait les étriers, ce qui, chez ces peuples, est la dernière marque d'amitié. Le More ne fut pas plutôt monté, que son hôte lui annonça que le plus grand ennemi qu'il eût dans le camp ennemi était lui. « Hier
» au soir, lui dit-il, vous m'avez découvert,
» en me racontant les exploits de vos ancêtres,
» le meurtrier de mon père. Voilà les habits
» (qu'on apporta dans ce moment à la porte

» de la tente) dont il était vêtu au moment où
» il fut tué. J'ai souvent juré sur eux, en pré-
» sence de ma famille, de tirer vengeance de
» sa mort, et, pour y parvenir, de chercher
» son meurtrier depuis le lever jusqu'au cou-
» cher du soleil. Le soleil n'est pas encore levé;
» il le sera à peine quand je vous poursuivrai;
» et alors vous aurez quitté ma tente en sûreté,
» où, heureusement pour vous, notre religion
» me défend de vous attaquer, puisque vous y
» avez cherché un refuge et que vous vous êtes
» mis sous ma protection. Mais toutes mes obli-
» gations cessent à l'instant où nous nous
» quittons, et, dès ce moment, vous devez me
» considérer comme quelqu'un qui a juré votre
» mort, quelque part et à quelque distance que
» nous puissions nous rencontrer à l'avenir.
» Vous montez un cheval qui ne le cède en rien
» à celui qui m'attend; de sa vitesse sur le mien
» dépend la vie de l'un ou l'autre de nous, ou
» même de tous les deux. » Après ces mots,
il serra la main de son adversaire, et le quitta.
Le More, profitant du court espace de temps
qu'il avait d'avance, arriva au camp du bey
avant d'être atteint par l'Arabe, qui le suivit
aussi près du camp que sa sûreté put le lui permettre.

C'est sans doute là un trait d'hospitalité remarquable ; mais il n'est aucun autre More ni Arabe qui ne se conduisît de même en pareil cas.

Après son retour du camp, ce chef more, dont le nom est Hadgi-Ben-Hassuna, a été félicité et fêté par tous ses amis ; il a dîné aussi avec nous quelques jours après l'événement dont il vient d'être question. Il passe pour l'un des meilleurs officiers du pacha ; mais il est fort attaché au bey, qui le distingue particulièrement, ce qui lui suscite de puissans ennemis dans la suite du pacha, parmi ces provocateurs de faction qui abondent ici.

Comme il est contraire à la religion de Mahomet de chercher à éviter la peste, les Mores s'exposent si volontairement à en être atteints, que, depuis plusieurs mois, nous avons été obligés de cesser nos visites au château et à plusieurs familles mores.

On ne croit pas que la peste soit encore à Tripoli; mais de malins esprits (suivant ce que disent les Mores) ont tellement été occupés en dernier lieu a s'emparer d'un grand nombre d'individus, et à les faire mourir d'une manière extraordinaire, que tous ceux qui ne croient pas à des causes surnaturelles, sont d'avis que la contagion est dans le pays, et même en ville, ce qui est pire. On apprend, d'après les dernières nouvelles de Tunis, qui n'est pas à cent lieues de Tripoli, qu'il y meurt sept cents personnes par jour.

Il y a ici une famille more distinguée, qui avait adopté l'avis qu'on lui avait donné d'user de quelques précautions contre la peste, et qui avait déjà commencé une espèce de quarantaine. Mais hier la fille aînée a épousé son cousin, qui demeure avec son oncle, père de la mariée ; et on n'a pas pu se dispenser de la cérémonie de l'envoi mutuel des présens de noce de l'époux à sa femme et de la dot de celle-ci à son mari. En conséquence, des chameaux, des mulets, et leurs conducteurs, se trouvaient réunis à la porte du père de l'épousée, et un immense concours de peuple affluait tant dans la cour que dans différentes parties de la maison, d'où l'on sortit un grand nombre de boîtes de la même forme et de la même grandeur, contenant différens objets d'un très-grand prix, qui furent placées sur les bêtes de somme. Un grand nombre de paquets renfermés dans de riches mouchoirs de soie brodés en or, et beaucoup de jolis paniers blancs, faits de feuilles de palmier, remplis de rafraîchissemens et de confitures, et couverts de fleurs choisies (moyen certain de communiquer la peste), étaient portés par des esclaves noirs de l'un et de l'autre sexes. Tout ce cortége défila processionnellement par la ville, et rentra d'où il était parti, mais par une porte différente, comme cela se pratique en pareil cas.

La famille, pour éloigner un hôte aussi à craindre que la peste, qui se sera vraisemblablement introduite au milieu d'elle, par suite de cette cérémonie indispensable, s'est armée d'une égide que les vrais croyans regardent comme impénétrable; ce sont des extraits de l'Alcoran, faits d'après la coutume moresque. Ces cérémonies, en y comprenant plusieurs jours passés en sacrifices à Mahomet par le ministère des imans, ont coûté considérablement d'argent et une grande quantité d'huile et d'autres provisions envoyées aux marabouts ou saints.

Lorsque nous vîmes, il y a quelques mois, la mère de la mariée, l'un de ses enfans, une petite fille, était malade depuis plusieurs jours. Il y avait présent un marabout, qui copiait dans l'Alcoran des sentences applicables à sa position. Ces sentences étaient aussitôt brûlées sur une assiette de porcelaine; la cendre en était soigneusement recueillie, jetée dans un verre d'eau, et offerte à l'enfant en forme de breuvage. Des reliques de toute espèce la couvraient des pieds à la tête. Sa nourrice la tenait hors de la portée des chrétiens, parce qu'elle craignait, beaucoup plus que la mère, l'effet de leurs caresses et même de leurs regards. Un prêtre se trouva présent au sacrifice d'un agneau, pour s'assurer qu'il n'eût pas de membres difformes ou qui eussent été maltraités d'une manière quelconque en le dépeçant, et que le sang en eût été soigneusement répandu en terre. La chair fut accommodée et servie à la famille, et tous les os furent réunis et enterrés avec le même soin que le sang.

Les écrits d'aucun prophète n'excitent un zèle aussi fervent que celui avec lequel les vrais musulmans considèrent aujourd'hui l'Alcoran. Ils disent que « cet ouvrage, le céleste présent de leur prophète, fut remis à Mahomet, vers par vers, par l'ange Gabriel, dans la nuit d'al-kadir. »

Un vers du chapitre d'al-kadir dit : « En vé-
» rité, en vérité, nous avons envoyé l'Alcoran
» dans la nuit d'al-kadir.

» La nuit de l'al-kadir vaut mieux que mille
» mois. C'est pendant sa durée que les anges
» descendent, ainsi que l'esprit de Gabriel, par

» la permission de leur Seigneur, avec ses dé-
» crets concernant toutes choses. La paix règne
» pendant la nuit d'al-kadir, jusqu'à l'arrivée
» de l'adan (le matin)! »

Pour prouver que l'Alcoran est d'origine céleste, et qu'il a été transmis ici-bas par des messagers divins, les Mores citent entre eux le vers ci-dessus d'al-kadir, le placent au-dessus des portes de leurs mosquées, et l'écrivent sur les murs de leurs appartemens (1).

(1) Le mot *alcoran* est dérivé du mot arabe *koroa*, qui signifie lecture. On croit communément que l'Alcoran est l'ouvrage de Mahomet, aidé de l'érudition de Batiras, hérétique jacobite, du fanatisme de Servius, moine nestorien, et de la superstition de quelques Juifs; mais les mahométans croient, comme un article de foi, qu'il n'a point été composé par leur prophète, qui a été, disent-ils, un homme sans littérature. Ils sont persuadés que Dieu a donné l'Alcoran à Mahomet, par le ministère de l'ange Gabriel, qui a employé vingt-trois ans à cette communication.

L'Alcoran a pour base la prédestination, et pour principe que, la religion mahométane devant être établie sans miracle et sans contradiction, il faut punir de mort quiconque refuse de l'embrasser. Il est divisé en *suras* ou chapitres, et les suras sont divisés en petits vers appelés en arabe *ayat*, qui veut dire signes ou merveilles, qui sont tous composés dans un style haché. Il y a sept principales éditions de l'Alcoran, deux faites à Médine, une à la Mecque, une à Cuffa, une à Bassora, une en Syrie, et l'édition vulgaire ou commune.

Il n'est pas permis aux mahométans d'imprimer l'Alcoran ; mais ils en conservent les copies manuscrites avec un soin et une jalousie sans égale ; aussi est-il impossible d'y faire le plus petit changement, parce que les Mores frémissent d'horreur à l'idée même d'altérer en la moindre chose le sens de l'Alcoran. Ils sont persuadés qu'un chapitre ou un vers qui en est extrait, peut les soulager dans une maladie dangereuse, les préserver d'accident ou de tous maux à venir, prolonger même la vie et la rendre prospère. En un mot, ils ont recours à des passages de l'Alcoran dans toutes leurs peines, passages que l'on ne se procure qu'à grands frais des imans ou marabouts. Une ablution moresque est nécessaire avant d'oser toucher au livre sacré ; et Mahomet le regarde comme souillé, quand tout autre qu'un musulman y porte ses regards.

Depuis quelques semaines plusieurs courriers ont traversé le désert qui se trouve entre Tunis et cette ville, et ont répandu ainsi la peste sur leur passage ; aussi tous les lieux environnans en sont-ils infectés. Les Mores eux-mêmes en conviennent ; mais leurs précautions deviennent inutiles, par la raison qu'ils ne les continuent pas ; car si les circonstances les font, dans un moment, interrompre une communication irréfléchie entre les gens malades et ceux qui se portent bien, ils l'oublient l'instant d'après.

Hier au soir, un peu avant minuit, l'épouse du bey Lilla Aisha, accompagnée des trois princesses les plus âgées, Lilla Udacia, Lilla Howisha et Lilla Fatima, se sont rendues, en passant par les rues, du château à la mosquée, pour faire leurs dévotions et des offrandes à la châsse d'un de leurs grands marabouts. Elles étaient entièrement environnées des dames de leur suite, entourées elles-mêmes d'esclaves noires, qu'escortaient les eunuques et les mamelucs du château, et suivies des hampers ou gardes du corps du pacha. Les princesses étaient accompagnées de leurs deux jeunes frères, les princes Sidy Hamet et Sidy Useph, avec leur suite. La nuit était extrêmement belle, et le firmament brillait de cette clarté qui est particulière à la Méditerranée. Aucun souffle de l'air ne troublait le nuage provenant des vapeurs aromatiques qui enveloppaient le cortége dans sa marche lente. Quelques minutes avant qu'il s'approchât, le chaoux (héraut d'armes) faisait entendre un cri d'avertissement, portant peine de mort contre quiconque oserait lever les regards sur cette procession sacrée. Des gardes la précédaient pour faire faire place, et leurs acclamations de loo, loo, loo, chantées par un grand nombre de voix de femmes, choisies pour la circonstance, étaient entendues de très-loin. Les princes, leurs suites, et tous les serviteurs mâles attendirent à la porte de la mosquée jusqu'à ce que les princesses eussent fait leurs oblations, ce qui dura à peu près une heure, après quoi ils retournèrent tous au château dans le même ordre où ils étaient venus.

C'est l'état actuel où se trouve le château, dont tous les habitans sont si imminemment menacés, qui est cause de cette royale visite nocturne à la châsse du marabout.

La peste et ses symptômes.—Précautions et quarantaine. — Observations sur la peste. — Mortalité journalière, et affreux ravages de la peste. — Tombeau de Mahomet. — Manière cruelle de traiter les malades. — Individus enterrés vifs. — Mode d'enterrement. — Respect pour les tombeaux. — Cérémonies en cas de mort.— Maladies occasionées par la peste. — Recherches des pirates. — Remèdes contre la peste.—Tentative d'un frère pour assassiner son frère.

La maison du premier ministre, Mustapha Sérivan, est maintenant dans un état de quarantaine aussi strict que le permettent les idées des Mores à cet égard. Toutefois, il ne veut convenir avec personne, ni même avec le pacha, qu'il soit nécessaire de prendre des précautions au château, où il assure que la meilleure égide est la souveraineté, et où il est, dit-il, nécessaire de donner aux Mores l'exemple de la soumission aux arrêts du destin.

Il est contraire à la foi musulmane, de compter le nombre des morts ; ce qui fait que l'on n'est pas exactement instruit de la croissante mortalité. Le château est très-infecté. Une jeune princesse de six ans est morte il y a deux jours, et l'une des trois femmes du dernier pacha a été enterrée aujourd'hui. D'après les ordres du pacha, son cortége a été suivi par plusieurs grands officiers de l'état, et par quatre esclaves noirs, à qui le pacha a donné leur liberté, pour honorer cette veuve de son père. Elle a été ensevelie dans de très-riches habits, et avec toutes les pierres précieuses qu'elle possédait. Ces quatre esclaves affranchis valent environ quatre cents louis ; ils coûtent cinq à six cents maboobs chacun (1).

Une longue suite de cercueils, retardés à dessein pendant plusieurs heures, furent portés peu après les funérailles de cette reine, afin de profiter du service (beaucoup plus solennel) qui devait se faire pour elle. Ces cercueils, d'après leur richesse, semblaient, par l'éblouissant éclat du soleil, une ligne d'or poli, trop resplendissante pour la vue. —Aujourd'hui, pour la première fois, les portes du château ont été fermées, et il n'y a que quelques personnes d'admises. Quatre individus, qui le matin s'y portaient bien, furent indisposés hier dans l'après-midi ; on les sortit du château hier au

---

(1) Un maboob vaut à peu près 8 fr. 40 cent.

soir à dix heures, et ils sont morts à minuit. Deux d'entre eux tombèrent dans un délire affreux. Ils avaient tous, au moment de leur mort, de grandes tumeurs sur les différentes parties du corps.

Les personnes qui sont attaquées de la peste sont saisies d'une espèce de stupeur qui dégénère immédiatement en folie, accompagnée de tumeurs et des plus horribles souffrances, qui se terminent en peu d'heures par la mort.

Le pacha témoigne beaucoup de regrets de voir que les chrétiens songent à fermer leurs maisons aussi promptement, attendu la famine que l'on éprouve ; parce que, dit-il, cette mesure, en déclarant Tripoli attaqué de la peste, l'empêchera de recevoir aucun approvisionnement. Quoi qu'il en soit, les maisons des chrétiens seront toutes fermées à peu près dans l'espace d'une semaine, chaque famille arrêtant le nombre nécessaire de domestiques qui doivent rester emprisonnés avec elle jusqu'à ce que la peste soit passée. Les salles, les fenêtres et les terrasses, vont subir un examen pour une stricte et longue quarantaine, à ce que nous craignons. L'approche des terrasses et des fenêtres donnant sur la rue, sera défendue aux domestiques ; et les salles préparées de manière à recevoir, sans aucun danger pour la famille, tout ce dont elle aura journellement besoin. S'il devenait nécessaire de changer de domestiques ou d'en prendre de nouveaux, les arrivans ne pourraient être reçus qu'en se dépouillant de tous les vêtemens qu'ils ont sur eux ; ils prendraient ensuite un bain préparé à cet effet dans le skiffar, ou la salle de la maison, et resteraient quinze jours seuls dans une chambre, afin de s'assurer qu'ils ne soient pas attaqués de la peste. Un grand nombre de jarres, contenant plusieurs livres chacune, sont remplies d'ingrédiens destinés à faire des fumigations dans les appartemens ; ces jarres contiennent deux tiers de son, et un tiers de camphre, de myrrhe et d'aloès, par parties égales. On brûle journellement de ce parfum joint à une petite quantité de poudre à tirer, dans tous les endroits de la maison. Les chrétiens se défont de tous les animaux à poils et à plumes, dans la crainte que la peste ne se communiquât par eux.

Le moment actuel est pour les chrétiens l'instant le plus dangereux de ce cruel fléau. Une fois que leurs maisons seront fermées, leur sûreté dépendra en grande partie de la rigidité avec laquelle ils observeront la quarantaine. On ne communique plus ensemble maintenant qu'en tenant un flambeau de paille, entre la personne admise dans la maison, et celle qui lui parle. On ne reçoit plus un ami que dans un appartement garni de nattes, et au fond duquel il va s'asseoir sur une chaise de paille, que l'on ne touche ensuite que lorsqu'elle a préalablement subi une fumigation. Toutes les clefs donnant entrée dans la maison sont gardées par le maître. Si quelque chrétien est obligé de sortir pendant cet intervalle, avant que les maisons soient fermées, un garde marche devant et un autre derrière lui, pour empêcher qu'on ne l'approche de trop près, et, à leur retour, les gardes sont mis en quarantaine pour quelques jours. Sans toutes ces précautions, il serait impossible d'échapper à la peste, qui fait à chaque instant de nouveaux progrès.

Je ne sais comment vous donner une idée exacte de la situation de cette ville ; la consternation qui y règne ne peut pas se dépeindre. — Hadgi Abderrahman a fait voile pour se rendre en Suède et en Angleterre, où il va en qualité d'ambassadeur. Sa séparation d'avec la belle Amnani et ses enfans a été affreuse, par suite de l'état où est Tripoli, en proie dans ce moment à la famine et à la peste. Il s'est résigné à la pensée de ne plus revoir que quelques-uns d'entre eux, et cela avec raison; car la peste était dans sa demeure. On ne supposait même pas que les personnes de sa suite eussent pu s'y soustraire avant de s'embarquer. S'il a le bonheur d'atteindre Malte avant d'en être attaqué lui-même, il sera soumis à une quarantaine de quatre-vingt-deux jours au moins. On s'est aperçu, à bord, qu'un de ses gens, un courtier juif, avait des symptômes de peste, et on l'a débarqué avant de mettre à la voile. Abderrahman est tant aimé que tout le monde prend part à sa douleur. Les cris que le peuple fait entendre pour déplorer les malheurs de sa famille, et qui ont commencé avant son départ du port, ont continué jusqu'à présent, et augmentent à chaque instant par de nouvelles morts. Dans ce redoutable moment, le soin de Lilla Amnani sa femme, et de sa fille aînée, est dévolu à son frère Adgi Mahmute, qui se meurt dans des tourmens inconnus jusqu'alors, en ce que la peste s'est d'abord portée vers sa bouche, où elle produit de violentes tumeurs et l'empêche de rien prendre. Il tombe quelquefois dans un délire, tel qu'il faut plusieurs hommes pour le tenir. Quoique personne de sa famille ne fût malade au moment du départ de son frère, sa femme et ses enfans (dont l'un est déjà enterré), ainsi que plusieurs autres personnes de la famille d'Abderrahman, se suivent rapidement au tombeau. Lilla Amnani, la fille d'Abderrahman, et sa nièce, sont les seules dames de cette famille encore existantes. De tous ses esclaves et autres serviteurs, il ne reste plus qu'un vieux eunuque noir qui est malade de la peste pour la troisième fois. Dans le court espace de temps qui s'est écoulé depuis le départ de l'ambassadeur, il est mort cent personnes de sa maison; et il est probable qu'il ne restera pas un seul membre de sa famille pour lui rendre compte de tous ces désastres.

On dit que la peste règne ici avec plus de force dans ce moment qu'elle n'a jamais régné à Constantinople depuis des siècles; et il est prouvé, par des relevés, qu'elle enlève deux fois plus de monde qu'à Tunis (dans la proportion relative de la population des deux villes), lorsqu'on portait journellement en terre cinq cents personnes dans cette dernière ville. Aujourd'hui on en a sorti au-delà de deux cents de celle-ci. — La population de Tripoli est de quatorze mille âmes, et celle de Tunis de trente mille.

Notre maison, la dernière des maisons chrétiennes qui soit restée en partie ouverte, a commencé le 14 juin une quarantaine complète. La grande salle, qui se trouve à l'entrée, est divisée en trois parties, et la porte de la rue n'est jamais ouverte qu'en présence du maître de la maison, qui en garde lui-même la clef. Cette porte ne s'ouvre qu'une fois par jour, et alors il se rend lui-même jusqu'à la première salle, d'où il envoie un domestique pour l'ouvrir. Le domestique revient, et la personne qui est dans la rue attend jusqu'à ce qu'on lui dise d'entrer avec les provisions qu'on l'a chargée d'acheter. Cette personne trouve en entrant un vaisseau plein de vinaigre et d'eau pour y déposer la viande, et un autre rempli d'eau pour les légumes.

Parmi les articles que l'on peut introduire sans ces précautions, sont du pain rassis, du sel en barres, des cordes de paille, de l'huile transvasée de la jarre, afin d'éviter les miasmes pestilentiels que pourrait renfermer son enveloppe de chanvre, du sucre sans papier ni boîte. Quand tous les articles d'approvisionnemens sont entrés, le porteur met le compte auprès, et ce qui peut revenir sur l'argent qu'on lui a donné, et sort en fermant la porte sur lui. De la paille, mise d'avance dans la salle, est allumée à une très-grande distance, au moyen d'une lumière placée au bout d'un bâton ; et il n'est permis à personne d'entrer dans la salle jusqu'à ce qu'on la croie suffisamment purifiée par le feu. Cela fait, le domestique ramasse le compte avec un grand bâton, et l'expose au-dessus de la fumée de la paille, ferme la porte, et rend la clef à son maître qui a été présent pendant toute la durée de ces différentes opérations, dans la crainte qu'on n'en négligeât quelques-unes, parce que l'on peut dire que de leur exécution dépend l'existence de toutes les personnes de la maison.

Huit individus qui, pendant ces sept derniers jours, ont été employés à nous procurer des provisions, ont été attaqués de la peste et en sont morts. Celui qui se trouvait trop mal pour rapporter les différens articles qu'il avait achetés, les remettait à son plus proche voisin, qui, s'acquittant toujours fidèlement de la commission, succédait comme de juste dans le même emploi, s'il le désirait, ou bien en recommandait un autre. Il est arrivé que des Mores, fort au-dessus d'une semblable occupation, ont remis aux chrétiens, avec la charité la plus empressée, les vivres qu'ils avaient envoyé chercher. Les Mores s'acquittent aujourd'hui d'actes de bonté dont on verrait peut-être peu d'exemples dans la chrétienté, surtout dans d'aussi terribles circonstances que celles où nous nous trouvons dans ce moment. Voici un exemple de leur philanthropie qui a eu lieu tout récemment. Une fille chrétienne gisait abandonnée, le désir de leur propre conservation ayant porté tous ses amis et même sa mère à fuir son lit empesté ; mais elle trouva un cœur paternel dans un Barbaresque. En passant près de sa demeure, il entendit ses gémissemens, et présuma qu'elle était la dernière de sa famille qui fût encore en vie ; mais s'étant convaincu du contraire, il jeta sur elle un regard de compassion mêlé d'horreur ; il la secourut, et, jusqu'à ce que la peste eût mis un terme à ses maux, il ne l'abandonna pas un instant, méprisant les amis de cette infortunée qui l'avaient abandonnée à ses soins généreux.

Les frais qu'il en coûte et le danger d'inhumer les morts sont devenus si grands, et les planches pour faire les cercueils si rares, que l'on apporte les corps sur les seuils des portes, où l'on cherche à obtenir du premier qui veut s'en charger, de les transporter sur ses épaules ou dans ses bras jusqu'au cimetière, en tâchant de suivre la longue file de cercueils que l'on y porte à midi, pour profiter de la grand'messe.

Aujourd'hui le nombre des morts s'est monté à deux cent quatre-vingt-dix.

Un médecin génois qui a été ici pendant plusieurs années, et qui jouissait d'un traitement fixe de la cour de Tripoli et des consuls étrangers, reçut il y a quelque temps l'ordre de se rendre au château. N'ayant pas obtempéré aussitôt à cet ordre, une garde fut envoyée pour l'emmener de force ; mais certain qu'il serait bientôt victime de la peste, sans pouvoir donner aucun soulagement aux personnes du château, parce que malheureusement c'est une maladie qui cède rarement aux efforts de la médecine, il résolut de se soustraire à la recherche dont il était l'objet, et s'embarqua, sans avoir été découvert, à bord du vaisseau où Abderrahman a fait voile pour l'Europe.

Les lamentations du peuple sont toujours les mêmes ; et il ne se passe pas d'heure que l'on n'entende quelqu'un déplorer une nouvelle perte. On ne dit plus de messes en ville pour les morts. On réunit les cercueils que l'on fait tous sortir en même temps des murs à midi précis ; et on célèbre alors une grand'messe commune, à une mosquée qui est hors de la ville, sur la route qui conduit au lieu de la sépulture. La terreur qu'inspire cette mélancolique procession augmeute à chaque instant. On a vu passer aujourd'hui un More de distinction qui n'a pas manqué une seule fois depuis quinze jours de faire cette triste promenade à la suite de quelqu'un de sa famille ; on le regarde lui-même comme dans la dernière période de la maladie, et cependant il se traîne encore, soutenu par ses esclaves, sur les pas de sa femme et de son fils aîné, auxquels il a le malheur de survivre. A sa mort les richesses de sa famille passeront au pacha, puisqu'il ne restera personne qui y ait droit. Il en est de même de toutes les propriétés de ceux qui meurent sans laisser de parens, excepté la part qui revient à l'église. Les terres et maisons ainsi dévolues à l'église, en pleine propriété ou en réversion, étant considérées comme sacrées par le prince et le peuple dans tous les états mahométans, il s'ensuit que de quelque manière que la propriété soit acquise par ceux qui en font la réversion à des établissemens religieux, elle est toujours exactement transmise à leurs descendans mâles. La Mecque et Médine sont généralement les deux endroits que l'on préfère pour faire de semblables donations. Le caveau de la Mecque, où l'ange Gabriel a remis l'Alcoran à Mahomet, et le tombeau de ce prophète à Médine rendent ces deux villes sacrées au-dessus de toutes les autres. On donne le nom de *vacaf* à ces donations pieuses, pour lesquelles on paye annuellement une légère rétribution à l'église jusqu'à l'extinction de la famille qui en est en possession, après quoi elles retournent tout entières à leur première destination.

Les femmes, que l'on avait vues jusqu'à présent toujours voilées, offrent l'image du désespoir par la manière dont elles errent dans les rues, les cheveux épars et leurs baracans ouverts, à la suite des convois funèbres de leurs familles. Quoique le chagrin s'exprime ici plus souvent par des gestes qu'autrement, on doit cependant convenir que jamais on ne put en témoigner un plus légitime qu'aujourd'hui, où tous ceux que nous voyons ont à déplorer la perte d'un ami, d'un parent. Aucun étranger n'est appelé à joindre ses larmes à ceux de la famille. Le père qui conduit aujourd'hui son fils au tombeau, y a conduit hier sa fille et avant-hier sa femme ; le reste de sa famille est chez lui languissant de la peste, tandis que sa propre mère, que le sort cruel n'a épargnée que pour suivre sa postérité, continue encore avec son fils sa cruelle promenade journalière.

Depuis le commencement de cette terrible

calamité, il est mort trois mille personnes dans cette ville (à peu près le quart de sa population), et le nombre des victimes augmente encore chaque jour. Il faut observer que, dans toutes les maladies, les Mores ont de grands désavantages, provenant de la manière dont on traite les malades. Je crois qu'il est souvent douteux de savoir si le patient meurt de la maladie dont il est atteint, ou de la main de ceux qui le soignent. Ils paraissent n'avoir que des notions très-imparfaites sur la médecine. Le feu est un de leurs principaux remèdes. Ils s'en servent presque contre tous les maux. Pour les blessures, les indispositions, les rhumes et même les maux de tête, ils ont recours à un fer chaud avec lequel ils brûlent la partie malade. Ils font les amputations d'une manière sûre, quoique grossière. Mais dans toutes les maladies, comme fièvres et autres, on peut presque affirmer qu'il en meurt un quart de la maladie, et les trois autres quarts des remèdes dont on fait usage. Ils donnent, par exemple, de la graisse bouillie avec du marc de café à un enfant de trois mois, pour un rhume; et à un homme, dans le paroxisme de la fièvre, un plat de ce qu'ils appellent *tarshia*, composé de poivre rouge, d'ognons, d'huile et de légumes;

ou d'un autre plat appelé *bazzine*, qui est une espèce de poudingue accommodé avec une grande quantité d'huile, garni de viande salée et séchée, connue sous le nom de *kaddide*. Lorsqu'ici on croit qu'une personne est sur le point de mourir, elle est aussitôt entourée de ses amis qui commencent à jeter des cris perçans, pour la convaincre qu'il n'y a plus d'espoir, et qu'on ne la compte déjà plus au nombre des vivans. Le bruit et l'horreur d'une pareille scène doivent nécessairement hâter la fin du moribond, déjà affaibli par la maladie. Si par hasard il souffre trop (comme dans un accès), ils lui introduisent dans la bouche une cuillerée de miel, ce qui d'ordinaire le délivre de tous les maux; c'est-à-dire qu'il est étouffé, tandis que, s'il eût été traité différemment, ou même abandonné à la seule nature, il eût peut-être guéri. Ensuite, comme, d'après leur religion, ils croient que le défunt ne peut être heureux tant qu'il n'est pas en terre, ils le lavent complétement, lorsqu'il est encore chaud, la plus grande consolation que ses amis puissent avoir, étant de le voir sourire pendant cette opération, parce qu'ils regardent ce sourire comme une approbation de sa part, sans s'imaginer que ce n'est autre chose qu'une convulsion produite par les lotions et l'action de l'air sur le corps du malheureux avant son dernier soupir. Ceci explique comment il arrive ici qu'un si grand nombre de personnes sont enterrées vives ; on assure que ce nombre se monte au tiers des personnes décédées.

Un négociant, mort ici il y a quelque temps, fut inhumé moins de deux heures après que l'on s'imagina qu'il avait cessé d'exister. Dans l'après-midi du même jour, quelques personnes, passant auprès du cimetière, entendirent des cris affreux. A leur retour en ville, elles rapportèrent ce qu'elles avaient entendu. Comme cet homme se trouvait être le dernier qui avait été enterré ce jour-là, ses amis se rendirent de bonne heure le lendemain à son tombeau ; ils l'ouvrirent et trouvèrent le défunt assis. Il était parvenu à arracher tous les vêtemens dont il était enveloppé ; mais il avait été étouffé.

Lorsqu'ils se disposent à mettre un corps en terre, ceux qui en ont le moyen lui remplissent les oreilles, les narines et le dessous des sourcils de camphre et des épices les plus recherchées qu'ils peuvent se procurer, et brûlent une grande quantité d'herbes aromatiques au-dessous des planches où le corps est lavé. Ils l'habillent ensuite avec tout ce qu'ils possèdent de mieux, et l'ornent de tout l'or et des bijoux dont ils peuvent disposer. Une jeune fille est vêtue dans le costume d'une fiancée, avec des bracelets à ses mains, et à ses pieds. Dès qu'elle est habillée, on l'enveloppe dans une belle pièce de toile blanche neuve, apportée de la Mecque où elle a été bénite. — Les plus pauvres Juives travaillent nuit et jour jusqu'à ce qu'elles aient amassé assez d'argent pour acheter une pièce de toile, qu'elles conservent jusqu'à ce que l'on en ait besoin pour les inhumer.

Si c'est une femme, le cercueil est couvert des plus riches jélics, ou vestes brodées qu'elle se trouve avoir; et, si c'est un homme, de courts cafetans en tissus d'or et d'argent. On place, à la tête du cercueil d'un homme, son turban aussi orné qu'on le peut, et aussi grand que le permet son rang. Les turbans indiquent tout de suite, à ceux qui ont l'habitude d'en voir, le rang de ceux qui les portent. On reconnaît, à la manière dont ils sont pliés, à leurs dimensions et à leurs formes, les grades militaires dans l'armée et dans la marine, la hiérarchie des dignités ecclésiastiques; et on apprend par eux à distinguer les princes du souverain. Le turban d'un hadgi est différent de tous les autres; et il n'y a qu'un chérif de la Mecque qui puisse en porter un vert. La largeur du turban augmente alors selon le rang de celui qui le porte; et, soit qu'il appartienne à l'armée, à la marine ou à l'église, on le voit aux plis de son turban. Au lieu d'un turban, on attache au haut du cercueil d'une femme un gros bouquet de fleurs nouvelles, si l'on peut s'en procurer; ou d'artificielles, si on ne le peut pas. Le corps est souvent porté par les plus proches parens du défunt, qui, dans le trajet au cimetière, sont remplacés à chaque instant par quelques-uns de ses amis, ou quelques personnes qui dépendent de la famille. Tous sont si empressés à rendre ce dernier devoir, que le cercueil est continuellement changé d'une épaule à l'autre, jusqu'au cimetière, au risque de le voir tomber à chaque instant.

Quand on sort une femme non mariée de la maison pour l'ensevelir, ils chantent leur loo, loo, loo, au-dessus du corps. A toutes les fêtes et mariages, on paie un certain nombre de femmes pour chanter cet air, qui n'est qu'une répétition continuelle de ces mots; et ils regardent comme un mauvais pronostic d'enterrer, sans cette cérémonie, une femme qui n'a pas assez vécu pour l'entendre à ses noces, parce que c'est la première fois qu'elle puisse avoir cette satisfaction. On creuse un trou à peine assez grand pour contenir le corps; on l'enduit entièrement d'une composition de chaux, qu'ils font, en très-peu de temps, aussi proprement que de la terre de porcelaine; et on tire ensuite le corps du cercueil, pour le placer dans ce trou, après quoi on récite des prières au-dessus. L'iman de la paroisse l'accompagne depuis la maison jusqu'au cimetière. Si le corps est enterré à midi, ceux qui le portent s'arrêtent à la plus grande mosquée, pour entendre la grand'messe. Quand le corps est enseveli, la fosse est recouverte de larges planches de sapin, pour empêcher qu'il n'y tombe du sable. Ces planches forment une branche considérable du commerce de cette ville avec Venise, d'où on les tire. On enterre toujours ici à une très-petite profondeur, ce qui est d'autant plus extraordinaire qu'ils savent que toutes les nuits il vient de la campagne un nombre considérable de chiens qui parcourent la sépulture de leurs amis défunts; et cependant il n'existe pas de peuple qui respecte plus qu'eux le séjour des morts.

On ne voit d'inscriptions que sur les tombeaux de gens de quelque importance. On est dans l'habitude ici de visiter souvent le petit espace qui renferme les restes d'un ami. Ce sont surtout les femmes qui font le plus fréquemment ces pieuses visites, et elles choisissent ordinairement le vendredi, la veille du sabbat de Mahomet. Les musulmans croient qu'alors tous les morts sont en mouvement, debout et visitant leurs parens, ou leurs amis qui reposent auprès d'eux ; et cette idée extraordinaire est un des motifs pour lesquels ils attachent une si grande importance à vêtir les morts, parce que, disent-ils, quelle serait l'indignation d'un ami défunt, de se trouver dans une société aussi respectable, habillé d'une manière inconvenante, et cela par la négligence de ceux auxquels il était allié par le sang, avant son décès ? — Les tombeaux sont blanchis et toujours entretenus en bon état. Les femmes les plus pauvres observent ici ces différentes coutumes, aux dépens même de leur subsistance journalière. Une pauvre Juive achètera un panier de chaux (appelé ici cuffa), et ira elle-même blanchir et décorer la tombe d'un parent qu'elle aura perdu ; elle plantera autour des fleurs nouvelles, et en arrachera tout ce qu'elle jugera ne pas devoir y croître. — Les tombeaux des grands sont distingués par un marabout ou petite chapelle qui est bâtie au-dessus, que l'on tient dans la plus grande propreté, et qui est journellement ornée de fleurs les plus chères, placées dans des vases de porcelaine.

Il y a ici un tombeau, appartenant à la famille d'un bey, que l'on conserve avec le plus grand soin. Il est dans un cimetière non loin de la ville. Des lumières y brûlent constamment, et un grand nombre de beaux bouquets de fleurs fraîches, et des jasmins d'Arabie, passés dans des filamens de feuilles de dattier, sont suspendus en festons autour du tombeau. Cette petite chapelle est ouverte de quatre côtés. Elle a des voûtes du haut en bas, fermées par des barreaux de fer, parfaitement travaillés et dorés.

Le grand nombre de fleurs nouvelles disposées avec goût, et leur délicieuse odeur, jointe à la propreté, à l'agrément et à la solennité du lieu, produisent d'abord un assez puissant effet sur l'imagination. C'est le seul tombeau, excepté ceux de la famille royale, qui soit aussi bien entretenu.

Dès qu'un décès arrive dans une famille, l'alarme est aussitôt donnée par ces mots *voulliah-vou*, répétés sans cesse d'un cri perçant, par les parens et par toutes les personnes de la maison. Ces cris, que l'on entend à une grande distance, servent à réunir toutes les femmes connues de la famille, ou qui en dépendent, afin de venir crier sur le corps du défunt, et se lamenter avec ses plus proches parens. Rien n'est plus affligeant que de voir une veuve ou une mère inconsolable, plongée dans la douleur, obligée de recevoir les visites d'une centaine de femmes, au moins, qui s'offrent pour pleurer avec elle. Chacune la prend à son tour dans ses bras, lui place la tête sur son épaule, et crie ainsi sans interruption pendant plusieurs minutes, jusqu'à ce qu'enfin l'infortunée, étourdie par tout ce bruit, et fatiguée d'entendre constamment répéter son malheur, tombe sans connaissance de leurs bras sur le plancher ! Ils louent aussi un certain nombre de femmes qui font un bruit semblable autour du cercueil placé au milieu de la cour de la maison, et sur lequel elles s'égratignent le visage, à un tel point qu'on croirait qu'elles ont été saignées aux tempes avec une lancette. La cérémonie terminée, elles s'appliquent une espèce de craie blanche sur la figure, pour arrêter le sang et guérir les plaies. On loue ces femmes indifféremment, pour des enterremens, des mariages ou des fêtes. C'est aux dernières qu'elles chantent leur loo, loo, loo, et des vers qu'elles improvisent : on les entend à un mille de distance. Les Bédouins diffèrent des Tripolitains dans cette dernière cérémonie du cercueil. Ils ne crient pas au-dessus comme ces derniers ; mais ils improvisent les louanges du défunt, en même temps que les parens dansent lentement autour du corps. J'espère que toutes ces cérémonies, dont j'ai été moi-même témoin, vous intéresseront.

Au commencement de ce mois (juillet 1785), les ravages toujours croissans de la peste prêtaient aux événemens qu'elle fait naître un caractère encore plus affreux que de coutume. Au lieu de brillans cercueils, d'imans et d'amis pour composer le funèbre cortége, on liait cinq ou six cadavres ensemble sur un même chameau, et on les envoyait ainsi à la sépulture ! Des collogis ou soldats étaient désignés pour parcourir la ville et la déblayer des cadavres de ceux qui mouraient dans les rues, et qui s'y trouvaient encore disséminés. — Une femme, dans l'agonie de la mort, allait être ramassée par eux, quoiqu'elle eût encore quelques instans à vivre, quand tout à coup on la vit étendre les bras pour s'opposer à ce qu'ils troublassent ses derniers momens, et les solliciter d'attendre jusqu'à leur prochaine tournée.

On vient heureusement de découvrir une

particularité qui contribue d'une manière cruelle à augmenter les progrès de la peste et la corruption de l'air. Le cyde, ou gouverneur des Juifs, avait établi un impôt additionnel de vingt pataqués (120 francs) , sur tous les enterremens , pour pourvoir aux moyens d'inhumer les pauvres. Il en est résulté que, pour éviter la taxe, beaucoup de Juifs ont été enterrés chez eux. Ceux qui avaient recours à ce moyen , creusaient des fosses dans leurs cours; mais, comme ils étaient dans la nécessité de ne travailler que la nuit , de crainte d'être découverts, l'odeur des cadavres devenait si repoussante, qu'elle les trahissait et augmentait encore le nombre des victimes. Beaucoup de malheureux , qui n'avaient pas d'amis pour leur rendre les derniers devoirs, s'assemblaient en foule autour des maisons des consuls étrangers, et y mouraient ; les corps d'une infinité d'autres y étaient portés par ceux qui survivaient : les uns et les autres ont été relevés à grands frais et enterrés. Le délire a continué jusqu'à ces derniers jours à s'emparer de ceux qui étaient attaqués de la peste. Un esclave, dans cet état, s'est échappé du château, et, après avoir couru par les rues de la ville, s'est précipité, sans qu'on ait pu s'y opposer, par-dessus les murs, et s'est tué. Plusieurs individus, dans la même position, ont été rencontrés dans différentes parties de la ville. Le château a offert une scène de destruction encore beaucoup plus mélancolique que quelque autre partie que ce soit de la ville; ce que l'on attribue au nombre immense de personnes qu'il renferme. Presque tous les principaux officiers de l'état sont morts. Le bey a perdu deux beaux garçons; tous les pavillons des maisons consulaires ont été arborés à mi-mât, pour l'aîné, et les navires dans le port ont tiré des salves de minute en minute, jusqu'à l'après-midi : alors les pavillons ont été hissés entièrement, et les navires ont tiré vingt et un coups de canon chacun.

Durant ces dernières six semaines, la peste a enlevé les deux cinquièmes des Mores, la moitié des Juifs, et les neuf-dixièmes des chrétiens qui n'ont pas pu se procurer tout ce qui était nécessaire pour faire quarantaine : mais ce terrible fléau est fort heureusement beaucoup diminué, et depuis quelque temps il ne meurt plus que sept à huit personnes par jour; aussi nous flattons-nous d'en être bientôt quittes. Quoi qu'il en soit de cet heureux changement, les maisons consulaires ne sont pas encore ouvertes, et ceux qui se sont relâchés sur leur quarantaine, l'ont payé chèrement par les craintes de la contagion occasionées dans les familles, et par la mort de quelques domestiques.

Pour entretenir notre agitation, qui s'était un peu calmée par la diminution de l'épidémie, une partie de la flotte du capitan pacha s'est présentée ici et y a répandu l'alarme. Ses galères et ses croiseurs sont en partie montés par les hommes les plus téméraires, et leurs chefs diffèrent peu de capitaines de voleurs. Le capitan-pacha est l'ennemi déclaré du pacha de Tripoli; et, d'après l'état déplorable où se trouve la place dans ce moment, il dépendait entièrement de lui, s'il l'eût jugé à propos, de vexer le pacha, et d'ajouter encore aux malheurs de la ville. Un bateau, monté de six chaoux, fut envoyé du château au commandant turc; mais il ne voulut communiquer avec lui que pour lui dire qu'il attendait à chaque instant plusieurs frégates turques. Les drapeaux chrétiens et moresques ont été arborés en l'honneur du grand-seigneur; mais le pacha donna ordre de ne tirer aucune salve. Le lendemain de leur arrivée, les Turcs envoyèrent un chaoux avec une lettre au pacha, pour l'informer qu'ils étaient à la recherche d'un pirate qui s'était réfugié dans le port. A la réception de ce message, le pacha ordonna que les batteries les saluassent, et pria les consuls de prescrire que les bâtimens chrétiens en fissent autant. A ce salut général, les Turcs ne répondirent que par quatre coups de canon : ils tirent toujours un nombre pair. Le corsaire, qui était entré avant eux dans le port, se trouvait être commandé par l'un des plus déterminés pirates qui infestent la Méditerranée, et monté par deux cents bandits arnautes. Entre autres actions atroces qu'ils ont commises, ils ont récemment massacré la plus grande partie des passagers et matelots d'un navire vénitien. Ils avaient encore à bord ceux de ces malheureux qu'ils n'avaient pas jugé à propos de faire mourir. Il ne se trouvait dans ce nombre que quatre Vénitiens, qui furent rendus au consul. On avait dit que le capitaine du pirate était mort à la suite des blessures qu'il avait reçues dans le combat avec les Vénitiens; mais ce bruit n'avait été répandu que pour le mettre à couvert. Il s'est soustrait à la recherche tant des Turcs que des officiers du pacha, et est parvenu à gagner la mosquée du Seide, où il est maintenant. Le capitan-pacha veut se plaindre du pacha au grand-seigneur, parce qu'il a, dit-il, donné refuge à ce misérable. Les consuls ont tous envoyé des certificats au sultan sur cet événement; et malgré la peste le cheik a été reçu dans les maisons chrétiennes afin d'obtenir ces déclarations.

Les Vénitiens continuent à être en guerre avec Tunis. Ce royaume leur a offert 40,000 pataqués (environ 240,000 francs) pour faire la paix; mais cette offre n'a point été acceptée.

On a eu récemment quelques exemples d'individus qui ont eu la peste, et s'en sont guéris successivement jusqu'à sept et huit fois, mais qui à la fin en sont morts. Plusieurs personnes attaquées de cette manière ont été sauvées par le secours d'une femme more, qui a pendant long-temps persisté à ouvrir les tumeurs, et est parvenue ainsi à guérir ses malades. Mais on ne croit pas que cette opération, quoique couronnée du succès en dernier lieu, eût produit quelque effet dans le fort de la contagion. Cette femme a perdu tous ses parens et ses amis dans les premiers temps de la peste.—Nous avons reçu des nouvelles de Hadgi-Abderrahman, l'ambassadeur more, pendant sa traversée en Angleterre. Comme nous nous y attendions, il a fait une longue quarantaine de cent quatre jours, à Malte, parce qu'il avait un de ses secrétaires atteint de la peste. Le médecin qui s'est enfui d'ici à bord du navire d'Abderrahman, a rendu de tels services au lazaret de Malte, que sa conduite, dans cette circonstance, lui vaudra probablement sa fortune et une grande réputation. Il a, entre autres opérations singulières, suivi la méthode de la femme more, et ouvert les tumeurs occasionées par la peste, en fixant une lancette au bout d'une perche de huit à dix pieds de long, et se servant d'une loupe pour opérer plus sûrement. Tout ceci l'a mis en grand crédit.

Différentes époques ont été fixées pour ouvrir les maisons consulaires; mais cette mesure, si désirable d'ailleurs, eût été on ne peut plus désastreuse dans le moment actuel, en ce que la peste règne au dedans comme au dehors de la ville, et que la cause en est encore inconnue. Un chrétien est allé à cheval, il y a quelques jours, au bazar de vendredi, qui est à environ deux milles de la ville; et, depuis cette époque, il est venu au cheval trois tumeurs qui ressemblent à la peste, et qui occasioneront vraisemblablement sa mort. Quand cette cruelle maladie se déclare, les bestiaux paraissent en être plus promptement atteints que les hommes.

Un exemple affreux d'intérêt et de crainte a eu lieu hier, à l'occasion d'une pauvre esclave noire qu'un marchand juif avait achetée. Dès que le marché fut conclu, la malheureuse créature fut conduite et laissée dans la maison de son nouveau maître. Celui-ci, s'étant peu après aperçu qu'elle avait la peste, la renvoya aussitôt à celui de qui il l'avait achetée, lequel, pour la même raison, se hâta de la chasser. Craignant de perdre leur argent, ces deux individus refusèrent également de la recevoir dans leurs demeures. Dans cet état désespéré, l'infortunée courut au hasard dans les rues, où chacun, sachant qu'elle était malade, la renvoya de porte en porte, jusqu'à ce qu'enfin la Providence mit un terme à ses souffrances. Elle expira près de la maison d'un More, qui ne chercha pas à troubler ses derniers momens, malgré toutes les craintes qu'il avait eues de la voir s'introduire chez lui, attendu qu'il en était absent dans ce moment, et qu'il l'avait déjà rencontrée plusieurs fois sur la route qui cherchait à entrer dans toutes les maisons.

Quelques circonstances très-extraordinaires, arrivées à ce même More dans ses derniers momens et sous mes propres yeux, serviront à vous faire connaître plus particulièrement les mœurs de cette partie du monde. Je suis fâché qu'elles prouvent en même temps que le nom de barbare est quelquefois applicable aux actions de ses habitans. Cet homme était un Hadgi. Il se nommait Hamet; il était drogman (officier de la garde attachée au consul anglais), et se refusa à être en quarantaine dans la maison consulaire, pendant la peste, à cause de sa famille. Il était marié à une très-belle femme, nommée Mariuma, et était depuis peu de jours chez lui lorsqu'il fut atteint de la fatale contagion. Pendant la dernière période de sa maladie, sa femme inconsolable était assise auprès de son lit. Elle nourrissait quelque espoir de le voir se rétablir, et veillait auprès de lui dans un moment où il jouissait d'un peu de repos. Accablée elle-même de fatigue, et l'esprit rempli de la consolante idée qu'à son réveil elle verrait Hadgi Hamet hors de danger, elle allait aussi goûter quelques instans de sommeil, lorsqu'elle fut tout à coup interrompue par une main d'homme qui cherchait à ouvrir son baracan, et à lui approcher un poignard du cœur, tandis qu'une autre main voulait s'emparer de quelques clefs et papiers appartenant à son mari, qu'elle portait dans son sein. Elle esquiva le coup, et reconnut dans celui qui devait être son assassin le frère de son mari. Les émissaires de ce parent dénaturé l'ayant informé que Hadgi Hamet venait d'expirer, s'imagina que cette circonstance était très-propre à favoriser le projet qu'il avait conçu de détruire du même coup toute sa famille, surtout dans un moment où les horreurs de la peste éloignaient des malades tous ceux qui, dan d'autres circonstances, les eussent entourés. Déjà l'enfant unique de Hadgi Hamet, jeune fille de sept ans, était morte le matin du même jour, et n'était pas encore ensevelie, quand il entra dans l'appartement de son frère. Il crut celui-ci mort, et ayant vu Mariuma étendue auprès de lui, il supposa qu'elle était évanouie sur son corps. A son approche Mariuma hors d'elle-même éveilla par ses cris Hadgi Hamet qui, voyant son danger, sauta aussitôt de son lit. L'assassin, qui, au lieu de trouver son frère mort, se voyait au contraire poursuivi par lui avec un surcroît de vigueur momentanée, s'enfuit épouvanté dans le skiffar, où sa mère et sa sœur l'attendaient, et auxquelles, pour l'honneur de l'humanité, il faut supposer qu'il n'avait pas fait part de son affreux projet : elles l'avaient accompagné de la maison de campagne où ils demeuraient tous trois, mais qui appartenait à Hadgi Hamet.

L'effet de cette horrible tentative, joint aux progrès toujours croissans de la peste, priva

Hadgi Hamet de sa raison ; il s'échappa des mains de ceux qui l'entouraient, et courut de son appartement dans la rue. La scène qui se passa dans ce moment fut vraiment douloureuse. Hadgi Hamet, dans ses vêtemens de nuit, et armé de son attagan ou couteau, s'opposait aux efforts que tous ceux qui étaient autour de lui faisaient pour l'approcher, avec toute la fureur du More le plus terrible. Sa femme était prosternée à ses pieds, son baracan ouvert, déchirant les ornemens qu'elle avait sur elle, et essuyant ses larmes avec ses cheveux, et dans cette posture implorait son mari de la manière la plus tendre de revenir chez lui, et de vivre pour la protéger contre son monstre de frère. Insensible et sourd à ses prières, il prit le chemin de sa maison de campagne, où sa mère, son frère et sa sœur venaient d'arriver. Sa femme, craignant qu'en cherchant à l'arrêter on n'augmentât ses souffrances, pria instamment que qui que ce soit ne le touchât, et se borna à le suivre dans une silencieuse angoisse avec ceux qui voulurent l'accompagner. Après avoir marché pendant quelque temps, Hadgi Hamet reprit tout à coup avec Mariuma le chemin de sa maison, où il mourut peu après, laissant ses effets entre les mains du consul anglais. C'est ainsi que sa malheureuse veuve parvint à soustraire quelque chose à l'avarice de son inhumaine famille.

Envoi de présens par l'Espagne, pour obtenir la paix. — Précautions dont on use envers ses amis. — Lazarets de Léopold. — État de la peste au Caire. — Singulière dévotion des marabouts. — Le baron de Haslien. — Volney. — Peste parmi les Arabes. — Anniversaire de la naissance de Mahomet. — Mamelucs. — Sauterelles. — Effets de la prédestination. — Spéculation sur les cercueils. — Respect excessif pour les morts. — Mort de la fille du bey. — La belle Grecque. — Jalousie des femmes. — Mort de la belle Grecque.

UNE flotte espagnole vient de quitter cette ville (octobre 1785). Elle y a apporté des présens par suite de la paix que l'Espagne a nouvellement conclue avec les états de Tripoli, de Tunis et d'Alger; c'est le premier traité de paix qu'elle ait fait avec cette partie du globe. Parmi les bijoux qui ont été reçus se trouvent deux bagues que j'ai vues. L'une en topaze, ornée de diamans, pour le plus jeune des princes, peut valoir deux cents louis ; l'autre, qui est un seul diamant, destiné au pacha, en vaut à peu près cinq cents. On dit que les Espagnols ont payé très-chèrement cette paix ; on évalue la somme à trois millions de dollars ou environ 1,440000 francs. Les Vénitiens continuent d'être en guerre avec Tunis, attendu qu'ils ne veulent pas recevoir ce que cet état offre pour cesser les hostilités.

Ces détails vous paraîtront sans doute extraordinaires, surtout après vous avoir dit que nous étions prisonniers, et séparés de tout le genre humain. Mais le consul vénitien sort souvent, ce qui l'expose beaucoup, malgré le soin qu'il prend de se faire accompagner par un garde pour empêcher qui que ce soit de l'approcher. Cette faculté de se faire ainsi escorter est une preuve de la déférence que l'on a ici pour les chrétiens. Des trois états barbaresques, Tripoli, Tunis et Alger, Tripoli est généralement reconnu pour être le plus civilisé. Dans les deux autres états, particulièrement à Alger, ils n'estiment pas assez les chrétiens pour leur accorder de semblables prérogatives. Je suis heureuse de penser que vous soyez étrangère à la satisfaction que nous procure maintenant la vue d'un ami, car une semblable satisfaction ne se conçoit bien que lorsqu'on est comme nous renfermé au milieu de la contagion, dans une ville où la situation du gouvernement et celle du pays sont également alarmantes, et qui rendent chacun péniblement inquiet d'avoir des nouvelles sur lesquelles on peut compter, attendu qu'il en circule continuellement de fausses créées par des esprits chimériques. Quelque effrayant qu'il paraisse de se trouver dans la même chambre avec une personne qui a passé à travers une multitude de victimes de la peste, dont quelques-unes ont même expiré en sa présence, on peut cependant se préserver du danger en observant les précautions exigées. Quand quelqu'un vient nous voir, on prend de part et d'autre les mesures les plus minutieuses. Il ne se trouve dans le salon ni toile, ni soieries, ni tapis; il n'y a d'autres meubles que des tables et des chaises de nattes. Le plancher est pareillement garni de nattes; Celui qui rend visite se sert lui-même; il n'est admis dans la maison qu'en présence du maître; il n'est pas permis à un domestique de lui rendre le moindre soin, ni même de lui avancer une chaise; il se sert lui-même des rafraîchissemens qui sont apportés dans un corridor ou antichambre. Ceci a lieu pour empêcher que par inadvertence un domestique ne s'approche trop de lui ; et tout ce qu'il a manié, ainsi que la chaise où il s'est assis, ne doivent pas être touchés pendant quatre jours après son départ. Cette rigidité des quarantaines ne s'apprend et n'est exécutée rigoureusement que dans les singuliers lazarets de Livourne, bâtis par le présent grand-duc Léopold, dont la protection pour tout ce qui tient au commerce et au bien-être de ses sujets est sans égale. Les changemens et les additions qu'il a faits dans les lazarets ont préservé l'Europe de la peste (1).

Mais revenons aux dangers de la peste. Il faut, pour être en sûreté au milieu de ce cruel fléau, une connaissance approfondie de ses effets. Plusieurs de ceux qui ont été témoins de

(1) Le premier lazaret de Livourne est celui de Saint-Roch, appelé d'après le saint de ce nom, mort de la peste dans cette ville. C'est dans ce lazaret que l'on met d'abord ceux qui ont la peste. Le second lazaret est celui de Saint-Joachim, où l'on transfère les convalescens du premier lazaret. Le troisième et le plus beau de tous est le lazaret de Léopold, appelé d'après le grand-duc actuel, qui l'a fait construire. Toute personne venant de Barbarie doit faire quarantaine dans le troisième lazaret, quoique munie de certificats de santé du dernier lieu qu'elle a quitté en Barbarie ; et, dans ce cas, le nombre des jours est diminué par le grand-duc, en raison de l'état de santé où se trouvait ce pays.

ses ravages s'endorment dans une fausse sécurité, tandis que ceux qui ne le connaissent point, ne croient pas qu'il soit possible d'habiter le pays où il règne. Il est donc essentiel de s'instruire, d'une manière particulière, des différentes matières qui s'imprègnent des miasmes de cette terrible maladie, afin de se garantir de son atteinte. Elles sont presque toutes bien connues : ce sont le coton, la laine, la toile, les peaux non apprêtées, le chanvre, le houblon, etc., tandis que le blé, l'orge, le fruit, les légumes et la viande, sont reconnus comme ne pouvant pas communiquer la contagion. Mais il y a encore des additions et des exceptions à faire à ces articles. Par exemple, quoique du pain cuit depuis quelques heures ne soit aucunement dangereux, il le devient singulièrement en le maniant lorsqu'il est chaud. Une pêche, ou tout autre fruit couvert de duvet, comme des noisettes ou des amandes avec leurs enveloppes, sont reconnus comme susceptibles de communiquer la peste. Un bouquet de fleurs n'est pas moins dangereux ; et on considère presque tous les parfums comme pouvant la propager. Lorsqu'il devient nécessaire de commencer une quarantaine, elle ne peut être sûre, quelques précautions que l'on prenne d'ailleurs, à moins de se défaire de tous les animaux qui peuvent s'éloigner de la maison et y revenir sans être aperçus, tels que pigeons, chats, etc.

C'est en vain que les chrétiens désirent terminer leurs quarantaines; car, quoique leurs maisons soient déjà fermées depuis six mois, il est probable qu'elles continueront à l'être encore long-temps. Il y a quelque temps que la mortalité n'était pas grande; mais, depuis cinq jours, elle est montée de quatre à quinze personnes par jour. Quoique la peste règne presque continuellement à Constantinople, et qu'elle soit fréquemment portée de là dans le Levant, il y avait soixante-dix ans que Tripoli en était préservé.

En 1785, elle fut portée de Constantinople au Caire, où elle enlevait journellement quinze cents personnes. Elle fut telle, qu'il mourait beaucoup de monde dans les rues, et qu'il était défendu à qui que ce fût, homme, femme ou enfant, de sortir de chez soi sans avoir son nom et sa demeure écrits sur un morceau de papier cousu à son bonnet.

Pour échapper à la contagion, un grand nombre de malheureux habitans s'enfuirent vers les contrées voisines. Malgré cela, et nonobstant les progrès que faisait chaque jour la peste, qui régnait avec une égale violence à Alexandrie, Tripoli, dont les communications sont toujours ouvertes avec cette ville, en fut exempte. Nous devons donc nous considérer comme extrêmement malheureux d'avoir été témoins de ses horreurs dans le court espace de temps (moins de deux ans) que nous sommes ici.

Les déserts brûlans qui environnent ce pays, le préservent ordinairement de la peste. Des caravanes infectées, qui s'y rendent souvent, se trouvent complétement purifiées à leur arrivée, par la chaleur d'un vent de terre qui se fait presque toujours sentir dans toute l'étendue des sables qu'elles traversent pendant leur route.

Ici l'extrême douceur de l'hiver y entretient la peste, qui cède également à un grand froid et à l'excessive chaleur d'une atmosphère embrasée. Au contraire, à Constantinople, l'hiver est assez froid pour la faire disparaître jusqu'à un certain point; mais elle se montre bientôt après, produite par les chaleurs humides et malsaines, amassées dans les bois et les montagnes voisines pendant l'été.

Nous avons été témoins aujourd'hui d'une scène extraordinaire qui s'est passée dans une maison moresque, et dans laquelle un de leurs saints hommes a joué le principal rôle. Les mahométans ont plusieurs ordres distincts de chérifs, ou de saints hommes. L'abattement où cette seconde attaque de la peste a jeté les Mores, fait qu'ils consultent fréquemment les marabouts de cet ordre que l'on rencontre, pour cette raison, beaucoup plus souvent qu'auparavant. Il y a quelques jours que l'un d'eux fut invité à se rendre auprès d'une famille more. Il y vint de plusieurs milles de distance à cheval, et accompagné d'un serviteur. Le costume de ce marabout ne consistait qu'en une chemise bleue et un pantalon, sans turban ni souliers. A son arrivée il demanda à boire, et cassa, aussitôt après avoir bu, le vase qu'on lui avait apporté. Ils expliquèrent cette conduite singulière en disant que ce vase était devenu trop saint par son toucher, pour qu'il fût permis à d'autres de s'en servir. Ils lui apportèrent, l'un après l'autre, les vêtemens du maître de la maison, dont, vu l'absence, ils le prièrent de leur donner des nouvelles. Le marabout se retira dans une chambre voisine où un autre chérif était, dit-on, mort, et, rentrant avec chaque pièce séparément, donna les réponses. Il tourna pendant un certain espace de temps, dans un acte de dévotion, avec une telle vitesse, que l'on ne distinguait plus ses traits, et continua le même exercice jusqu'à ce qu'il tomba de fatigue sur le plancher. Dans d'autres momens il chantait et jouait du tambourin parfaitement bien; et termina, d'après les règles de son ordre, par laver, avant son départ, les pieds de ceux qui l'employaient.

La dévotion d'un autre ordre de marabouts, assez nombreux ici, consiste à se blesser, à affecter d'être atteints de folie, à se promener dans les rues presque nus, ou à danser pendant plusieurs heures des danses religieuses, pendant lesquelles ils crient sans cesse le nom d'une de leurs divinités. Ils finissent en se jetant par terre, écumant de la bouche, ayant l'air d'avoir perdu la raison, et d'être dans l'agonie de la mort. Cet ordre porte le nom de *kadri*. Ils ont un couvent à Péra.

Un troisième ordre de marabouts, que l'on rencontre souvent aussi dans cette ville, sont les seyahs. L'un de ces individus est allé au dernier bazar de vendredi, hors de la ville, où il a été fort incommode, attendu qu'il demandait au pacha de Tripoli et à ses sujets des vivres, qui lui furent aussitôt apportés en aussi grande quantité que les circonstances le permettaient. Les membres de cet ordre, lorsqu'ils quittent leurs monastères, s'engagent, envers leurs supérieurs, à y envoyer de l'argent et des provisions, et prennent de là les habitudes d'insolens mendians, qui savent mettre à profit l'autorité de leur religion. A leur arrivée dans une ville ou un lieu de marché, ils se rendent tout de suite au centre, où, après s'être placés dans un endroit apparent, ils demandent violemment une somme d'argent, ou une certaine quantité de blé, d'orge, de viande et de fruits, et ne cessent d'importuner que lorsque le peuple leur apporte en foule ce qu'il peut donner. L'un de ces marabouts, ayant dernièrement envoyé un message insolent au château, reçut pour toute punition l'ordre de quitter la ville, tandis qu'il aurait pu en coûter la vie à tout autre. En partant, le marabout prédit que le pacha serait poignardé dans le divan, ou la chambre du conseil, la première fois qu'il s'y rendrait. Le pacha n'est jamais entré depuis dans cet appartement, à cause de cette prophétie, et le divan se tient dans une autre pièce du château, qui a été disposée à cet effet. Il y a quelque temps, un de ces saints hommes eut l'audace, en la présence du pacha, de donner un violent soufflet à l'un des principaux officiers de service, pour avoir improuvé quelque chose qu'il avait dit. La seule réprimande que reçut le marabout, fut que s'il se permettait une seconde offense de cette nature, l'entrée de la cour lui serait défendue.

Hier (18 décembre 1785) le baron de Haslien, noble allemand, est arrivé, pour voir s'il y a possibilité de se rendre à Fezzan par cette ville. Il a laissé à Tunis deux de ses frères, dont l'intention est aussi de passer par ici pour se rendre à la côte de Guinée. S'ils réussissent, ils auront le mérite d'être les premiers Européens qui aient jamais traversé l'Afrique dans une direction quelconque. La circonstance de la peste, jointe à quelques autres difficultés, rend le projet du baron impraticable pour le moment. Tout le monde semble contrarié de ce qu'il ne soit pas à même d'exécuter ce périlleux voyage.

On dit que si M. Volney avait pénétré aussi loin en Afrique qu'en Asie, nous aurions des détails satisfaisans sur l'intérieur de cette péninsule; car ceux qui connaissent les contrées que M. Volney a parcourues, assurent que c'est le seul écrivain qui ait donné une description exacte de cette partie du monde.

La peste ne finit pas avec l'année. Elle a été terrible pendant ce mois (décembre 1785), et presque toutes les horreurs de la dernière attaque se sont renouvelées récemment. Une sécurité imaginaire, qui a malheureusement porté les principaux Mores à négliger le petit nombre de précautions qu'ils avaient prises au commencement de la contagion, fait qu'il meurt maintenant plus de personnes des premières classes, qu'auparavant.

Hier, deux enfans du bey ont été atteints de l'épidémie, et sont maintenant au bord du tombeau. C'est une petite esclave noire, admise depuis peu à jouer avec eux, qui la leur a communiquée. On augure de là que le château, qui a été passablement exempt de mortalité depuis quelques semaines, va de nouveau tomber dans la plus affreuse position, attendu le grand nombre de ses habitans.

Emprisonnés au milieu d'une épidémie toujours croissante, vos obligeans souhaits de bonne année ne peuvent que nous être indifférens jusqu'à un certain point. Nous paraissons devoir éprouver de nouveau toutes les horreurs produites par la peste de l'année dernière. Personne n'est en mesure de s'opposer à cette seconde attaque, quoique l'on eût cependant dit à tout le monde, au moment où l'épidémie a paru cesser ici, qu'une nouvelle et plus terrible maladie couvait dans les montagnes de

Gouriana, que nous voyons d'ici avec nos lorgnettes, et d'où elle nous vient maintenant. Je vous ai dit que les Arabes creusent leurs demeures dans le flanc de ces montagnes. Ainsi cachés au sein de la terre, ils ont pendant long-temps évité la contagion; mais elle les a enfin atteints, et dans ces cavernes non aérées, tout contribue à augmenter ses mortels effets. Effrayés, les Arabes abandonnent leurs retraites, se précipitent en foule dans les lieux environnans, et portent avec eux de nouveaux principes de destruction. La peste augmente ici d'un jour à l'autre, par la manière dont ils y affluent, et la mortalité est d'autant plus grande que l'on se croyait hors de danger. Les officiers d'état du pacha et ses meilleurs généraux ont tous été deux fois enlevés par la peste.

La nouvelle apparition de cette affreuse calamité a déterminé le baron de Haslien, qui a été ici quelque temps, à renoncer à son projet de pénétrer dans l'intérieur. Il s'embarquera pour l'Europe sous peu de jours. Au reste, la situation de ce pays paraît ne devoir jamais lui permettre de faire les recherches qu'il projetait. Outre la peste, les tribus arabes rendent tous les lieux autour de nous impraticables pour le moment; les malheurs des circonstances, et le besoin d'union dans la famille royale, augmentent chaque jour leur force. Il y a eu assez près de nous plusieurs escarmouches entre les Mores et les Arabes, le bey (fils aîné du pacha) ayant envoyé la semaine dernière douze cents hommes pour faire rentrer une partie des tributs dus par ces hordes. Les troupes du bey perdirent leur chef, mais elles réussirent d'ailleurs.

Les Juifs chargent maintenant plusieurs navires des vêtemens de ceux qui sont morts de la peste, et les exportent en Europe et en Égypte; il faut donc avoir recours à des moyens extraordinaires en Europe, pour prévenir les funestes effets de semblables cargaisons.

Demain étant le jour de naissance du prophète, il y a ce soir une fête que les Mores appellent *Millute*. Ils font tous un repas de bassine, qui est une pâte ferme composée de la plus belle farine, préparée sur la vapeur de viande, et garnie de mouton très-salé et séché, par morceaux d'une once ou deux, et connue dans toute l'Afrique sous le nom de kadide.

Ils célèbrent aussi cette fête par des réjouissances publiques et des feux de joie. Ils ont à cet effet réuni, pour marcher devant la procession, tous les petits enfans de la ville, qui portent dans leurs mains des bougies allumées, et chantent les louanges de Mahomet.

Les minarets sont illuminés avec profusion, et les Mores semblent vouloir, ce soir, prendre leur revanche de n'avoir pas célébré leurs deux dernières fêtes ; c'est-à-dire, l'Ashuru ou le nouvel an, et la fête du Beiram, auxquelles on a à peine fait attention, à cause des horreurs de la peste où tout le monde se trouvait plongé. On présume qu'une si grande réunion de personnes accroîtra infailliblement d'une manière prodigieuse les effets de l'épidémie actuelle.

L'anecdote suivante servira à vous faire voir toute la force des principes religieux chez un Juif. Le cyde, ou gouverneur des Juifs, est allé d'ici vers une partie éloignée de la côte, où il resta quelque temps, espérant trouver à son retour cette ville délivrée de la peste. Hier on l'a débarqué dans un état désespéré, et presque mort de faim de n'avoir pas goûté de viande depuis son départ, il y a quelques mois, faute d'avoir eu un rabbin pour tuer les bestiaux, dont il était d'ailleurs abondamment pourvu ; le rabbin qu'il avait emmené était mort en route.

Le bey a gagné aujourd'hui mille maboubes (plus de trois cents louis), par la disparition de deux frères arabes, partis il y a quelques jours de la marine ou rivage. L'un d'eux s'est embarqué pour Alexandrie ; l'autre est retourné dans les montagnes. Le premier était tellement malade de la peste, qu'il est mort quelques heures après que son frère l'eût quitté. Comme il était tout-à-fait étranger ici, tout ce qui lui appartenait, et plus de mille maboubes en argent, ont été remis au bey, aux dépens duquel il a été enseveli : c'est toujours le bey qui hérite en pareil cas, et il n'y a rien à réclamer.

Le bey éprouve beaucoup de regrets de la perte de l'un de ses meilleurs mamelucs, auquel il était fort attaché, et qui est mort de la peste il y a quelques jours (1). Ce mameluc lui était très-dévoué, possédait toute sa confiance, et était un guerrier habile. Jamais le bey ne pouvait éprouver une perte plus sensible, sur-

---

(1) Mameluc est un mot arabe formé d'*almamluch*, qui signifie possédé par un autre, esclave à la solde. C'était en Égypte une milice formée d'abord d'étrangers, et ensuite de conquérans. Ceux qui la composaient étaient des hommes ramassés en Circassie et sur les côtes septentrionales de la mer Noire. On les enrôlait dans la milice du grand Caire, et là on les exerçait dans les fonctions militaires. Ce furent les mamelucs qui vainquirent et prirent saint Louis, et qui, irrités du traité que Moadan avait fait avec leur prisonnier,

tout dans un moment où l'on présume que le trône va devenir vaquant par la mort du pacha ; où ses deux frères (l'aîné excité par le plus jeune, qu'animent des intentions perfides) attendent cet événement d'un instant à l'autre ; et où, par suite de cette circonstance, l'insurrection des Arabes va toujours en augmentant. Ce mameluc avait coûté au bey plus que deux autres. L'entretien de ces esclaves est toujours très-cher ; aussi ne sont-ce guère que les princes qui peuvent en avoir. Ils sont constamment pourvus d'excellens chevaux, d'habits neufs, de pistolets richement ornés, et de sabres de Damas, remarquables par leur légèreté et le fini du travail, et dont les lames ont été trempées dans du parfum ; ces sabres coûtent de cent-soixante à deux cents maboubes (plus de 1400 francs). Le costume des mamelucs, presque entièrement couvert d'or et d'argent, et adapté à l'usage d'hommes constamment à cheval, est gracieux et martial ; il est dans le genre moresque,

tuèrent ce sultan, et élurent l'un d'entre eux à sa place. L'Égypte fut gouvernée par eux pendant deux cent soixante ans. Sélim Ier., après s'être emparé de la Syrie, soumit l'Égypte, et ce pays devint une province de l'empire turc.

(*Dictionnaire des Sciences et des Arts*, par Lunier.)

mais sans être flottant. Leurs têtes sont enveloppées d'un schall richement brodé, serré autour de leurs bonnets, ayant un bout pendant au côté gauche de la tête, et qui, de même que le devant de leur jélic, paraît d'or par la richesse de la brodure. Ils portent des pantalons extrêmement amples et de la plus belle mousseline, lesquels leur descendent jusqu'à la cheville du pied; des bottes jaunes et des pantoufles. Ils sont souvent suffisans et hautains; et, quand ils savent être d'une utilité importante à leurs maîtres, on les voit quelquefois devenir si insolens dans la famille, qu'on est obligé de les réprimander. Leur origine n'est pas toujours connue; mais, en général, ce sont des enfans de bergers, achetés en Arabie, en Géorgie, et pays environnans. Ils n'ont pas plutôt quitté les lieux qui les ont vus naître, et sont devenus familiers avec le métier des armes, qu'ils prennent aussitôt un penchant décidé pour la rébellion, et cherchent à profiter, pour s'élever, de la première occasion qui s'offre. Leurs maîtres paient toujours largement les témoignages d'attachement, au moyen desquels ils les trompent. Les mamelucs sont très-blonds, ont les yeux bleu-clair, les sourcils blonds, peu ou point de

barbe, la peau très-blanche, et un teint frais. En parlant d'eux, Volney dit: « ....Ces indivi-
» dus, nés tous au pied du Caucase, se distin-
» guent des autres habitans par la couleur
» blonde de leurs cheveux, étrangère aux na-
» turels de l'Égypte. C'est cette espèce d'hom-
» mes que nos croisés y trouvèrent au treiziè-
» me siècle, et qu'ils appelèrent *mamelucs*. »
Il y a peu d'individus de cette espèce maintenant à Tripoli, et encore ceux qui s'y trouvent appartiennent-ils au pacha et aux différentes branches de sa famille.

Le manque de grain est tel dans ce moment, que les chrétiens sont fort aises d'acheter le biscuit qui se trouve à bord des navires qui sont dans le port. Une chose certaine, c'est que, si la peste n'avait pas enlevé la majeure partie des habitans de la ville, ils auraient péri par la famine. Ajoutez à cela que la petite quantité de grains qui nous reste, semble encore menacée d'être dévorée par les sauterelles, qui se sont jetées des déserts de l'Égypte vers ces contrées. Ce pays n'a été jusqu'ici que rarement en proie à ces voraces insectes, tandis qu'ils sont un fléau annuel pour l'Égypte et une partie de l'Asie. Ils volent par myriades dans l'air, obscurcissent l'atmosphère, et occupent une étendue de plusieurs milles dans leur passage. Ils font, en rongeant le grain, ou l'herbe, un bruit auquel on ne peut se méprendre, et que l'on entend distinctement à une grande distance. On voit, lors du passage de ces conquérans ailés, la verdure disparaître comme par enchantement, pour faire place à un sol nu et brûlant. On en sale, au Caire et à Alexandrie, une grande quantité, que l'on envoie dans différentes parties de l'Afrique. Les habitans de cette ville en font une consommation considérable.

Quelques particularités arrivées à un More de cette ville qui a été attaqué de la peste, donneront une nouvelle force à la doctrine de Mahomet, qui dit : « Le destin est irrévocable, et s'y opposer est sacrilége. » Cet homme, qui était il y a quelques mois un des plus riches négocians de Tripoli, crut devoir, pour échapper à la peste, fuir à une grande distance sur la côte, emmenant avec lui tout ce qu'il possédait. Il fit même plus ; il abandonna la côte, et alla s'établir sur un rocher fort éloigné dans la mer. Là, ce pauvre homme s'imagina être hors de danger, quoique avec un peu de pénétration il aurait pu prévoir ce qui lui est arrivé ; car il devait bien penser qu'il s'était rendu

criminel aux yeux de ses concitoyens, en cherchant, à la face de son prophète, à s'éloigner pour
se dérober à la peste, et à éviter par là sa destinée,
ce que les Mores appellent *mughtube*. Aussi
les Arabes l'ont-ils impunément poursuivi pour
le voler, quelques jours après son établissement dans l'île. Se trouvant dans sa tente, il
entendit des barques qui ramaient vers son
île, et vit peu après à la clarté de la lune
qu'elles étaient montées par des Arabes. Il
apprécia bientôt tout le péril de sa position ;
il abandonna tout à leur discrétion, et parvint,
par le plus heureux hasard, à éviter de tomber
lui-même entre leurs mains. Après leur départ
il retourna à Tripoli, où il brave maintenant
tous les dangers de la peste, sans prendre la
plus petite précaution, afin d'expier le péché
qu'il croit avoir commis en fuyant sa destinée.
Les Mores, frappés de l'événement qui lui est arrivé, paraissent certains qu'il ne réchappera pas.

La consolation et la tranquillité d'esprit que
les Mores se procurent en ajoutant ainsi une
implicite foi à la prédestination, est vraiment
inconcevable. Dans leurs plus grands malheurs,
ils se consolent avec l'idée que c'est ordonné
(mughtube); et avec ce seul mot, ils passent
de l'opulence à la misère sans le moindre mur-

mure. Même au lit de la mort, rien ne change leur entière sécurité. En rendant le dernier soupir, tout ce qu'un More demande, est qu'on lui tourne le visage du côté de la Mecque; cela fait, il meurt en paix. Voici un exemple de l'observance générale de cette coutume. Un jeune garçon d'à peu près neuf ans, qui est mort il y a quelques jours, jetait dans ses derniers momens les hauts cris en s'adressant à sa mère inconsolable, et lui reprochait de ne pas lui avoir tourné la figure du côté de l'Orient : elle le fit; il recouvra aussitôt sa tranquillité et mourut sans proférer une seule plainte.

Tout le monde a été désagréablement trompé, dans la cruelle position où l'on se trouve, en voyant qu'un navire qui vient d'arriver, n'apporte pas de provisions comme on le croyait. La majeure partie des articles que l'on attendait ne se trouvent plus ici, où ils sont d'une mauvaise qualité, et se paient quatre fois leur prix ordinaire. Ce navire a été frété par un More, et est chargé d'une immense quantité de planches destinées à couvrir les tombeaux et à faire des cercueils. La populace a été sur le point de mettre en pièces ce spéculateur avide, pour n'avoir pas au moins amené des vivres avec les planches. Il disent que cet être inhumain désirait sans doute que les ravages de la peste fussent aussi grands cette année que l'année dernière, où quelques personnes auraient payé des planches leur poids en or ; aussi est-il devenu un objet d'horreur aux yeux de tout le monde. Cependant, s'il survit à la vente de sa cargaison entière, au prix où les planches se vendaient précédemment, il fera une fortune considérable. Nous espérons néanmoins que la peste est presque passée, sans pouvoir toutefois déterminer le moment où il sera possible de rouvrir les maisons des chrétiens, parce ce qu'il meurt encore journellement du monde. Il est mort hier trois personnes en ville, et treize dans le Messeah. Au nombre des premières, est la seule fille que conservât encore bey Abdallah, dont je vous ai déjà parlé. Sa fille aînée devait épouser le bey actuel de Tripoli, et tous les apprêts d'une noce magnifique avaient été faits par la famille de bey Abdallah, quand par un fâcheux stratagème ourdi sans doute par les intrigantes du château, le bey s'étant imaginé, à l'aide d'un déguisement, de voir sa future avant la célébration du mariage, déclara tout d'un coup, et au grand étonnement de la ville entière, son aversion pour elle, et ne voulut plus entendre parler de l'épouser. On croit que, joint au cruel contretemps que venait d'éprouver cette jeune dame, elle avait vu le prince, et qu'elle en était éprise, parce qu'elle tomba aussitôt après l'événement dans un chagrin si violent qu'il occasiona sa mort. La femme de bey Abdallah pleure encore sa fille comme au jour de sa mort, quoiqu'il y ait déjà trois ans qu'elle l'a perdue. Elle observe les jeûnes qu'elle s'était imposés à cette époque, ne porte que des habits et des broderies dont le lustre est effacé, et visite régulièrement le tombeau de celle dont elle déplore chaque jour la perte. Ce tombeau est le plus grand de Tripoli, excepté ceux de la grande mosquée. Il se trouve dans un cimetière non loin de la ville, et est distingué par une petite chapelle ou marabout, qui est bâti au-dessus et entretenu avec tout le soin imaginable. Il est constamment pourvu depuis trois ans des fleurs les plus chères, contenues dans des vases superbes; et, joint à cela, une grande quantité de jasmins d'Arabie, attachés à des filamens de feuilles de palmier, ornent en jolis festons la tombe révérée. La petite chapelle est ouverte sur les quatre faces qui sont construites en voûtes, fermées par des barreaux fort bien travaillés et dorés; l'intérieur est en tuiles de la Chine et en stuc; on y entretient des lumières constamment allumées. Ce contre-temps arrivé à la famille de bey Abdallah, a été sur le point d'être en quelque sorte compensé par la détermination prise par Sidy Hamet, d'épouser la seconde fille du grand Chiah. Tout était préparé pour une noce encore plus splendide que la précédente. Quelques jours avant que cette jeune personne fût attaquée de la peste, sa mère, pour rompre le deuil qu'elle n'avait pas cessé jusque-là d'observer pour sa fille aînée, se fit apporter un morceau de parfum composé de musc, d'ambre gris, d'aloès et d'autres aromates ; elle le rompit en présence de témoins, et en ayant frotté ses mains, elle déclara le deuil fini, déclaration que cette cérémonie servait à confirmer, et laissa la famille libre de célébrer l'hymen de Sidy Hamet et de sa fille, ce qu'autrement on n'aurait pas pu se permettre de faire.

Comme la peste avait beaucoup diminué, et que les Mores font peu d'attention aux quarantaines, ce mariage devait avoir lieu immédiatement ; mais les préparatifs qu'il fallait faire pour cela nécessitant des communications avec un plus grand nombre de personnes, la jeune fiancée fut atteinte par l'épidémie, et succomba au moment où elle allait voir tous ses désirs accomplis.

Les trois princes, fils du pacha, assistèrent à ses funérailles. Le cercueil, par la richesse des vêtemens qui le couvraient, semblait d'or massif; la partie supérieure était ornée d'une grande profusion de fleurs naturelles et artificielles; et d'après la coutume du pays, comme elle n'avait pas été mariée, elle fut ensevelie dans le costume d'une fiancée, ornée des étoffes et des bijoux les plus chers qu'eût sa famille. Huit esclaves noirs eurent leur liberté dans cette mélancolique occasion, deux du bey en honneur de son frère, deux de Sidy Hamet comme futur, et quatre de la maison de Bey Abdallah. Ces esclaves accompagnèrent le corps ayant leurs bonnets retournés, et portant chacun dans la main un long roseau avec une étiquette au bout spécifiant leurs noms et l'occasion dans laquelle ils étaient affranchis.

La femme de Bey Abdallah avait fait dresser dans la cour, pour la commodité des personnes invitées à assister aux funérailles de sa fille, une tente de soie cramoisie, mêlée d'or et de soie, assez spacieuse pour contenir deux cents personnes. Cette riche tente avait été faite pour son usage particulier, lorsqu'elle traversa la dernière fois le désert pour aller en grande pompe adorer la châsse de Mahomet. On assure que, par suite de la mort de sa seconde fille, elle est dans l'intention de faire un troisième pélerinage à la Mecque ; et comme elle n'a plus de famille, on croit aussi que Médine et la Mecque seront enrichies de sa fortune.

On distribue ce soir aux pauvres, par portions, une prodigieuse quantité de riz, de viande et de pain, ce que l'on appelle le souper du tombeau.

Comme il n'y a plus ici de femmes qui puissent prétendre à la main de Sidy-Hamet, il sera obligé d'envoyer chercher quelque beauté en Géorgie ou en Circassie. Sa fiancée défunte descendant du dernier pacha turc, était ce que les Mores appellent une *Coraglie* (une Turque). Quand les princes mores ne trouvent pas de dames turques avec lesquelles ils puissent se marier, ils achètent des Circassiennes, et épousent ordinairement la première d'entre elles qui leur donne un fils.

Presque toutes les malheureuses beautés de ce genre qui ont été amenées ici, n'ont vécu que dans un état de bonheur très-précaire, et mêlé de grandes souffrances, comme vous pourrez vous en convaincre par l'histoire suivante de l'une d'elles, qui est morte dernièrement.

Elle s'appelait Mariuma ; elle appartenait à Mahmute-Hogia, frère d'Hamet-Hogia, maintenant ambassadeur en Espagne. A son retour d'Égypte à Tripoli, Mahmute-Hogia acheta une Grecque dont il voulait faire un présent au pacha ; mais s'en étant vivement épris, il se détermina à acheter une Circassienne pour son souverain. Il pensa que, ne connaissant ni l'une ni l'autre, elle lui serait aussi agréable et peut-être même plus que la première, si elle était aussi belle. Il resta quelques mois en Égypte, et s'embarqua ensuite pour Tripoli avec ses deux belles captives.

La compagne d'esclavage de Mariuma, aussi belle qu'elle, sachant qu'elle était destinée au souverain du pays où on les conduisait, n'enviait point la félicité toujours croissante de son amie, qui, suivant elle, serait bien loin de jouir de ce luxe, de cette grandeur qui semblaient l'attendre elle-même, comme favorite du souverain, tandis que sa compagne était devenue la propriété d'un sujet. Toutefois elle avait de violentes inquiétudes sur le caractère de l'homme auquel elle était destinée. Elle n'osait pas se flatter que leur destin fût assez favorable pour leur donner deux hommes aussi aimables que Mahmute-Hogia le paraissait; et, souvent, lorsque du pont du vaisseau elle découvrait les rivages éloignés de Tripoli, son courage l'abandonnait, ses pleurs coulaient, et elle enviait à Mariuma cette confiance qu'elle la voyait puiser dans les regards de Mahmute-Hogia, et qui était de nature à lui faire envisager le moment de leur arrivée, non-seulement avec tranquillité, mais même avec un vif sentiment de plaisir. Les jours suivans, les deux beautés éprouvèrent qu'elles n'étaient ni l'une ni l'autre à l'abri des plus cruels chagrins. La première femme de Mahmute-Hogia fut fort alarmée d'apprendre, au retour de son mari à Tripoli, qu'il amenait deux femmes avec lui; mais elle fut au désespoir lorsqu'elle sut que l'une d'elles était accouchée d'un garçon, à l'arrivée du navire dans le port, où on lui avait donné des esclaves et prodigué tous les soins et les agrémens qu'il était au pouvoir de Mahmute-Hogia de lui procurer; elle n'eut pas même la consolation d'espérer que les sentimens de son époux fussent partagés entre ces deux femmes, puisque la seconde avait été conduite au château au moment de leur arrivée.

La première femme de Mahmute-Hogia se nommait Lilla-Howisha. Elle conçut, comme de juste, une haine violente contre la Grecque qu'il avait choisie, et résistant à toutes ses sollicitations, ne voulut pas de long-temps la voir. Nonobstant la mauvaise réception faite à la Grecque par Lilla-Howisha, peu après son arrivée Mahmute-Hogia l'épousa publiquement. Elle eut de lui plusieurs enfans, et vécut quelques années parfaitement heureuse, étant parvenue à se concilier à un tel point l'affection de Lilla-Howisha, que cette dame consentit à adopter son fils aîné. La Grecque mena long-temps une vie agréable, jouissant sous tous les rapports des mêmes attentions et des mêmes égards que la première femme, et ayant de plus l'avantage d'être adorée de son mari; bonheur que l'autre n'avait jamais connu. Mais la peste, ayant étendu ses ravages sur Tripoli, lui enleva son appui et sa consolation avec Mahmute-Hogia, qui mourut il n'y a que quelques mois.

La mort de Mahmute-Hogia changea entièrement la face des affaires de Mariuma. Howisha, qui, par crainte, lui avait souri pendant la vie de son mari, laissa alors paraître toute sa haine, et n'y mit plus de bornes. Lorsqu'on désespérait déjà de la vie de Mahmute-Hogia, la Grecque lui porta son dernier enfant, qu'il n'avait pas encore vu. Cette démarche offensa tellement la première femme, qu'elle s'en fit un prétexte pour défendre que la Grecque infortunée pût voir son mari à l'instant de sa mort, empoisonnant ainsi ses derniers momens pour se venger de l'infortunée Mariuma, dont le fils aîné mourut aussi victime de la peste, immédiatement après son père. Cet enfant se ressentit de la haine de Lilla-Howisha pour sa mère; et, quoique son fils adoptif, elle ne voulut pas permettre à Mariuma de le voir ensuite, malgré tout ce qu'elle fit pour cela. Mariuma désolée, se trouva ainsi tout à coup sans amis, seule avec deux enfans, dont le plus âgé n'avait pas cinq ans, privée de tous soins, et sans moyen de se procurer le simple nécessaire. Chassée de sa maison par Howisha, elle aurait péri si elle n'avait pas trouvé une tendre protectrice dans l'épouse du pacha, qui, avec sa libéralité ordinaire, vint à son secours et la prit sous sa protection immédiate. Mariuma ne put cependant pas survivre long-temps à l'époux dont elle pleurait chaque jour la perte, et elle fut bientôt réunie aux victimes sans nombre que faisait la peste. La maison de Mahmute-Hogia est un des tristes monumens de ses affreux ravages. Il y a quelques mois que sa famille et ses domestiques s'élevaient au nombre de quarante-cinq personnes, sans compter trente-cinq esclaves noirs; il ne reste plus maintenant chez lui que deux individus : sa première femme, et un renégat russe. Mariuma était très-belle femme ; elle avait les yeux noirs et les cheveux chatains. Elle n'avait que quatorze ans lorsque Mahmute-Hogia l'acheta, et à peine vingt-neuf au moment de sa mort.

Sa compagne de captivité ne vécut que peu de temps après son arrivée à Tripoli. Elle avait les yeux bleus, les cheveux blonds, une figure majestueuse, et était très-jolie. Cependant le pacha n'en fut point épris, quoiqu'il eût beaucoup de bonté pour elle. Après qu'elle eût passé quelque temps au château dans le malheur et l'oubli, le pacha se détermina à la marier à un de ses renégats, afin d'assurer son bien-être; mais elle mourut de chagrin avant ce mariage. Madame Tully eut occasion de la voir un jour. Elle faisait une visite à Lilla-Halluma, qui, sachant combien les chrétiens désiraient voir cette Circassienne, ordonna à ses femmes de la conduire à l'appartement de la belle esclave; c'était le nom qu'elle lui donnait. Madame Tully trouva la Circassienne richement et élégamment parée, mais toute seule, assise à une fenêtre qui donnait sur la mer, qu'elle considérait attentivement, ses beaux yeux remplis de larmes. Elle était si absorbée qu'à peine tournait-elle la tête, ou disait-elle un mot; mais elle paraissait bercée de la vaine espérance de revoir encore sa patrie. Elle mourut peu après, n'ayant pas été tout-à-fait deux ans au château.

Conversation avec Lilla Amnani. — Son costume. — Charme contre un œil ennemi. — Occupation des dames mores. — Incursion d'Arabes. — Description des tribus arabes. — Troubles à Alexandrie. — Mort du grand-seigneur. — Terrible tournée du grand-visir. — Trouble excité par Sidy-Mahmoud. — Sort cruel de Sulah. — Agitation à la cour du pacha. — Querelle entre ses fils. — Les morts consumés au moyen de la chaux. — Situation de Tripoli après la peste. — Retour du bey à Tripoli. — Courrier arrivé du grand Caire. — Conduite extravagante de Zénobie. — Ameublement moresque. — Chambres funèbres.

Toujours emprisonné par la crainte de la peste, je ne puis plus vous rapporter que quelques particularités domestiques des Mores; mais ces anecdotes de famille vous feront mieux connaître l'Africain et l'Asiatique, que ne pourrait faire la plume d'un voyageur toujours courant. Ce n'est que par la connaissance de son intérieur qu'on peut parvenir à peindre les véritables idées et les sentimens d'un peuple, si essentiellement différent des Européens, jusque dans ses moindres actions.

La peste a si complétement désolé la maison de l'ambassadeur Hadgi-Abderrahman depuis qu'il est parti d'ici pour l'Angleterre, qu'il ne reste plus que très-peu d'individus de sa nombreuse famille. Amnani, sa belle Grecque, dont je vous ai parlé précédemment, ne se sentait pas assez de force pour supporter plus long-temps tout ce que sa position avait de cruel, sans quitter une demeure où tout lui rappelait à chaque instant sa félicité passée et ses pertes récentes. Elle avait d'ailleurs de justes raisons de croire sa maison tellement infectée par la contagion qui avait régné pendant plusieurs mois, qu'elle n'avait d'autre ressource que de l'abandonner, au moins pendant un temps, si elle voulait conserver le peu d'individus de sa famille qui survivaient encore. M. Tully lui offrit une maison voisine de celle que nous habitons; elle l'accepta avec beaucoup de reconnaissance. Elle y vint immédiatement, accompagnée de la fille aînée de son mari, de deux de ses nièces, et de sa jolie petite fille, qu'elle appelle Fatima.

Peu de jours après son arrivée, nous eûmes avec elle une conversation, mais de notre terrasse, et à une telle distance que personne ne pouvait craindre la communication de l'épidémie. C'était dans l'après-midi. Nous trouvâmes toutes les dames, excepté la Grecque, déjà devant leurs chambres, dans la galerie, pour nous recevoir ; mais l'appartement de Lilla-Amnani était encore fermé. Elle en sortit peu après notre arrivée, et descendit dans la cour carrée de la maison. Cette partie du bâtiment est interdite aux étrangers et aux hommes. Lilla-Amnani était suivie par trois de ses esclaves noires et deux femmes mores. Elles attachèrent son baracan de gaze blanche, et lui lavèrent les pieds et les mains ; ensuite, une des esclaves noires portant une grande aiguière d'argent pleine d'eau de rose, la versa lentement, tandis que la Grecque se lavait elle-même. Elle rentra peu après dans son appartement, d'où elle causa avec nous pendant que ses femmes tressaient ses cheveux et achevaient sa toilette. Quoiqu'elle porte l'habit more, moins sans doute par choix que par contrainte, elle était mise avec tant de grâce et de simplicité, et il y avait tant d'aisance et de douceur dans ses manières, qu'on ne pouvait pas la prendre pour une More. Quoiqu'elle fût extraordinairement abattue par la perte de tant de personnes de sa famille, et de la plus grande partie de ses gens, la beauté de sa figure et l'élégance de sa parure la rendaient extrêmement intéressante. Toutes les dames de sa famille étaient auprès d'elle, richement parées; mais comme je vous ai déjà dépeint le costume moresque, je ne vous parlerai que de l'habillement de Lilla-Amnani, quoiqu'il fût beaucoup moins brillant que si l'ambassadeur eût été présent. Son absence, et la mort récente d'une partie de sa famille, la forçaient à laisser de côté la majeure partie de ses bijoux et de ses ornemens; et cependant elle ne pouvait pas porter ce que l'on appelle ici un deuil complet, pendant l'éloignement d'Hadgi-Abderrahman, parce que c'eût été d'un mauvais augure. Il y avait dans son costume un certain brillant qui le distinguait de celui que portent habituellement les dames mores. Sa chemise, d'un bleu pâle à mouches blanches, contrastait avec les couleurs fortes, telles que le vert foncé, le rouge, le bleu, l'orangé, que celles-ci portent toujours. Son tour de gorge et sa collerette, au lieu d'être bordés ou tressés en or, se terminaient par un large galon d'or de Venise. Elle avait deux jélics ou vestes; celle de dessous d'un satin jaune pâle bordé d'un galon d'argent ; et celle de dessus, de velours cramoisi avec des boutons d'or et de corail. Elle portait aussi un grand pantalon de soie jaune attaché à la cheville du pied par de larges galons d'or ; et un baracan, ou voile de gaze blanche rayée, formait autour d'elle une draperie transparente très-gracieuse. Elle avait à chaque bras un seul bracelet d'or excessivement gros, de près de deux pouces de large et d'un pouce d'épaisseur : elle en aurait porté deux sans l'absence de l'ambassadeur. Les bracelets étaient ouverts, sans agraffe ni fermoir ; mais l'or en était si pur qu'ils ployaient facilement sous la main lorsqu'on voulait les mettre ou les ôter. Son bonnet était brodé en or, avec un étroit bandeau noir sur le front, d'où auraient dû pendre sur sa figure des bijoux et des pierreries, si elle avait été dans toute sa parure. Elle portait quatre ou cinq anneaux de diamans, de perles et d'autres pierreries, à chaque oreille ; ils n'étaient pas bruts, comme les ont les Mores, mais polis à l'européenne. Son baracan était attaché sous son sein gauche par une grosse aiguille d'or garnie de diamans, d'où pendaient plusieurs cordons de perles; et sur sa poitrine, pendait aussi un cordon d'ornemens d'or massif, de reliques et de charmes de la Mecque, pour la garantir de la contagion de la peste, et d'un œil malicieux ou trop curieux, car rien ne les alarme plus que le regard fixe d'un étranger. Elles se fient peu à ces charmes célestes pour détruire l'effet d'un regard trop scrutateur, et mouillent souvent leur doigt qu'elles passent sur l'objet trop admiré. Lilla-Amnani portait à chaque cheville du pied des holl-halls, ou anneaux d'argent, qui pesaient chacun deux ou trois livres.

Elle témoigna beaucoup de plaisir de notre visite. Ses gens posèrent par terre un tapis de Turquie avec un coussin cramoisi garni en or pour lui servir de siége. Ses négresses se placèrent à ses pieds, et ses deux suivantes restèrent debout à ses côtés un mouchoir de soie et un éventail à la main. Elle témoigna son regret de n'avoir pas une lyre pour en jouer devant nous, et se plut à nous raconter les soins qu'on avait donnés à son éducation, et les dépenses qu'elle avait coûtées. Elle disait avec enthousiasme, devant les autres dames, qu'on lui avait enseigné à lire et à écrire; et elle faisait remarquer, avec vérité, combien elle trouvait de consolation à lire les lettres de l'ambassadeur qui lui venaient d'Angleterre, et qui, disait-elle, n'étaient ni tronquées par la malice, ni changées à dessein. Après avoir parlé de Hadgi-Abderrahman, elle ordonna à ses femmes de chanter; et elles improvisèrent aussitôt sur l'absence de l'ambassadeur et sur les souffrances de Lilla-Amnani. Elles racontaient dans ces vers toutes les anecdotes qui pouvaient faire honneur à Abderrahman, et peignaient avec enthousiasme la beauté, les grâces et les vertus d'Amnani. Quoique Abderrahman fût plus âgé qu'elle de plusieurs années, et qu'il eût déjà une famille nombreuse lorsqu'il la conduisit à Tripoli, elle paraît avoir cependant vécu toujours très-heureuse, et avoir été la maîtresse absolue dans sa maison ; ce qui est très-rare ici pour les Grecques, lorsqu'il y a dans la famille des femmes mores qui ont le pouvoir de gouverner leurs maîtres ou leurs maris.

Le 20 du mois dernier tous les pavillons furent hissés à mi-mât, à l'occasion de la mort du dernier fils du bey. Les vaisseaux russes qui se trouvaient dans le port tirèrent de minute en minute, et le bey ordonna que les portes des prisons fussent ouvertes, et les détenus mis en liberté dans toute l'étendue des états de son père.

Nous apprîmes avec bien de la peine, dans cette circonstance, qu'il était impossible à la femme de l'ambassadeur de se dispenser de monter au château, pour faire sa visite à la famille. Mais dès qu'elle fut annoncée, Lilla Kabbiera, l'épouse du pacha, lui fit dire qu'elle la priait de retourner à l'instant chez elle ; qu'elle regardait le compliment comme fait, et qu'Amnani n'exposât pas davantage sa vie en entrant dans les appartemens. Dès que Lilla Amnani fut de retour à la maison, madame Tully lui envoya des parfums très-forts pour faire des fumigations, et du vinaigre camphré comme un antidote contre la pernicieuse influence de l'air qu'elle avait respiré. Deux personnes de la famille du pacha ayant été attaquées de la peste pendant que Lilla Amnani se trouvait au château, elle se détermina peu après à changer encore de demeure, et à retourner à la résidence de sa famille. Je ne puis pas bien vous dépeindre l'état d'abattement dans lequel elles prirent congé de nous, en se voyant de nouveau environnées de toutes les horreurs de la contagion.

La veille de leur départ, elles firent pour Uducia, fille aînée d'Abderrahman, une de leurs cérémonies extraordinaires, ayant pour but de la protéger à son retour dans la maison paternelle contre le prestige d'un œil ennemi; ce qu'ils appellent être frappé de mauvais œil, accident qui, selon eux, peut rendre fatale une maladie, qui ne l'eût pas été sans cela. Ce charme consistait à se procurer un écrit d'un de leurs imans, qu'on brûla et dont on mêla les cendres dans du vin qu'Uducia but. Pendant qu'elle buvait, ses amis la parfumèrent avec du musc et de l'encens, et marchèrent autour d'elle en récitant des prières en sa faveur. Lorsque nous sûmes à quel point elle était incommodée quand on l'obligea à remplir cette cérémonie, nous ne pûmes pas nous empêcher de considérer ses efforts et le breuvage qu'on lui avait fait prendre dans son état, comme de dangereux expédiens.

Ces dames ayant été quelque temps nos proches voisines, nous ont fourni l'occasion d'être témoins d'une partie de ce que les écrivains disent des femmes dans les familles mahométanes. Toutefois, si l'on devait s'en rapporter aux assertions de différens auteurs, il serait naturel de penser que le jour est trop long pour leurs occupations, et qu'elles sont accablées sous le poids du temps, tandis que, au contraire, elles ne sont jamais oisives.

En général, les dames mores s'occupent à surveiller un grand nombre d'esclaves, qui font leurs confitures, leurs gâteaux, nettoient et moulent leur blé (1), filent, et, en un mot, sont employées à tout ce qui paraît nécessaire de faire. Elles inspectent tour à tour la préparation des vivres, et pendant le temps qu'elles mettent à cette surveillance, deux troupes d'esclaves les accompagnent. L'une fait les ouvrages de la cuisine, tandis que l'autre environne toujours la maîtresse, enlève tout ce qui pourrait être désagréable à sa vue, et fait sans cesse jouer des éventails pour chasser les mouches et les insectes, pendant qu'appuyée sur une ou deux femmes, elle se promène pour diriger et surveiller les travaux.

Une des raisons que l'on donne de ce que les dames même de la famille royale sont tenues de s'acquitter avec soin de cette partie de leurs devoirs, c'est de prévenir la possibilité de toute trahison dans la préparation de la nourriture de leurs maris.—Les heures que les dames turques et mores consacrent à leurs amusemens se passent

---

(1) Ces machines sont d'une grande simplicité, et peuvent être mues par une ou deux personnes. Elles peuvent moudre en peu d'heures une quantité considérable de grain.

à danser et à chanter. La fille aînée d'Abderrahman et la jolie Grecque firent une balançoire le matin du jour où elles vinrent habiter près de nous, et elles passaient une grande partie de la journée à se balancer. Leurs esclaves noires et leurs autres suivantes prenaient part à cet amusement avec elles. Aucune d'elles ne semblait, au premier coup d'œil, manquer de gaîté, à l'exception de Lilla Amnani, qui, dans les momens mêmes les plus joyeux, laissait voir sur sa physionomie une teinte d'inquiétude et de mélancolie, qui nous rappelait ses pertes et la vive anxiété qu'elle éprouvait de savoir que l'ambassadeur fût convaincu qu'elle s'était conduite suivant ses désirs pendant son absence. Cette crainte de leurs maris, toujours pénible et quelquefois dangereuse, n'abandonne jamais les femmes, même les meilleures, dans cette partie du monde où elles sont sans cesse environnées de complots ourdis contre elles par l'intérêt et la jalousie.

Nous avons été sérieusement alarmés par les Arabes. Un corps de cinq mille de ces nomades s'est avancé jusqu'à Zavia, village qui n'est qu'à une journée de marche de Tripoli. Heureusement leurs hostilités se sont bornées à une incursion pour piller. C'est l'état de détresse où se trouvait le pacha qui les a encouragés à s'approcher plus près qu'ils ne le font ordinairement. Les Mores, instruits de leurs projets, fermèrent les rues de Zavia avec des pierres pour les arrêter dans le premier moment, et le pacha appela à son secours d'autres tribus d'Arabes, qu'il tient à sa solde. On répandit d'abord le bruit qu'ils marchaient d'intelligence avec le bey de Tunis, et qu'ils avaient avec eux une armée de Tunisiens. Ce bruit se fondait sur ce qu'il existe à Tunis un More, qui s'y est rendu de Tripoli, et qu'on nomme Mustapha le Prétendant. Cet homme est protégé par le bey de Tunis, lequel le reconnaît pour un oncle du pacha de Tripoli, qui s'est échappé lorsqu'à l'événement de ce pacha au trône, sept de ses oncles furent massacrés. Il s'ensuit de là que le pacha est toujours en crainte de la cour de Tunis. Pendant que ce bruit circulait, on n'entendait prononcer que les noms de Wild Maria et de Mahmute Hogia, tous deux enlevés par la peste et tous deux généraux fameux attachés au pacha. Ils ont mis Mustapha en fuite, la dernière fois qu'il s'est avancé vers Tripoli avec une armée de Tunisiens.

Il serait difficile de concevoir l'alarme que cet événement a répandue dans tout le royaume.

Plusieurs tribus arabes, appelées par le pacha, vinrent à la ville, et la plus grande partie d'entre elles est encore maintenant stationnée autour des murailles, car on ne permet qu'à leurs chefs d'entrer dans la place. Ils attendirent qu'ils eussent reçu des vivres, de l'argent et des vêtemens avant de marcher contre les ennemis. On leur donna, avant leur départ, des manteaux, des chemises, des pantalons et une grosse somme d'argent. Les Nuolis tiennent le premier rang parmi les tribus arabes : on les nomme les maîtres du désert. Lorsque leur chef entra dans la ville, il fut salué d'un coup de canon. Heureusement l'affaire s'est arrangée sans autre accident. Les Arabes ennemis ont été chassés, et maintenant l'événement le plus désirable est de voir partir paisiblement les Arabes auxiliaires. Comme l'avarice est leur passion dominante, leurs demandes sont sans fin; et ils donnent souvent autant d'embarras au pacha pour les disperser que pour les réunir (1).

(1) Les Arabes sont les enfans d'Ismaël. Avant sa naissance, l'ange prédit qu'il serait un homme farouche, « que sa main serait contre tout homme, et que la main de tout homme serait contre lui. » (Gen., ch. xvi, v. 12.) Cela est presque littéralement vrai de sa postérité, même jusqu'à

Il y a chez les Arabes un certain point d'honneur qui les rend fidèles à leurs engagemens. Sans ce lien, leur nombre et leur courage à la guerre en feraient de formidables ennemis des Mores. Nous fûmes très-heureux d'en voir partir beaucoup avant-hier, et nous espérons que le reste nous quittera demain.

Notre maison, restée la dernière en quarantaine, a été ouverte le 16; mais cet heureux événement semble marqué par une succession d'alarmes. La consternation, excitée par l'approche des Arabes, n'était rien en comparaison

ce jour. Les mœurs de ces peuples sont différentes, et on peut les diviser en deux grandes tribus : l'une qui habite les villes, et l'autre qui n'a pas d'habitations fixes. Ces Arabes errans se divisent en familles ou tribus, et chaque tribu, quelque nombreuse qu'elle soit, est gouvernée par un chef.

Les Arabes passèrent, la première fois, de la Grèce en Afrique, en 653, sous Othman, troisième calife, qui y envoya une armée de plus de quatre-vingt mille combattans, sous le commandement de Occuba-Bennafic. Ils bâtirent la ville de Cairaves ou Carvan, éloignée de trente lieues à l'est de Tripoli. Trois autres tribus y passèrent en 999, l'an quatre cent de l'hégire, avec la permission de Caira, calife de Carvan.

(*Voyage de Shaw. Atlas historique de Lesage.*)

de celle qui règne aujourd'hui dans la ville. Un courrier de Tunis a confirmé la terrible nouvelle, répandue depuis quelque temps par des Mores, que la capitan-pacha est parti de Constantinople avec l'ordre du grand-seigneur de déposer le pacha de Tripoli. On suppose que les dissensions de la famille du pacha, et l'état d'abandon dans lequel elles jettent le royaume, font craindre au grand-seigneur que Tripoli ne finisse par tomber au pouvoir des chrétiens. Il est, sous d'autres rapports, bien disposé en faveur de ce gouvernement; car, quoiqu'on ne lui ait envoyé que peu ou point de tributs pendant le règne des trois derniers pachas, il ne les a jamais exigés.

Malheureusement le grand-seigneur a élevé au rang de capitan-pacha un Turc nommé Hasseen, ennemi juré du pacha de Tripoli depuis plusieurs années. On attend ici d'heure en heure cet homme avec une flotte considérable. Cet après-midi le pacha a déclaré dans le divan que son intention était de quitter la ville demain, et d'attendre dans un de ses palais que l'arrivée de la flotte turque et sa destination fussent connues. S'il le faut, il tentera de se sauver à Tunis en traversant le désert, après avoir laissé, pour le moment, ses femmes hors de la ville; parce que, d'après les lois de la guerre chez les Turcs, elles n'ont rien à craindre de l'ennemi, qui regarde comme sacré les femmes de la famille royale, ainsi que l'or, l'argent et les bijoux qu'elles peuvent avoir sur elles. Lorsque les affaires d'état sont terminées, le pacha retourne au coucher du soleil au harem, qui, ce soir, était dans la plus grande confusion, et où chacun prêtait l'oreille et attendait son arrivée. Il serait impossible de décrire la consternation qui régna au château, lorsqu'il confirma aux femmes de sa famille la triste nouvelle, qu'il s'attendait d'heure en heure à être renversé de son trône, et que peut-être déjà sa tête était mise à prix; que le sort le plus favorable auquel sa femme pouvait s'attendre, était de rester en arrière avec ses filles, et d'être ainsi condamnée à le voir s'éloigner comme un fugitif, après avoir régné paisiblement ensemble près de trente ans.

Toute la ville est ce soir dans une confusion générale, et se prépare à l'exil de la famille royale, s'il devient nécessaire. Les chrétiens sont dans cette occasion aussi alarmés que les Mores. J'espère cependant n'avoir rien de vraiment fâcheux à vous apprendre, en ce qui nous concerne particulièrement.

Nos craintes sont suspendues pour quelque temps. Le capitan-pacha est passé il y a peu de jours devant le port de Tripoli, et se rend maintenant à Alexandrie, avec l'ordre du grand-seigneur de punir les habitans, qui ont molesté les chrétiens. Plusieurs de ces derniers ont été massacrés et leurs églises détruites, pour quelques disputes relatives à un More, qui avait cherché un refuge dans une église chrétienne. Le capitan-pacha est parti pour les mettre à la raison, en se faisant payer chèrement par les uns et les autres le sang qu'ils ont versé ; mais on assure encore qu'il a un teskera ou firman contre le malheureux pacha de Tripoli. On appelle teskera ou firman, un ordre écrit du grand-seigneur, que tout musulman regarde comme si sacré, qu'il l'exécute à l'instant où il le reçoit, lui ordonnât-il même de mourir.

Depuis ma dernière lettre, la mort du grand-seigneur a annulé le teskera dont le capitan-pacha était porteur contre notre pacha ; et Constantinople est maintenant en insurrection, parce qu'on veut placer sur le trône le neveu du sultan au lieu de son fils.

Tout extraordinaire que cela paraisse, le fils du grand-seigneur perd ses droits au trône de son père, uniquement parce que son cousin est plus âgé que lui de quelques mois. Quoique le trône de Constantinople reste dans la même famille, il est occupé par le survivant le plus âgé, suivant la loi des Ottomans. Cette circonstance occasione souvent une grande effusion de sang; car il n'arrive pas toujours qu'un fils du grand-seigneur s'y soumette, ou que le peuple consente, pour une différence de quelques années ou de quelques mois, à voir perdre le trône à la famille régnante, et à le voir passer à une famille éloignée, à quelqu'un, peut-être, qui, ne trouvant que cet obstacle qui lui ferme le chemin du trône, en éloigne souvent injustement l'héritier légitime, sachant qu'il doit ensuite la posséder lui-même.

Le consul vénitien, qui a résidé plusieurs années à Constantinople avec l'ambassadeur de Venise, dit que, parmi les événemens remarquables qui s'y passèrent pendant qu'il y était, il fut témoin d'une tournée du grand-vizir et de ses officiers, terrible au-delà de toute expression, par le sentiment d'effroi qu'elle imprima à tous les habitans. Lorsqu'elle eut lieu, un tremblement universel s'empara de toute la populace; elle semblait privée du mouvement et de la voix. A mesure que le cortége s'avançait, chaque individu devenait pâle d'effroi, avait peine à se soutenir, et se croyait déjà entre les mains de la mort, quand bientôt ses oreilles étaient frappées de la terrible sentence qui le condamnait à être pendu à l'instant à la porte de sa maison, sans qu'on lui fît la moindre question, et qu'on lui indiquât la cause d'une aussi terrible punition. Ceci arriva à une foule de malheureux, soit qu'ils se fussent servis de faux poids, qu'ils eussent différé à payer le tribut, ou pour tout autre grief dont le vizir pouvait, dans sa propre pensée, les croire coupables; et à peine étaient-ils accusés, que déjà ils avaient subi la peine capitale. Cette horrible tournée se fait toujours au moment où le peuple s'y attend le moins.

Ceux qui sont mis à mort en pareil cas, de même que les criminels punis par les lois, restent pendus dans les différens quartiers de la ville, où on les laisse souvent assez long-temps pour que leur odeur incommode même les maisons des ambassadeurs; et tout ce que l'on peut faire pour obtenir qu'on les enlève devient inutile, si les Turcs ne le jugent pas à propos.

Sidy-Mahmoud, petit-fils du pacha, a été la cause d'une si violente querelle au château, que sa mère, fille aînée du pacha, s'est déterminée à abandonner le palais, et à se retirer à sa maison de campagne. On y a déjà porté tout ce qu'elle possède ; ses bijoux, son or, ses meubles. On accuse son fils d'avoir envoyé secrètement un message pour solliciter une entrevue avec l'épouse de son oncle, femme très-belle, d'extraction turque, et mariée à Sidy-Hamet, second fils du pacha ; le jeune homme nie formellement le fait.

L'indécent message de Sidy-Mahmoud fut rempli par une de ces femmes, instrumens ordinaires des intrigues du château. L'épouse craignit de se plaindre de Sidy-Mahmoud aux femmes de la famille royale, qui n'étaient que nouvellement ses parentes. D'un autre côté, comme elle n'était mariée que depuis trois mois à Sidy-Hamet, elle redoutait tellement la grande influence qu'avait toujours eue sur le pacha la mère de Sidy-Mahmoud, Lilla-Uducia, qu'elle n'osait accuser ouvertement le fils de cette princesse. Mais, convaincue cependant que les attentions suivies de Sidy-Hamet avaient déjà attiré sur elle les regards empoisonnés de la jalousie et de l'envie, elle redoutait, malgré son innocence, que quelqu'un ne l'accusât devant son mari. Elle se décida en conséquence à lui révéler ses peines, lorsqu'au coucher du soleil il entra dans le harem. Sidy-Hamet témoigna la plus violente colère, et toutes les sollicitations, toutes les prières de sa femme, fondant en larmes à ses pieds, ne purent détruire l'effet de sa plainte. Il jura la mort de Sidy-Mahmoud, arma ses gens, et se mit à l'instant à sa recherche. Heureusement quelqu'un avertit le jeune homme, au moment même de l'approche de son oncle, et il se sauva dans l'appartement des femmes du bey, où il désespérait d'être reçu, parce qu'il n'est permis à aucun homme, excepté le bey, d'en passer le seuil ; mais il eut le bonheur d'y trouver un asile. Il y resta quelques heures, caché dans une grande armoire de la chambre de la femme même du bey, tandis que son farouche ennemi fouillait toutes les issues secrètes du château. Il parvint, à l'aide d'un déguisement, à franchir, pendant l'obscurité de la nuit, les murailles du château, et se sauva à la maison de campagne de sa mère.

La princesse fut si outrée de la colère de son frère contre son fils, sans avoir préalablement pris des informations, que ce matin, en quittant le château, elle a déclaré qu'elle n'y rentrerait jamais.

C'est le premier exemple que l'on ait depuis de longues années, de la fille d'un pacha, vivant hors des murs. Sidy-Hamet, qui n'est pas bien avec son frère aîné le bey, est furieux contre lui de ce qu'il a soustrait Sidy-Mahmoud à sa vengeance.

Le désagrément que Sidy-Mahmoud a dernièrement éprouvé au château, vient d'être très-aggravé par un événement qui n'a pas peu contribué à l'irriter. Une Tunisienne de peu d'importance, nommée Sulah, qui a passé pendant quelques années pour une des premières initiées dans les secrets et les complots du palais, devint la favorite de Sidy-Mahmoud, et prit un tel ascendant sur lui, qu'il lui passait tout ce qu'elle inventait pour parvenir à troubler la famille du pacha, quoiqu'il l'entendît accuser journellement. Sulah, ayant vu que, malgré toutes ses machinations secrètes pour faire avorter le projet qu'avait formé le pacha de marier sa fille Lilla-Fatima à Sidy-Mahmoud, le mariage était au moment de se faire, a si mal parlé de la princesse, et a si publiquement cherché à lui nuire dans l'opinion de Sidy-Mahmoud, que son imprudence a été enfin connue au château. Elle avait une telle confiance dans l'empire qu'elle exerçait sur Sidy-

Mahmoud, qu'elle n'a pas assez réfléchi à la situation périlleuse dans laquelle elle se trouvait, attendu qu'elle est du nombre de ces femmes qu'un souffle de la puissance anéantit tout d'un coup. Quoi qu'il en soit, lorsque, avant-hier, Lilla-Fatima fit le compliment d'usage à son futur époux, de lui envoyer un plat de viandes choisies, préparées de ses propres mains, Sidy-Mahmoud ne se trouvant pas à la maison, Sulah eut l'audace de renvoyer le plat avec un message très-impertinent pour la fille du pacha. Sidy-Mahmoud reçut du château, à l'instant même, l'ordre de la livrer; et il fut forcé d'obéir. Les prières de Lilla-Fatima changèrent cependant le sort de cette femme, qui devait être aussitôt mise à mort; et elle fut bannie à Tunis, d'où elle était venue. On l'embarqua en conséquence sur un bâtiment chargé pour cette ville, après lui avoir donné des vêtemens communs, et lui avoir enlevé tout son or et ses bijoux. Toutefois, lorsqu'elle fut à bord du navire, on réfléchit au château qu'elle en connaissait toute la politique et les secrets particuliers, et que les renseignemens qu'elle serait à même de donner au gouvernement tunisien pourraient être très-nuisibles. On envoya donc à bord trois hampers de la garde du pacha, qui, sous l'apparence flatteuse d'un pardon, la conduisirent à terre, et la menèrent au golphor du rais de la marine, ou capitaine du port. C'est un appartement où cet officier passe toute la journée, mais où il ne va jamais pendant la nuit. Là, le fatal cordon fut offert aux yeux de Sulah désespérée, et les principaux des noirs du rais mirent à l'instant fin à son existence ; de sorte qu'en moins d'un quart d'heure elle fut pardonnée, trompée et étranglée : destinée assez ordinaire de cette espèce de femmes dans ce pays.

Sidy-Mahmoud n'a pas quitté son appartement depuis la mort de Sulah, et menace de sa vengeance les machinateurs de ce qu'il nomme l'horrible complot.

L'apparition de la nouvelle lune, il y a trois nuits, a mis fin au jeûne du ramadan des Mores, qui avait commencé à l'apparition de la lune précédente.

Pendant ces trente jours il s'est passé beaucoup d'événemens qui ont fait naître des dissensions très-alarmantes entre les trois fils du pacha. Lilla-Hulluma espérait, en employant tous les moyens qui étaient en son pouvoir, de parvenir à mettre fin à ces disputes, et à les réconcilier pendant la fête du beiram, qui commence un jour après la fin du jeûne ; car cette fête est une époque à laquelle tout bon musulman doit s'efforcer d'apaiser les querelles qui ont pu troubler la paix des familles pendant la précédente année.

Le premier jour du beiram, qui en dure trois dans la ville, le pacha a une cour nombreuse qu'il doit recevoir dans une salle faite exprès, et qu'on nomme messelis; mais, attendu la prédiction dont je vous ai parlé, et qui a été faite il y a quelques années par un de leurs plus fameux marabouts, portant que, « Le pacha » finira son règne dans cette salle, poignardé » par une main inconnue », il n'exécuta pas le projet qu'il avait de reprendre l'ancien usage de s'y rendre lorsqu'il éclate des dissensions dans le château; et, comme il y a eu des querelles sérieuses entre ses fils pendant le ramadan, il continua de recevoir sa cour dans une autre partie du château.

Tous les sujets sont admis, le premier jour de la fête, à s'approcher du trône, pour rendre leurs hommages à leur souverain. Deux de ses gens, dans lesquels le pacha a la plus grande confiance, se tiennent à ses côtés; leur fonction est d'ôter les armes à tous les étrangers qui se présentent pour baiser la main du pacha, crainte de quelque trahison cachée; et on ne laisse entrer armés en sa présence que les personnes de marque dont on est sûr; tous les autres sont obligés de déposer leurs armes au corps-de-garde à la porte du palais.

Il y avait affluence dans la salle de réception à l'occasion de la fête. Tout à coup les courtisans paraissent saisis d'effroi; ils semblent ne s'attendre à rien moins qu'à voir leur souverain massacré au pied de son trône, et eux-mêmes sacrifiés à la vengeance de ses ennemis. Les trois princes entrèrent avec leurs principaux officiers, leurs gardes et leurs noirs armés d'une manière extraordinaire, et le sabre à la main. Chacun d'eux environné de ses propres officiers et de ses gardes, vint séparément baiser la main du pacha. Il les reçut en tremblant. Son extrême surprise et son agitation étaient visibles, et chacun paraissait craindre l'issue incertaine de l'événement. Les princes formèrent trois groupes séparés, et causèrent avec les consuls et les personnes de la cour aussi librement qu'à l'ordinaire, mais sans jeter un seul regard l'un sur l'autre. Ils ne restèrent que peu de temps dans la salle, et chaque parti se retira dans le même ordre où il était entré. On vit alors que leur colère était dirigée l'un contre l'autre et non contre leur père, quoique le pacha ne parût reprendre son assiette ordinaire qu'après leur départ. Le lendemain du second jour de la fête, le bey se rendit à l'appartement de sa mère, pour lui faire la visite du beiram. Elle désirait vivement lui voir donner la main à son frère Sidy Hamet, son second fils, afin d'accommoder au moins leur dernier différent ensemble. Elle commença donc par exiger que le bey ne touchât sa main qu'après avoir promis de rester avec elle pendant qu'elle enverrait chercher l'épouse de Sidy Hamet pour lui baiser la sienne, ce qui est une marque de respect qu'aucune femme de la famille ne manque jamais de donner au bey dans cette occasion, à moins que son mari ne soit mal disposé contre lui. Lilla Halluma espérait, par cette démarche de la femme de Sidy Hamet, commencer l'ouvrage de la réconciliation entre le bey et son frère, d'autant plus que c'eût été un moyen d'apaiser la colère de Sidy Useph. Le bey consentit enfin au désir de sa mère, et l'on envoya sur-le-champ un message à l'épouse de Sidy Hamet, qui, par malheur, assistait dans ce moment au repas de son mari. Le message fut rendu de manière qu'il l'entendit; et l'on croit que ce fut à dessein, attendu le nombre d'intrigantes qu'il y a dans le château. Sidy Hamet ordonna sur-le-champ à sa femme de faire une réponse très-dure au bey. Celle-ci fut tellement alarmée de cet accident malheureux, qui devait occasioner une nouvelle rupture, que ses femmes furent obligées de la soutenir. Voulant toutefois adoucir la chose autant que possible, elle fit seulement dire à l'épouse du pacha qu'elle ne pouvait pas venir, parce que son mari était à table, et la priait d'en témoigner son regret au bey. (1) Mais la réponse fut rendue dans les termes injurieux dont Sidy Hamet s'était servi ; et le bey quitta sa mère trop furieux, pour qu'il lui fût possible de chercher à l'apaiser. Lilla Halluma resta accablée de la plus vive inquiétude, en songeant aux scènes affreuses qui ensanglanteraient probablement bientôt le palais.

En rentrant dans son appartement, le bey trouva qu'un de ses gens avait été conduit aux pieds de son plus jeune frère, Sidy Useph, et presque assommé sous le bâton, pour une dis-

(1) Chez les Mores, les princesses et les dames d'un haut rang sont dans l'usage d'assister au repas de leur mari. Elles se tiennent près de sa chaise, et ne doivent pas manger avec lui. Dans les basses classes, on se dispense souvent de cette cérémonie ; mais, même parmi elles, les femmes ne mangent pas avec leurs maris.

pute qu'il avait eue avec quelqu'un de sa suite. Si les deux frères se fussent rencontrés dans ce moment, la circonstance eût pu être fatale à l'un ou à l'autre, ou peut-être même à tous les deux. Le lendemain, le bey vint de nouveau à la cour; et, en présence de son père, de Sidy Hamet, de Sidy Useph, et d'un grand nombre de courtisans, il prévint ses deux frères de ne pas mettre sa prudence à de nouvelles épreuves. Il dit qu'il dédaignait de prendre des mesures peu honorables, quoiqu'il fût en son pouvoir de les réduire au silence; mais que, si l'un d'eux désirait le voir de plus près, il voulait bien condescendre, quoiqu'ils n'eussent ni l'un ni l'autre le droit de le lui demander, à se trouver avec eux dans la plaine, où il ne redoutait ni le zèle, ni le nombre de leurs gens, et où, s'ils l'irritaient trop, il leur ferait sentir son pouvoir. La suite du bey parut s'abstenir, avec bien de la peine, d'appuyer par quelque acte hostile, ce qu'il venait de dire; le bey salua son père, et sortit.

Ainsi finit cette grande fête du beiram, et en même temps toutes les espérances de l'épouse du pacha, qui avait tant compté sur elle pour voir terminer les dissensions qui règnent au château. Elle est réellement digne qu'on la plaigne.

Lorsqu'on parle d'elle, c'est toujours pour dire qu'elle est l'ornement du trône, la mère la plus tendre, et l'amie de l'humanité ; toutes ses actions publiques et privées sont sans cesse guidées par la bienfaisance et l'humanité.

Depuis notre longue quarantaine (pendant laquelle nous avons été treize mois renfermés), nous avons profité de toutes les occasions de jouir de notre liberté. Ce n'est cependant qu'avec la plus grande circonspection que nous nous sommes d'abord aventurés à entrer dans les jardins des Mores, et dans leurs maisons, particulièrement hors de la ville.

Dans la campagne, les villages sont déserts. On y a fermé les maisons qui n'ont pas été ouvertes depuis la peste, et où des familles entières ont péri. Les habitans transportaient un grand nombre de leurs morts sur le rivage de la mer, et les y amoncelaient, ce qui alarmait beaucoup la ville. Les chrétiens suggérèrent l'idée de les couvrir de chaux, et les Mores l'adoptèrent heureusement ; mais uniquement parce qu'ils en étaient incommodés ; car ils regardent cette méthode comme une impiété dont ils témoignent un grand chagrin.

Les habitations des montagnes de Gouriana, inaccessibles à d'autres qu'à leurs habitans, restent désertes. L'entrée de chaque demeure est si complétement recouverte de sable, qu'il est impossible à un étranger de les reconnaître ; mais elles se repeupleront bientôt, et les débris de cette tribu reviennent déjà de Tunis et des déserts, pour rentrer en possession de ces singulières retraites.

La ville de Tripoli présentait, après la peste, le spectacle le plus triste et le plus frappant. Dans quelques maisons on trouvait les victimes qui y ayant péri seules, et sans secours, étaient dans un tel état, qu'il était impossible de les transporter, et qu'on était obligé de les enterrer là où elles gissaient. Dans d'autres, des enfans erraient abandonnés sans un ami qui songeât à eux. La ville était presque entièrement dépeuplée, et rarement on voyait deux personnes ensemble dans les rues. Celles que l'on y apercevait quelquefois marchaient isolément, l'esprit accablé, et tout entier livré aux plus sombres réflexions. Si l'on jetait les yeux quelque part, c'était avec la plus triste surprise que l'on considérait toutes les habitations vides autour de soi. Des rues entières n'offraient pas une seule créature vivante ; car, avant que la peste eût exercé ses ravages dans la ville, beaucoup d'habitans avaient abandonné leurs maisons, et s'étaient sauvés à Tunis (où régnait la contagion), afin d'éviter les horreurs de la famine qui désolait déjà Tripoli depuis quelque temps.

Parmi ceux que la mort a épargnés ici, quelques-uns l'ont sans doute été pour rendre hommage à l'humanité et aux soins que leur a prodigués le consul anglais. Dans la détresse de la famine, dans les horreurs de la peste, plus d'un être souffrant, dont les jours ont été prolongés par des secours donnés à temps, se sont plus à proclamer son nom, en témoignage de leur reconnaissance. Des individus qu'il a arrachés aux horreurs de la famine, restés seuls possesseurs de propriétés divisées auparavant entre leurs parens (tous maintenant enlevés par la peste), viennent le remercier avec les expressions d'une joie extravagante, en l'appelant boni (père), et priant Mahomet de répandre sur lui ses bénédictions. Il disent que, non-seulement, il leur a sauvé la vie, mais qu'il en a fait des hommes riches ; et ils lui jurent un attachement inviolable, qu'ils lui prouveront, à leur manière, tant qu'il restera dans ce pays.

Le bey ayant passé plus d'un mois avec ses troupes à Mezurata, port de mer appartenant au pacha, est rentré avant-hier avec quatre cents chevaux. Il sortit du désert de bonne heure, et plusieurs consuls allèrent à sa rencontre. Son approche de Tripoli fut annoncée peu après le point du jour (adan), par le son lointain et bien connu du nubar, le corps de musique qui le précède, et par les chants des villageois environnans qui répétaient leur chanson de fête, Loo, Loo, Loo. A quelque distance de la ville, ses cavaliers passèrent à la tête de ses troupes, et coururent devant lui en tout sens sur le sable. Le bey et ses principaux officiers étaient magnifiquement vêtus; ce prince était surtout resplendissant d'or et de pierreries. Il portait à son turban un croissant de diamans du plus grand prix, et son large turban était de la plus belle mousseline blanche, entouré d'un shall pourpre foncé et or, dont les deux bouts avaient une broderie en or, de plus d'un pied, qui pendait sur son épaule gauche. Sa veste de dessus, ou cafetan ouvert, était de satin jaune pâle, garni d'hermine et d'une broderie d'argent, et sa veste de dessous d'un tissu vert et or. Des chaînes d'or, en forme de collier, couvraient presque tout le poitrail de son cheval. Sa selle, qu'il avait nouvellement reçue de l'empereur de Maroc, était dorée, relevée en bosse, garnie de rubis, d'émeraudes et d'autres pierres précieuses. Deux noirs conduisaient chacun un cheval de main ayant des housses magnifiques; l'une d'elles était de velours cramoisi couvert d'une broderie d'or. Le bey avait couché dans un village non loin de Tripoli. Il y était arrivé, la nuit précédente, si harassé et si malade de contrariété, à ce que l'on disait, que l'on crut qu'il n'entrerait pas en ville avec ses troupes. Toutefois il n'en fut rien; il avait repris toute sa bonne humeur, et paraissait très-bien. Ses deux frères, Sidy Hamet et Sidy Useph, furent au-devant de lui, et l'embrassèrent avec les plus grandes démonstrations de joie, tandis que leur suite répétait la chanson Loo, Loo, Loo, et en faisait retentir les airs; mais les amis du bey surveillaient attentivement les manœuvres de ses frères; car, plus il se montrait indifférent au danger, plus ses officiers paraissaient effrayés lorsqu'ils le voyaient entouré de leurs gens.

Quelques Mores se plaignent de la sévérité que le bey a montré en levant son tribut, plusieurs individus ayant, disent-ils, été mis à mort. Cependant, comme ces tributs ont été fixés pour un certain nombre d'années, si les Arabes obligent le bey à aller les lever en personne, ils ne doivent pas s'attendre à le voir s'en retourner sans être payé, ni à le trouver en pareille occasion disposé à employer les voies de douceur.—Au moment où le bey entrait en ville, il arriva un courrier d'Égypte. Le bey ne le retint pas, et lui ordonna de se rendre au château. Ce courrier montait un dromadaire sur lequel, suivant l'usage du pays, il était attaché avec de grosses cordes, pour l'empêcher de tomber dans la célérité de la course. Il y avait vingt-cinq jours qu'il voyageait sur le même animal, pour venir du grand Caire, qui est à trois cents lieues de cette ville. Ceux qui ne connaissent pas le pays trouveront que la longueur du temps employé pour faire ce voyage, ne s'accorde pas avec la vitesse que l'on attribue au dromadaire; mais le défaut d'eau, l'approche des Arabes, un ouragan dans le désert, et mille autres causes qui arrêtent le voyageur en Afrique, consument souvent la majeure partie du temps qu'il met à se rendre d'un lieu à l'autre.

Ce courrier apporta la nouvelle que le capitan-pacha et sa flotte avaient enlevé d'immenses sommes d'argent aux habitans d'Alexandrie, et leur avaient fait promettre de reconstruire les églises grecques et romaines qu'ils ont détruites dernièrement; après quoi le capitan-pacha, apprenant la mort du grand-seigneur, avait fait voile pour Constantinople. Son projet de venir visiter Tripoli est donc entièrement abandonné pour le moment.

Nous venons, à l'instant, de faire une visite à Lilla Amnani, l'aimable Grecque d'Abderrahman. Elle n'était pas bien, mais nous fûmes cependant admises dans sa chambre. Nous la trouvâmes si accablée de visites, que ce ne fut qu'avec beaucoup de peine que nous parvînmes au lit sur lequel elle était couchée. Lilla Uducia, la fille d'Abderrahman (du premier lit), était assise à l'oreiller de Lilla-Amnani et paraissait lui donner beaucoup de soins. Quelques-unes de ses esclaves étaient assises par terre autour de son lit, tandis que d'autres se tenaient près d'elle. Elle s'était foulé la hanche et souffrait beaucoup; mais un iman lui avait fait un talisman pour ce mal, et elle en espérait du soulagement. Néanmoins on lui persuada plus aisément d'ajouter à ce charme le remède simple de Tissot, composé de vinaigre et d'eau, qu'on ne serait parvenu à le faire à beaucoup d'autres dames mores. Lilla-Amnani était charmante, quoique indisposée. Elle était enveloppée dans un baracan de soie cramoisie, et était couverte d'une légère courte-pointe d'une belle toile garnie de rubans de diverses couleurs, qui formaient un grand nombre de petites bandes étroites ; son oreiller était de soie cramoisie brodée en or.

Elle se leva pour prendre le café, qu'on servit dans de très-petites tasses de porcelaine de Chine, placées sur de petites soucoupes d'argent ciselé. Les tasses présentées aux dames mariées, le furent dans des soucoupes d'or également ciselé. On avait mis dans ce café, qui était très-léger, du girofle, de la cannelle et du safran ; mais ce mélange fut promptement changé, et remplacé par d'excellent café pour les dames européennes.

Parmi un grand nombre de dames mores du premier rang, qui étaient venues rendre visite à Lilla Amnani, se trouvait une fort belle femme, nommée Zénobie, épouse d'un des premiers officiers du pacha. Cette dame a pris un tel ascendant sur le bey, qu'elle captive tous ses soins. On assure qu'elle épuise la fortune de son mari par le luxe extravagant de sa parure. Lorsque ses espions la préviennent que quelque article de parure est commandé pour le château, elle s'en procure aussitôt un semblable ; et, si on ne peut pas le trouver à Tripoli, elle l'envoie chercher ailleurs, à tout prix, et réussit ordinairement à se montrer la première à la cour, ornée de cette parure, au grand déplaisir de celle des princesses qui en avait fait demander une pareille, et qui supposait que personne ne pourrait la recevoir avant elle. Cette conduite fait à Zénobie tant d'ennemis dans le château, que sa vie peut en être compromise. C'est une dame more, née à Tripoli. Elle était très-fardée, mais avec goût ; son costume, fort magnifique, était tout couvert de bijoux.

Lorsque toutes les dames mores furent parties, Amnani reprit l'histoire qu'elle nous avait elle-même racontée, et dont je vous ai fait part. Elle nous raconta qu'un de ses frères était venu à Tripoli peu de temps après son mariage. Il s'était décidé à la racheter d'Abderrahman, supposant qu'elle était encore son esclave, et non pas sa femme. Mais elle lui apprit qu'il était trop tard, que la cérémonie était faite, et qu'elle avait changé de religion. Elle nous dit qu'à ces mots son frère frissonna, et lui déclara qu'après de semblables événemens il ne lui était plus possible de la revoir. Il déplora avec la plus triste amertume le sort de sa sœur bien-aimée, et quitta peu de jours après Tripoli. Cette visite inattendue de son frère, et l'extrême affection qu'il avait pour elle, rendirent pour quelque temps Lilla Amnani bien malheureuse ; mais enfin elle considéra tout ce qu'elle devait à Abderrahman ; combien il lui était attaché ; avec quelle profusion il prévenait tous ses désirs; enfin, sa conduite pleine de tendresse et d'égards, conduite fort rare parmi les Turcs et les Mores. Il est toujours le même, et lui donne un pouvoir absolu dans sa maison, soit lorsqu'il s'y trouve, soit lorsqu'il en est absent. Pour nous en donner une preuve, elle nous dit que, quoiqu'il fût absent dans ce moment, elle venait de dépenser des sommes considérables pour Lilla Fatima, sa fille, qui n'avait encore que six ans, en achetant divers objets pour son trousseau de mariage, que l'on est ici dans la coutume de commencer presqu'au moment de la naissance d'une fille. Elle nous fit voir quelques rideaux très-grands, soigneusement brodés par bandes étroites cousues ensemble. Chaque rideau était terminé par une broderie d'or et d'argent, de quatre pieds et demi; une large frange d'or et d'argent, mêlée des mêmes couleurs que le rideau, en garnissait les extrémités. Ils disposent ces rideaux de la manière suivante. Ils en mettent trois devant l'alcove dans laquelle est placé le lit, l'un au-dessus de l'autre, de manière qu'on n'en voie que les parties ouvragées, qui, se trouvant ainsi réunies, présentent une riche broderie de plus de quatre pieds. On jette alors sur le dernier rideau un autre de velours cramoisi, garni d'une frange d'or, qu'on plisse sur l'un des côtés, et qui ne laisse voir que l'or qui borde les trois rideaux de dessous. Lilla Amnani nous fit voir ensuite l'ameublement de gala de son propre appartement, dont elle ne peut pas se servir maintenant, parce que la maison est considérée comme en état de deuil, par suite de l'absence de l'ambassadeur. Les tapisseries de la chambre sont faites en panneaux de velours de différentes couleurs, couverts de fleurs en soie damassée. Une bordure jaune, d'environ un pied de large, termine le panneau en haut et en bas. Sur le bord supérieur sont brodées en lilas des sentences extraites de l'Alcoran. Le tapis est de satin cramoisi, avec une large bordure piquée, d'un bleu pâle. Il était placé sur des nattes de l'Inde et d'autres tapis. Le sofa et les coussins, placés autour de la chambre, sont en velours cramoisi. Les coussins du centre sont ornés d'un soleil brodé en or, d'une manière fort riche, et en relief; les autres sont d'un tissu d'or et d'argent. Ce sofa est placé dans la partie la plus apparente de la pièce, et occupe trois côtés d'une alcove dont le plancher est relevé. Les rideaux de devant l'alcove sont faits pour assortir ceux du lit. Une grande quantité de glaces et de porcelaines de Chine complétaient les ornemens et l'ameublement de la chambre, dans laquelle il n'y avait ni tables ni chaises. Lorsqu'on veut servir des rafraîchissemens, on fait porter une petite table d'environ six pouces de haut. Elle est d'ébène, garnie de nacre de perle, d'écaille, d'ivoire, d'or, d'argent, de bois précieux ou de simple acajou, suivant la fortune du propriétaire.

Lilla Uducia avait aujourd'hui une ceinture de clous de girofle enfilés par paquets, de la grosseur du poignet, et séparés d'espace en espace par une perle montée en or. Les dames mores ne vont jamais sans cette ceinture. Les unes la font voir, les autres ne le font pas. Uducia la portait par-dessus sa robe, et l'avait passée par-dessus l'épaule gauche. Elle nous emmena pour nous faire voir ce qu'elles appellent les chambres noires, ou chambres de la mort, ainsi nommées d'après un usage singulier qu'ils ont de fermer la chambre où meurt un parent ou un ami chéri. Nous vîmes cinq de ces chambres fermées dans la maison d'Abderrahman. La dernière l'avait été pour un de ses neveux, mort de la peste, et l'autre depuis cinq ans, pour la sœur de la belle Grecque, qu'Abderrahman avait achetée avec elle. Les murailles sont peintes en noir, et les domestiques superstitieux redoutent de passer la porte de ces demeures mélancoliques.

Lilla Uducia avait à elle en propre huit esclaves noires, lorsque son père s'embarqua pour l'Angleterre; une seule d'entre elles a echappé à la peste. Attaquée elle-même de la fièvre pendant la contagion, et craignant le dangereux contact de tout ce qui l'environnait, elle ne voulut pas se hasarder d'approcher d'un lit, et coucha sur le plancher au milieu de son appartement. Elle résolut même de ne se servir que de ses effets de noces, qui, n'ayant point été touchés depuis plusieurs années qu'ils étaient renfermés dans ses armoires, lui paraissaient exempts de l'infection générale. Cette circonstance diminuera beaucoup sa dot; parce que ces armoires ayant été ouvertes pendant le fort de la peste, tout ce qu'elles contenaient a été soumis aux fumigations nécessaires pour les purifier, ce qui a dû en détruire la fraîcheur et l'éclat, attendu que presque tous les objets sont en or et en argent.

Le dames mores semblent souffrir de la retraite dans laquelle elles vivent, lorsqu'elles voient les chrétiennes, et expriment leurs regrets d'être ainsi privées de la liberté; non pas qu'elles trouvent les journées trop longues, car celles qui sont bonnes ménagères et se mêlent des affaires de leur famille, s'en occupent si assidument, que le temps leur manque toujours pour faire ce qu'elles désireraient. Celles, au contraire, qui sont d'un caractère plus léger, trouvent bien l'emploi de toutes leurs heures dans leurs intrigues, leurs jalousies et leurs craintes : ce que l'on concevra aisément, si l'on considère que la non-réussite de leurs complots leur coûte souvent la vie.

Conspirations à la cour.—Cérémonies en usage aux accouchemens.—Pain de dattes.—Le marabout et le serpent.—Intrigantes messagères du château.—Récompense donnée pour des nouvelles. — Arrivée de plusieurs Anglais. — Promenade à l'un des jardins du pacha. — Description des Hozzanas. — Amusemens sur le sable. — Imprudence d'un jeune aspirant de la marine anglaise.—Description du caméléon. —Fête donnée au retour de l'ambassadeur Abderrahman. —La fille de Hamet Hogia reçoit un coup de pistolet, et est peu après étranglée.

Nous avons été voir il y a trois jours Lilla Uducia, fille aînée du pacha, pour la première fois depuis qu'elle a quitté le palais de son père, par suite de la violente querelle qui a eu lieu au château au sujet de son fils Sidy Mahmoud. Elle nous reçut avec toutes ces manières engageantes qui caractérisent si particulièrement sa mère; mais au sein de sa famille Lilla Uducia est très-hautaine. Elle paraît extrèmement peinée d'avoir quitté le château, et regrette l'éclat et les honneurs dont elle y jouissait; parce qu'on lui faisait une cour assidue, comme étant la plus âgée des princesses. Elle était de si mauvaise humeur, qu'à peine les personnes de sa suite osaient-elles lui parler; et ses esclaves couraient à chaque instant le danger d'être punies, pour n'avoir pas exécuté des ordres qu'elle donnait et rétractait dans le même moment. Ses plus jeunes enfans, deux fort jolis garçons et une charmante fille, étaient dans l'appartement. Quoique l'aîné des garçons fût âgé de cinq ans, et que le plus jeune n'en eût pas moins de trois, ils étaient cependant suivis par leurs nourrices noires, richement habillées, et chargées d'ornemens d'argent et de grains de collier.

Lilla Uducia est mariée à l'un des principaux officiers du pacha. C'est un renégat nommé Hadgi Murat; car, d'après les lois du pays, elle ne pouvait pas épouser un sujet. Son mari est Napolitain; il était esclave du pacha, et d'une origine malheureusement fort obscure. Les pincesses qui épousent des renégats ne sont point considérées comme soumises à leurs maris; elles ne les estiment pas plus que le dernier de leurs esclaves; et souvent elles souffrent de se voir unies à des hommes qui, par leurs manières, sont tout-à-fait déplacés en leur présence. En pareil cas, la naissance du père n'influe pas sur les enfans, qui, comme descendans de

Lilla Uducia, et petit-fils du pacha, ne perdent rien de leur considération. Le pacha compte envoyer incessamment en ambassade à Naples, le fils aîné de Lilla Uducia. Hadgi Murat a amassé de grandes richesses au service du pacha; mais, en matière pécuniaire, Lilla Uducia n'a nul besoin de consulter son mari; parce qu'un seul mot du pacha suffit toujours pour satisfaire tous ses désirs. Ses appartemens sont richement meublés, et sa suite nombreuse. Elle était, ainsi que sa fille aînée, jeune personne d'environ quinze ans, d'un premier lit, magnifiquement parée et couverte d'or et de bijoux. Elle parla long-temps de l'événement qui l'avait forcée à quitter le château, et qu'elle n'attribuait qu'aux machinations des gens du palais, qui, suivant elle, ne vivent qu'en vendant aux uns et aux autres les secrets de la famille. Elle observa que les complots se trament avec bien plus d'aisance contre la paix de la famille royale, que contre celle des autres habitans de Tripoli; et elle en attribue la cause à ce que les dames de la famille ne reçoivent d'autres rapports que ceux qui leur sont faits par des intrigantes flatteuses et intéressées. Lilla Uducia s'attendait d'un jour à l'autre à accoucher. Elle n'était pas bien; et, par cette raison, nous restâmes peu de temps avec elle. Ce matin nous avons reçu l'invitation de lui renouveler notre visite dans l'après-midi, parce la femme du pacha et les princesses devaient s'y trouver pour la féliciter sur la naissance du fils dont elle était accouchée depuis que nous l'avions quittée. Nous nous y rendîmes, et nous fûmes fort surprises de trouver la maison remplie de plusieurs centaines de visites, si peu de temps après cet événement; et un repas en mets chauds, préparé pour tous ceux qui étaient d'un rang assez élevé pour être admis à y prendre part.

La femme du pacha et les princesses étaient en grand gala dans la chambre de Lilla Uducia. Les princesses changèrent plusieurs fois de costumes, pour en mettre de plus riches, et les autres dames mores avaient avec elles des parures pour en faire de même pendant leur visite. Une des princesses, Lilla Howisha, nouvellement mariée au rais de la marine, avait les bras peints d'une manière curieuse. Leur partie supérieure était comme entourée de deux bandes de dentelle noire, et ses doigts étaient peints d'un noir de jais très-foncé jusqu'à la première phalange, pour relever l'éclat des diamans dont ils étaient couverts. Toutes les princesses avaient aux chevilles des pied de grands anneaux d'or massif, du poids de trois à quatre livres.—L'enfant fut porté à la ronde sur un tissu neuf d'or bordé de satin, et on le plaça dans un joli berceau rempli de coton.

Les regards de la nourrice exprimaient tout le mécontentement qu'elle éprouva en recevant l'ordre de le faire voir aux dames chrétiennes. Elle le couvrit autant qu'il lui fut possible des charmes qu'il portait ; et, à chaque regard qu'un chrétien jetait sur lui, elle mouillait son doigt et le lui passait sur le front, en prononçant ces mots : *Ali Barick* ; c'est une prière adressée à Mahomet, pour le préserver du mauvais coup d'œil ou des observateurs envieux. —On avait placé, en avant de l'appartement, dans une galerie couverte qui environne la cour carrée qui se trouve au milieu de la maison, des nattes de l'Inde, des tapis de Turquie, des coussins de soie, et dressé de longues tables élevées de quelques pouces seulement au-dessus du sol. Les tables furent couvertes de toutes sortes de rafraîchissemens, et de trente ou quarante plats de viandes et de volailles préparées de différentes manières. Il n'y avait ni couteaux ni fourchettes, mais seulement quelques cuillères d'or, d'argent, d'ivoire et de corail. Lorsque les dames furent assises, Lilla Halluma et les princesses se promenèrent autour des tables pour prendre soin de leurs hôtes, suivant l'usage des Arabes. Les tables étaient pourvues d'une grande quantité de différens plats ; mais il n'y avait point d'assiettes, et elles n'étaient pas nécessaires ; car, lorsque quelques dames avaient mangé ce qu'elles voulaient dans un plat, on le remplaçait par un autre. On servit pour boisson différens sorbets. Les uns étaient composés de jus de raisin bouilli et extrêmement doux ; les autres de jus de grenade exprimé à travers l'écorce ; les autres enfin de simple jus d'orange. On apporta en abondance de ces sorbets dans de grands verres placés par terre, et qui rappelaient les anciens tableaux de l'écriture. Lorsque les plats de viande furent enlevés, on servit un dessert de fruits d'Arabie, de confitures et de sucreries ; parmi ces dernières se trouvait du pain de dattes. Les esclaves fezzanaises font toutes ces sucreries avec les dattes mûres de leur pays qui sont supérieures à toutes celles connues. Elles leur donnent la forme de pains de vingt à trente livres. On ôte les noyaux du fruit, et on presse les dattes sous de forts poids ; ainsi préparées, elles se conservent toute l'année. Lorsque le dessert fut fini, les esclaves apportèrent des serviettes dont les bords étaient brodés en or, et du savon et de l'eau, dont ces dames avaient très-besoin, attendu qu'elles ne s'étaient servies, pendant le repas, ni de couteaux, ni de fourchettes, ni de cuillères.

Suivant une coutume fort singulière du pays, lorsqu'une dame reçoit la visite de ses amies, à la naissance d'un enfant, l'étiquette veut qu'on lui mette dans la main une ou plusieurs pièces d'or monnayées, comme présent. LillaHulluma et les princesses firent des dons considérables; les autres dames donnèrent en raison de leur fortune. — Les restes du repas furent soigneusement ramassés et donnés aux pauvres.

Lorsque les trois princesses rentrèrent en ville, elles furent escortées par un grand nombre de gardes et de gens portant des flambeaux. Les deux plus jeunes princes, Sidy Hamet et Sidy Useph, vinrent pour accompagner leurs sœurs au palais. Toutes les dames étaient enveloppées dans de grands baracans de soie qui les dérobaient entièrement à la vue. — Je ne puis pas m'empêcher de vous faire remarquer combien nous avons été frappées du contraste que nous a offert le costume de l'enfant de Lilla Uducia, avec celui de l'enfant d'une dame vénitienne au baptême duquel nous avons assisté avant-hier.

Tandis que l'un est couché à son aise dans un berceau de palmier, où il n'a d'autre couverture qu'un simple mouchoir de soie brodé, l'autre a tous ses petits membres attachés ensemble, comme une momie d'Égypte. Il était emmaillotté de la tête aux pieds dans plusieurs aunes de ruban de satin, dont l'un des bords était garni de la plus belle dentelle de Bruxelles. D'après la loi des mahométans, le fils de Lilla Uducia ne peut être vu par son père, Hadgi-Murat, que huit jours après sa naissance.

Comme nous nous étions rencontrées avec Lilla Hulluma et les princesses chez Lilla Uducia, nous allâmes le lendemain au château. Il n'y a dans le pays ni voitures, ni autres moyens de transport; de sorte qu'il faut, en pareille occasion, de l'adresse et une certaine résolution, pour faire, en grande parure, près de trois quarts de mille à travers les rues qui conduisent au château. Il n'y a que les dames de la famille des consuls qui osent traverser ainsi la ville. Elles sont toujours accompagnées de personnes de considération et de gardes ; mais quoique ces précautions garantissent leur sûreté, elles n'assureraient pas toujours la possibilité d'une promenade dans les rues, si les habitans étaient portés à l'insolence ; mais bien loin de là, s'ils sont incommodes, c'est plutôt par leurs politesses et leurs civilités.

Comme nous traversions une partie du château, accompagnées, suivant l'usage, par les hampers ou gardes du château, nous rencontrâmes un des marabouts mores les plus renommés. Je vous ai déjà parlé de cette espèce de gens. Celui-ci, différent en cela des autres, était assez passablement mis. Il avait une large et longue chemise bleue, et des pantalons blancs dessous; il ne portait rien sur sa tête, qui était entièrement rasée, à l'exception d'une seule touffe de cheveux qui tombaient par derrière. Tout l'habillement de beaucoup de ces marabouts, consiste en un morceau d'étoffe cramoisie artistement placé sur la tête. Celui que nous rencontrâmes au château venait de chez le pacha, qui lui avait donné une longue audience particulière. Son aspect, d'après les gestes singuliers et menaçans qu'il faisait avec un énorme serpent vivant qu'il portait autour de ses épaules, avait quelque chose de vraiment effrayant, quoique nous sussions très-bien que le reptile était hors d'état de faire aucun mal, parce que le rusé marabout lui avait arraché les dents, avant d'essayer d'en imposer à la foule crédule, en lui faisant croire qu'il était seul à l'abri de son venin mortel. Les Mores le regardaient avec le plus grand respect. A peine étions-nous consolés d'être passés près de cet individu, sans qu'il eût daigné prendre garde à nous, qu'un monsieur de la compagnie aperçut à nos côtés un gros tigre destiné en présent au bey, et que l'on venait de débarquer dans le moment. Il était attaché avec si peu de précaution, que l'on craignait à chaque instant de le voir s'échapper. On le menait cependant ainsi pour le montrer au bey, à son retour de sa promenade à cheval dans la plaine. Après tant de périls, nous entrâmes dans ces passages obscurs qui semblent toujours conduire à quelque demeure effroyable destinée à servir de tombeau aux vivans. Nous étions attendues; et, en y entrant, nous fûmes soulagées par la présence des femmes esclaves et des eunuques de Lilla Hulluma, qui nous conduisirent à ses appartemens. Elle se promenait dans la galerie avec trois des princesses, l'épouse du raïs de la marine, la veuve du bey de Derne, et une princesse non mariée. Ses yeux étaient remplis de larmes, et les princesses cherchaient à la consoler. Peu après que nous les eûmes jointes, Lilla Hulluma entra dans la sala et s'assit dans l'alcove, à la place d'honneur; les princesses et les chrétiennes furent placées indistinctement à ses côtés.

L'urbanité des princesses était fort remarquable. — On avait invité beaucoup de noblesse more; mais la conversation fut singulièrement attristée par la mélancolie extraordinaire que l'on remarquait sur les physionomies de Lilla Hulluma et des épouses de Sidy Hamet et du bey. Ces deux dames entrèrent dans l'appartement après toutes les autres personnes, et paraissaient fort agitées.

Une dispute sérieuse a, ce jour même, occasioné un refroidissement entre le bey et Sidy Useph. Quoique fort jeune, celui-ci est aussi hautain que courageux. Il est doué de l'adresse la plus insinuante, et fait craindre un caractère dangereux et cruel. Le bey, avec la noblesse d'esprit qui le caractérise, excuse, même en présence de ses gens, les emportemens de son frère; il admire son courage, paraît lui être fort attaché, et va jusqu'à le défendre contre ses accusateurs, en l'appelant le jeune et beau téméraire.

Toutes les personnes appartenant à la cour étaient empressées de rapporter ce qui était arrivé; et chacun racontait l'événement d'une manière différente. Les circonstances de la querelle ne faisaient que de parvenir dans ce moment aux oreilles des dames, par l'intermédiaire des intrigantes messagères du château. Ces femmes n'ont point leur demeure au palais; elles vivent des bontés des différentes personnes de la famille royale; et comme elles ont un libre accès près d'elles à toute heure, elles rôdent sans cesse de l'appartement d'une princesse à celui d'une autre, se mêlent avec leur suite et leurs esclaves, et apprennent de celles-ci ce qui s'est passé pendant leur absence du château. Elles s'empressent alors de rapporter aux princesses ce qu'elles sont parvenues à savoir, et le tournent à leur avantage, ou au désavantage de ceux qu'elles peuvent craindre. C'est ainsi que celles qu'elles instruisent, et qu'on peut justement qualifier du nom de prisonnières, apprennent toutes les nouvelles vraies ou fausses que ces femmes peuvent recueillir au dedans ou au dehors du château. Lorsqu'il y a disette de nouvelles, elles amusent les princesses par des contes, ou par des chansons improvisées sur tel sujet qu'on leur propose; et souvent elles font connaître de cette manière des choses et des opinions dont autrement elles n'oseraient pas se mêler. Beaucoup de ces femmes sont fort adroites, et, par conséquent, très-propres à servir de messagères, ou d'espions. Aussi souvent elles sont à la solde des deux partis, dont quelques individus, comme on peut bien s'y attendre, perdent de temps en temps la vie, par la trahison de ces perfides confidentes.

Peu après que nous fûmes dans l'appartement de Lilla Hulluma, nous sûmes qu'elle avait envoyé un message à Sidy Hamet et à Sidy Useph, pour les prévenir que les chrétiennes étaient chez elle, et les prier de venir la voir, avant de se rendre au lever du pacha. Mais, d'après le nouveau chagrin que Lilla Hulluma manifesta au retour du messager, et d'après l'inquiétude qui se peignit sur la physionomie de l'épouse du bey, il parut évident que les princes étaient trop agités et trop irrités pour se rendre à l'invitation de leur mère. Après le lever du pacha, le bey vint chez Lilla Halluma, au moment où nous allions quitter son appartement. Il était, comme à son ordinaire, plein de dignité, affable et aimable, et paraissait ne pas songer à ce qui s'était passé. Il reprocha doucement à sa mère, à sa femme et à ses sœurs, d'avoir des craintes, et leur dit de ne jamais être alarmées, tant qu'elles ne verraient pas ses gens armés à une heure indue. « Jusque-là, et tant que je vivrai, ajouta le bey, soyez persuadées, que non-seulement vous et moi nous n'avons rien à craindre, mais que tous les sujets de mon père sont en sûreté. » Il resta plus long-temps que de coutume dans l'appartement de sa mère, qui parut plus rassurée.

Elle fit dire dans le harem que la personne qui lui apporterait les premières nouvelles, après le lever du pacha, recevrait un grand présent en argent. C'est ainsi que l'on récompense ordinairement ici ceux qui apportent des nouvelles importantes; Lilla Hulluma est si généreuse qu'elle ne manque jamais d'en recevoir. Elle nous accompagna, ainsi que les princesses, à l'appartement de l'épouse du bey; mais elle se retira bientôt, parce qu'elle paraissait fort mal à l'aise et très-abattue.

Au moment de quitter le palais, nous rencontrâmes en armes tous les gens de Sidy Hamet et de Sidy Useph, et même jusqu'aux derniers de leurs noirs. Ils donnaient, aux amis du bey, pour raison de cette démonstration hostile, que les deux princes craignaient les projets du bey, et s'attendaient à être attaqués par ses gens; quoique les personnes de la suite du bey se montrassent partout sans autres armes que celles qu'elles portent habituellement. Nous vîmes, avant notre départ du château, plusieurs de ses principaux officiers qui le blâmaient hautement de ne pas faire désarmer les gens de son frère. Les officiers du pacha, que nous trouvâmes, n'étaient point d'accord sur cette querelle; les uns la traitaient très-légèrement, tandis que d'autres en parlaient, comme si le trône du pacha était menacé du plus imminent danger. Ces derniers paraissaient convaincus que le pays était dans la situation la plus alarmante, tant pour les étrangers que pour les sujets; et que, s'il arrivait quelques troubles, les Arabes en profiteraient pour piller la ville.

Le capitaine Smith, commandant la frégate envoyée d'Angleterre avec l'ambassadeur de Tripoli, Hadgi Abderrahman, est arrivé ici le 30 du mois dernier. Il avait consenti à ce que plusieurs officiers, qui étaient employés sur la Méditerranée, vinssent le joindre et l'accompagnassent en Barbarie. Dans le nombre se trouvaient sir John Dyer, sir Lionel Copley, lord Garlies, un fils de sir John Collet Ross, et un fils de sir Charles Harding. Le capitaine Smith, étant indisposé, ne put pas descendre à terre; mais il fut remplacé par un capitaine de vaisseau de guerre qui était avec lui.

Le jour fixé pour faire leur première visite

au pacha, les officiers obtinrent la permission de voir la grande mosquée, faveur qui s'accorde rarement aux chrétiens. Mais malheureusement une discussion qui s'éleva avec les Mores, relativement au salut qu'ils devaient à la frégate, les priva d'en jouir, parce que le capitaine Smith n'ayant pas pu venir à terre, les officiers du pacha lui avaient persuadé de ne pas faire saluer le vaisseau. Cet incident retarda la visite que les officiers devaient faire au château. Après beaucoup de raisonnemens employés pour convaincre le pacha, que la présence du capitaine sur son vaisseau ne changeait rien à la chose, il consentit au salut que l'on attendait, et auquel la frégate répondit avant que le consul pût permettre aux officiers de faire leur visite au pacha. Cette cérémonie ne s'étant terminée qu'au coucher du soleil, on trouva qu'il était trop tard pour visiter la mosquée. Ces malentendus ne sont pas rares ici, attendu l'étiquette particulière des Mores.

A une époque où le consul anglais revint en Barbarie, après une courte absence, il trouva que le pacha s'attendait à ce que les vaisseaux anglais saluassent par plus de trente coups de canons. Cette absurdité venait de ce que les Français avaient persuadé au pacha de leur rendre toujours un ou deux coups de canon de plus qu'au dernier vaisseau entré dans la rade, et appartenant à une autre nation. Il était nécessaire d'ajuster la chose d'une manière différente, avant qu'il arrivât quelque vaisseau de guerre anglais, qui ne rendrait pas un pareil salut et qui, d'après les traités, ne devait pas être salué de moins de coups de canon que les vaisseaux des autres nations. Le consul proposa donc au pacha de saluer de vingt et un coups de canon seulement le premier vaisseau de guerre qui entrerait dans la baie, de quelque nation qu'il fût; mais que si quelque vaisseau recevait un coup de canon de plus que le dernier vaisseau anglais arrivé, le premier vaisseau de cette nation qui arriverait ensuite recevrait dix coups de canon de plus pour ce seul coup, et ne répondrait que par vingt et un. Le pacha adhéra sans difficulté à cette proposition; et on n'est pas parvenu depuis à lui faire faire autrement. Ce prince est fort attaché aux Anglais, qui ont ici des priviléges exclusifs. Par leurs traités, leur commerce est libre pour tous les objets que Tripoli peut leur offrir. De leur côté, les Vénitiens viennent de faire un arrangement avec le pacha, en vertu duquel ils lui paient tous les ans trois mille cinq cents sequins (48,000 fr.), pour la permission de charger annuellement deux mille cinq cents mesures de sel.

Après que les officiers de la frégate eurent été reçus au château, on fit la partie d'aller dîner à la campagne le lendemain ; et le pacha prêta au consul un de ses jardins pour cette petite fête. Comme c'était la saison des oranges, le jardin était dans sa plus grande beauté. On aurait pu regretter le défaut d'ordonnance, les promenades bien alignées, les allées régulières; mais la pensée s'arrête au milieu de ces délicieux bosquets d'orangers, de ces riches parfums de l'Arabie, qu'exhalent tous les arbres dont on est environné, et ne trouve pas matière à réflexion. Le cafier, l'arbrisseau à thé, le bananier des Indes, croissent dans le jardin du pacha, mais seulement comme arbres exotiques, et sans y être cultivés en grand nombre. Le palais de ce jardin est spacieux. Il ne diffère des autres maisons du pays, que par son étendue et les matériaux employés à sa construction ; car les Mores n'ont qu'une seule manière de bâtir, à laquelle le palais comme la chaumière sont également soumis. Il est presque tout en marbre et en tuiles de la Chine, mais sans ornemens d'architecture, comme les autres édifices moresques. Des portiques élevés soutiennent quatre larges galeries, qui environnent la cour carrée du milieu du palais. De chaque galerie une grande porte s'ouvre sur une suite d'appartemens qui n'ont point de communication avec ceux des autres galeries. Chaque appartement consiste en une grande salle, au fond de laquelle est une alcove où se placent les personnes marquantes de la société, et qui est en face de la porte. La salle est environnée de huit chambres qui n'ont point de communication entre elles, et où l'on n'entre que par la salle. Quatre de ces pièces se nomment sedas, et servent de chambres à coucher; et quatre autres se nomment hozzannas, et servent d'offices dans lesquels on garde les confitures, les épiceries et les provisions de choix. Deux des hozzannas ont des portes basses qui s'ouvrent sur la salle. Elles sont sans jour, n'ont que six pieds de haut et quatorze de large, et sont des objets d'effroi pour les femmes mores et les noirs, qui vous entretiennent sans cesse de l'histoire des malheureux qui y ont été enfermés ou massacrés, et des esprits qui y reviennent chaque nuit. On ferme le soir, de bonne heure, les portes de ces cachots; et, d'après la répugnance que chacun manifeste à y entrer, on les ouvre rarement avant le lendemain. L'anecdote suivante vous prouvera que leurs craintes ne sont pas toujours dénuées de fondement. Il n'y a pas long-temps qu'un chrétien, qui avait habité pendant quelques mois un appartement, dans une maison bâtie par un More, s'imagina qu'il y avait un trésor caché, enterré dans le hozzanna, sous la seda, où se trouvait son lit. Il ordonna à ses domestiques d'y creuser, sous un prétexte quelconque. Lorsqu'après deux ou trois nuits d'un travail très-pénible, ils eurent enlevé le carrelage du plancher, ils découvrirent une grande quantité de cheveux et d'ossemens humains. Ils en furent si effrayés, qu'ils replacèrent le tout sans oser en parler, de peur des Mores, qui auraient sévèrement puni leur trop entreprenante curiosité.

Un chemin couvert conduit à travers les jardins au harem. C'est un très-petit bâtiment, au centre duquel est une cour carrée, fermée d'en-haut par de gros barreaux de fer ; toutes les fenêtres sont grillées de même. Il n'est pas étonnant que ceux qui le voient pour la première fois, le prennent pour une prison d'état. Ce harem, dans lequel il n'est permis qu'aux dames d'entrer, était vide, attendu que les favorites du pacha, qui sont en petit nombre, se trouvent maintenant en ville. Un des appartemens les plus agréables de cette habitation a ses murailles presque entièrement revêtues de porcelaine, d'une grande quantité d'albâtre, et de beau marbre. Il est tout frais, n'ayant été fait que depuis peu d'années, pour une favorite noire du pacha, qu'il a dernièrement mariée au cyde du Messeah, avec lequel elle vit, et dont elle est fort respectée. Cette particularité est citée comme un exemple de bonne fortune tout-à-fait extraordinaire pour une esclave noire.

L'ambassadeur Hadgi Abderrahman et trois autres Mores vinrent rejoindre la société au dîner, qui fut servi dans une galerie du palais. Le rang et le caractère religieux d'Abderrahman procurent malheureusement l'admission d'un marabout à ce repas ; et comme dans cette occasion c'eût été faire un affront trop sensible aux Mores, que d'avoir demandé qu'il se retirât, on fut obligé de souffrir sa présence. Sa figure était dégoûtante. Il n'avait pour tout vêtement qu'un sale baracan de laine. Il se tint près des Mores, et s'assit auprès d'Abderrahman. Il ne s'adressa point aux chrétiens, mais parla constamment d'eux ; et ils paraissaient gagner dans son esprit, en raison des politesses qui avaient lieu entre Abderrahman et eux. Le marabout avait très-appétit ; aussi l'ambassadeur, habitué aux manières polies, fit-il en sorte de ne pas le laisser approcher de la table, de crainte que sa façon de manger ne fût trop dégoûtante pour les convives.

Avant que la compagnie se levât de table, on vint prévenir que les trois princes s'étaient rendus dans le désert pour y faire des courses. Comme on sentit bien que c'était une politesse faite aux officiers anglais, chacun se hâta d'être témoin d'un spectacle si singulier et si extraordinaire pour des Européens. Le bey et ses frères parurent dans toute leur magnificence, suivis de tous leurs officiers, et d'un grand nombre de chevaux. Le nubar, ou la musique royale, accompagnait le bey. Lorsque les chrétiens arrivèrent, Sidy Hamet et Sidy Useph firent, l'un vis-à-vis de l'autre, plusieurs manœuvres, consistant en combats simulés; mais comme je vous ai déjà fait la description d'un semblable spectacle, je ne la répéterai pas ici.

A leur retour, les trois princes nous joignirent et s'arrêtèrent quelque temps pour faire la conversation. Ils nous donnèrent l'explication de différentes manœuvres, et nous dirent que les Mores étaient encore dans l'usage de combattre autour de leurs chefs, lorsqu'ils étaient tués à la guerre, pour empêcher l'ennemi d'insulter à leurs restes ; que la tentative de les enlever en sa présence causait souvent la perte d'un grand nombre d'hommes ; mais que lorsqu'on y réussissait, ce succès se célébrait par des cris et des chants de victoire que l'on entendait à plusieurs milles.—Pendant la conversation, le bey invita les chrétiens à s'arrêter à son jardin en retournant à la ville. Les princes allaient et venaient toujours au grand galop, et faisant feu à bout portant de ceux près desquels ils passaient.

La mise du bey et celle de Sidy Useph étaient également splendides. Il en était de même de leurs officiers, de leurs mamelucs et de leurs noirs, qui tous vêtus dans le costume le plus brillant, offraient ensemble un coup d'œil magnifique. Lorsque nous arrivâmes au jardin du bey, il était déjà descendu de cheval ; il était entouré et paraissait préparé à nous recevoir.

Ses attentions extraordinaires pour les chrétiens étaient frappantes, surtout de la part d'un prince qui n'était jamais sorti de ses états pour visiter les cours les plus polies de l'Europe. Pendant qu'il causait avec les chrétiens, il arriva malheureusement qu'une orange partie de la main d'un jeune aspirant de marine, vint frapper son turban. Cette action, tout-à-fait répréhensible, causa un mouvement subit parmi les noirs qui l'entouraient, et qui semblaient menacer de punir aussitôt l'offenseur ; mais la contenance calme du bey ne les autorisant pas à agir, lorsqu'ils n'attendaient que ses ordres pour venger un pareil affront, les excuses faites à l'instant même par le consul et les officiers anglais le firent pardonner. Cet événement vous fera connaître à fond les dispositions du bey ; car, lorsque le lendemain on lui fit, à ce sujet, de nouvelles excuses, comme cela se devait, il répondit qu'il n'avait craint dans le moment que le ressentiment des gens de sa suite, vu qu'ils n'étaient pas accoutumés à lui voir ainsi manquer de respect. Il demanda que l'on envoyât une chaloupe de la frégate, parce qu'il était dans l'intention de faire présent au capitaine de l'un de ses meilleurs chevaux arabes ; et il ajouta qu'il ne doutait pas que le jeune coupable ne fût plus circonspect, lorsqu'une autre fois il serait admis en présence de quelqu'un de la famille royale.

Il est certain que, si pareil événement avait eu lieu à Alger, les officiers eussent fort bien pu être sacrifiés à la rage des Mores. Le consul eût été aussitôt traîné au château, et, s'il n'y avait pas été massacré, il n'eût été remis en liberté qu'après que le gouvernement anglais aurait eu payé une somme immense pour sa rançon ; ce qui arrive souvent à Alger pour des motifs bien moins sérieux que celui-ci. Cet accident parut d'autant plus extraordinaire aux Mores, qu'une semblable incongruité était tout-à-fait opposée aux manières des autres officiers anglais, connus jusqu'alors du bey, pour leur politesse libre et aisée.

Sir John Dyer désirait vivement porter en Angleterre une lame de damas pour le prince de Galles, et si les pèlerins avaient été de retour de la Mecque, il est probable qu'il serait parvenu à s'en procurer une.

Ces sabres sont célèbres pour leur beauté et leur légèreté ; et leur acier est tellement imprégné de parfums lorsqu'on les travaille, que tant qu'il reste un morceau de ces lames si précieuses, l'odeur n'en peut jamais être détruite ; la lame seule se vend de cinquante à cent louis. On en fait des imitations qui sont superficiellement parfumées et se vendent beaucoup moins cher.

Le capitaine Smith a mis à la voile cinq jours après son arrivée. Le lendemain, les dames de la famille d'Abderrahman nous invitèrent à une grande fête donnée pour célébrer le retour de l'ambassadeur : je vous en donnerai bientôt le détail.

La démarche solennelle et la gravité d'un caméléon qui grimpe maintenant sur une branche d'oranger, à notre fenêtre, m'engagent à vous parler de cet animal vraiment curieux (1). Un de nos Mores l'a rapporté à la maison cet après-midi; mais il recouvrera sa liberté demain, s'il vit encore. Lorsqu'on le prit par terre, il était du plus beau vert que vous puissiez imaginer ; et il était impossible à tout autre qu'à ceux qui sont habitués à chercher ces animaux de le distinguer d'avec le gazon; mais à peine l'eut-on porté quelques pas, que l'effroi et la colère firent en lui un si grand changement, qu'il devint tout-à-fait noir. Il est maintenant d'une couleur un peu moins foncée, mais sans aucune teinte de vert. Ses yeux paraissent fort curieux ; ils sont très-saillans, brillent comme des diamans, et se tournent comme s'ils étaient sur un anneau. L'un regarde un objet qui est en face de l'animal, tandis que l'autre en fixe un qui est précisément derrière lui. Nous avons souvent

(1) Sa tête ressemble à celle d'un poisson, son corps à celui d'un animal, sa queue à celle d'un serpent, et ses jambes et ses pieds ont quelque ressemblance avec ceux d'un homme.

(*Lettres de Jackson, sur Maroc.*)

essayé de prendre de ces animaux, mais toujours sans succès. Loin de vivre de l'air, comme on le dit vulgairement, ils sont voraces, et mangent beaucoup d'insectes qu'ils attrapent avec infiniment d'adresse en lançant leur langue contre eux. Nous n'avons observé, sur aucun des caméléons que nous avons vus, ces divers changemens de couleurs dont on parle, et que l'on obtient en les plaçant sur des corps de teintes différentes. Le seul changement sensible, et réellement remarquable que j'aie vu, est celui du vert au noir dont je vous ai parlé. Lorsqu'on place cet animal sur de la soie d'une couleur très-brillante, la couleur de la soie ne s'aperçoit que très-faiblement dans les taches dont tout son corps est parsemé.

Le grand nombre de dames mores qui se sont trouvées à la fête donnée par Lilla Amnani, à l'occasion du retour de l'ambassadeur, prouve le respect et l'affection que le peuple de cette ville lui porte, ainsi qu'à sa famille.

La cour carrée qui est au centre de la maison, était disposée, selon la coutume du pays, en une espèce de salle destinée à recevoir la société. Elle était soigneusement recouverte d'une tenture, mais de manière cependant à n'intercepter que les rayons éblouissans du soleil. Le sol était couvert de nattes, par-dessus lesquelles on avait posé des tapis de Turquie. Des sofas et des coussins, tenant lieu de siéges, étaient placés tout autour de l'enceinte. Dès qu'ils furent tous occupés, le reste de la société s'assit indistinctement par terre, vis-à-vis des dames qui se trouvaient sur les sofas. Il y avait au centre un certain nombre de danseuses, et des femmes qui exécutaient de la musique moresque, et chantaient en même temps des vers qu'elles improvisaient sur le retour de l'ambassadeur. Celles-ci s'attendaient à recevoir quelque argent des personnes présentes, et ne furent point trompées.

Nous entendîmes les chants de réjouissance long-temps avant d'arriver à la maison d'Abderrahman; et ce ne fut pas sans peine et sans difficulté que nous parvînmes, à travers la foule, jusqu'auprès de sa femme et de sa famille, qui étaient assises au milieu de la partie la plus choisie de la société.

Au coucher du soleil, à peu près une heure après notre arrivée, Lilla Amnani se leva, et conduisit sa société dans les galeries de la maison, qui étaient disposées de la même manière que la cour, c'est-à-dire, garnies de tentures, et d'un nombre infini de nattes, de tapis et de coussins. Il y avait, dans ces galeries, des tables basses à la moresque, couvertes de viandes, et de tout ce que la ville offrait de plus recherché. La principale boisson que l'on servit est un sorbet dont je vous ai déjà parlé, et qui est fait de raisins bouillis, mêlés avec du sucre et du jus de citron. On consomme communément trois ou quatre cents livres pesant de ce fruit dans une seule de ces fêtes. Lilla Amnani et la fille aînée de l'ambassadeur se promenèrent autour des tables quand tous les convives furent assis, pour causer avec eux, et s'assurer qu'ils fussent régulièrement servis.

Pendant que la musique se faisait entendre, Lilla Zénobie, femme de Sidy el Buny, et favorite du bey, une dame alliée à la famille d'Hamet Hogia, et quelques autres d'une conduite assez leste, parvinrent à s'introduire pour un instant dans la société. Peu de temps après leur entrée, il se répandit dans les appartemens un bruit qui causa une alarme générale. On disait que Sidy Useph était présent, et qu'il avait réussi à entrer en se déguisant en femme, et en se mêlant parmi les domestiques. Comme la découverte d'une semblable tentative pouvait être fatale au jeune prince, l'idée qu'il risquait d'être victime de son imprudence dans la maison de l'ambassadeur, était accablante pour Lilla Amnani. Au moment où ce bruit circulait, et que tout le monde était en mouvement, un grand nombre de femmes qui s'étaient rassemblées dans les issues autour de la maison, s'élancèrent tout à coup dans la rue, et disparurent. On assurait que Sidy Useph se trouvait du nombre. Lilla Zénobie et son amie partirent dans le même instant. Cette aventure amena la conversation sur quelques particularités relatives à Hamet Hogia et à sa famille, depuis son absence. Je vous ai annoncé le départ de ce personnage, qui est allé comme ambassadeur en Espagne, il y a deux ans. Il paraît que l'on a reçu la nouvelle qu'il a embrassé la religion catholique, depuis à peu près six mois. La cérémonie de son baptême a eu lieu en Espagne avec la plus grande pompe ; et il a reçu aussitôt après un titre de noblesse espagnol.

Il est difficile de rencontrer un homme plus éclairé, plus susceptible de tous les sentimens honorables, et en même temps plus malheureux que lui. Négligé par sa femme, conduit, par une perfidie, à faire mourir sa favorite, et déshonoré par la conduite de sa fille, il est parti de ce pays, le dégoût dans l'âme. Environ six mois après son départ pour son ambassade de

Tunis et d'Espagne, sa fille reçut dans son lit un coup de pistolet de la main de son cousin, et par ordre d'Abderrahman, pour son inconduite, tant avec des chrétiens qu'avec des Mores. Ce jeune homme, déguisé sous un baracan de femme, s'introduisit dans son appartement, en se mêlant parmi ses suivantes, pendant qu'elle dormait, et lui tira un coup de pistolet. La balle lui traversa le corps, sans que cependant la blessure fût mortelle; elle fut pansée par le chirurgien des chrétiens, et se rétablit assez promptement. Mais elle ne tint pas compte de ce terrible avis, quoique son frère, jeune homme de dix-huit ans, qui l'aimait beaucoup, la prévînt continuellement que l'on méditait un coup plus certain contre sa vie, et la conjurât d'être plus circonspecte. Mais son sort était résolu; car, quelques mois après son rétablissement, ayant été un jour se promener dans le jardin, on s'aperçut qu'elle manquait; et les domestiques ayant été envoyés à sa recherche, la trouvèrent étranglée dans un coin du jardin. Tous ceux qui étaient présens furent interrogés sur cet affreux événement, dont chacun assura n'avoir aucune connaissance. On déclara alors, et cette raison fut adoptée par son oncle, que les malins esprits avaient seuls massacré cette jeune beauté.

Nous vîmes souvent son frère, à l'époque de sa mort. Il en paraissait inconsolable ; mais comme, d'après la manière de penser des Mores, l'honneur de sa famille réclamait ce pénible sacrifice, il n'osait pas se plaindre ouvertement.

La société partit de chez Lilla Amnani au coucher du soleil. Cette fête dura trois jours, et fut aussi suivie le dernier que le premier.

Atrocités commises par le fils de l'empereur de Maroc. — La famille de l'ambassadeur fait une visite au consul anglais. — Surprise des dames mores. — Bruit de la mort du pacha. — Juive favorite du pacha. — Effets de l'Etna à Tripoli. — Toilettes athéniennes, romaines et moresques. — Mode de se peindre les cils. — Charmes d'or et d'argent. — Commerce des esclaves à Tripoli. — Attachement intéressant de deux nègres. — Danse nègre. — Craintes de rébellion. — Ben Shabban étranglé, et son fils coupé en pièces. — Mort de Soliman et d'Ottoman.

Il y a quelques semaines que le fils de l'empereur de Maroc est ici, et il y restera encore quelques jours, avant de se mettre en route pour la Mecque. On l'attendait déjà depuis deux ans; mais son pèlerinage a été différé à cause de la peste. Dire qu'un pareil monstre fait un pèlerinage semble être un sacrilége; car les atrocités qu'il commet parmi les infortunés qui sont en son pouvoir, indique chaque pas de son sanglant passage, pendant tout le temps de son voyage à la Terre-Sainte. Il est accompagné de sept femmes, cinq beautés grecques et deux négresses, et de plusieurs de ses enfans. L'une de ses femmes est accouchée, il y a quelques jours, d'un garçon. Muley Yesied a donné a cette occasion une fête brillante, parce que le nouveau-né est chérif, étant venu au monde pendant un pèlerinage à la Mecque.

Cette fête a eu les suites les plus tristes. Un trésorier, qui avait reçu ordre de l'empereur de Maroc, de compter journellement à Muley Yesied deux cents cobbs (1200 fr.), s'étant trouvé plus en retard que de coutume à les lui porter, cet indigne prince, ayant besoin de cette somme pour la fête, ordonna de lui donner quatre mille coups de bâton, et de lui faire avaler une certaine quantité de sable. Ce malheureux se meurt, et ceux qui en parlent espèrent qu'il a déjà cessé de vivre. Un domestique, que Muley Yesied a jugé comme ayant agi avec trop de lenteur pendant la fête, est aussi sur le point de mourir, par suite de la correction qu'il a reçue.

Un esclave espagnol, que ce barbare a pris à son service, s'étant échappé depuis quelques jours, Muley Yesied, pour le rattraper, a menacé d'envoyer cinquante hommes à bord des navires français qui se trouvent dans le port; parce qu'il croit que c'est dans un de ces navires que l'Espagnol a pris refuge. Le pacha s'oppose à cette mesure, comme injurieuse pour le pavillon français; mais quelque part que soit l'esclave, si Muley Yesied le découvre, il sera en droit de le réclamer du pacha. Toutefois, comme son départ est fixé à demain avec la caravane, on espère que le malheureux fugitif parviendra à s'échapper.

Muley Yesied s'est embarqué hier avec toute sa suite pour Alexandrie, à la grande satisfaction de toute la ville. Il a tout fait disposer avec luxe à bord du navire, pour la commodité de la nouvelle accouchée, mais aux dépens de l'agrément des autres dames qui l'accompagnent. Il paraît s'être moins occupé de ce qui les regarde dans ce moment, que de coutume, à cause des grandes dépenses que lui a occasionées sa favorite. — Les deux infortunés qu'il a fait si cruellement maltraiter en dernier lieu sont morts, et l'esclave espagnol est parvenu à se soustraire à toutes les recherches dans une maison de Tripoli où il était caché. On attend encore Muley Yesied, à son retour de la Mecque, l'année prochaine.

Nous avons joui hier au soir de la satisfaction d'avoir à souper les dames de la famille d'Abderrahman; c'est la première fois qu'elles aient accordé une semblable faveur à une maison chrétienne. L'ambassadeur arriva d'abord lui-même à neuf heures du soir. Dix minutes après, sa femme et Lilla Uducia, sa fille du premier lit, et deux dames mores, parentes de la famille, entrèrent avec les femmes blanches et noires de leur suite. Nos messieurs se retirèrent, et il fut défendu aux domestiques mâles d'entrer dans l'appartement. Aussitôt que les dames furent arrivées, l'ambassadeur nous quitta, attendu que, d'après l'usage établi, il ne pouvait pas se trouver à table avec sa famille. Les dames mores étaient, à leur entrée dans la maison, si parfaitement cachées dans leurs vêtemens, qu'il était impossible de les reconnaître, et qu'elles ne pouvaient l'être de leur nombreuse suite, que par la blancheur et la finesse des draperies dont elles étaient enveloppées. Lorsque leurs esclaves levèrent la nappe après souper, leurs seconds baracans très-transparens nous découvrirent la mise la plus riche qu'il soit possible d'imaginer, et une grande quantité de pierreries. Toutes ces dames avaient du rouge, excepté Lilla Amnani. Elle nous donna pour motif de ce qu'elle ne faisait pas usage de cet ornement, que, se trouvant mère de famille, elle était justement arrivée à l'âge où elle ne pouvait pas se dispenser d'assister aux prières journalières; et que comme, en pareil cas, on ne peut pas porter de rouge, elle serait obligée, si elle en faisait usage, chaque fois qu'elle irait à la mosquée, de le laver pour le remettre ensuite.

Rien ne nous amusa tant que de voir la curiosité et la surprise que chaque objet de la maison causait aux étrangères; les plus petites choses étaient pour elles une nouveauté. Elles admiraient singulièrement les livres qui se trouvaient de part et d'autre, parce qu'elles ne sont accoutumées à voir que des manuscrits, ou plutôt à en entendre parler; et elles avaient peine à concevoir que des dames s'occupassent à lire dans ces livres. Quand on leur montra les chambres destinées à recevoir accidentellement des officiers ou d'autres personnes, quelques-unes d'entre elles manifestèrent beaucoup de surprise de voir que des hommes fussent admis à coucher dans la partie de la maison où se trouvaient les dames de la famille. Lorsqu'elles virent les lits, les édifices (comme elles les appelèrent) des bois de lits, fermés par des rideaux, leur parurent autant de chambres séparées. Leurs propres lits sont placés sur le plancher de leur sedda ou chambre à coucher, et remplissent une alcove entière, entourée de rideaux, comme je l'ai déjà décrit. A souper, aucune des dames ne fit usage de couteau et de fourchette, excepté la femme et la fille d'Abderrahman, qui s'en servaient avec une espèce de grâce. Elles ne touchèrent pas au vin ; elles ne burent que du sorbet et de la limonade, et furent' aussi gaies que nous l'étions nous-mêmes. Le souper était à peine terminé, quand l'ambassadeur revint. Quelques-unes d'entre nous se rendirent auprès de lui dans la salle, parce que, comme je l'ai déjà dit, il eût été tout-à-fait contraire aux usages moresques, de l'introduire dans la pièce où se trouvaient sa femme et sa fille. Dans la conversation que nous eûmes ensemble en attendant le départ des dames, il nous informa que, pendant son séjour en Angleterre, il avait fait faire, presqu'en entier par ses gens, un costume très-riche ainsi qu'une fort belle ceinture destinés à être offerts à une des dames de la cour; et qu'il en avait envoyé de semblables à la cour de Suède, après son ambassade dans ce pays. Abderrahman a passé presque toute sa vie dans des ambassades. Il en résulte que sa manière de voir et d'agir est infiniment plus recherchée que celle de quelqu'autre More que nous connaissions, quoiqu'il soit d'ailleurs très-rigide dans sa croyance. Il permet à sa fille, lorsqu'elle est en parure, de porter quelques-uns des présens qu'il a reçus des souverains chrétiens auprès desquels il a été envoyé, ce qui ne fait pas une petite addition à ses autres ornemens. Elle en est très-fière, parce qu'ils lui évitent la peine de raconter combien Abderrahman est estimé dans toutes les cours d'Europe. Il y a, parmi ces présens, une médaille d'or qui lui a été donnée par le roi de Suède. Elle a quatre pouces de diamètre, et a rapport à l'histoire de Suède : le travail en est si parfait, qu'elle est estimée valoir sept cents maboubes (environ 5600 francs).

Vers minuit, Abderrahman, accompagné de deux de ses amis, et suivi de ses noirs, précéda les dames au logis. Celles-ci, au moment de partir, s'enveloppèrent soigneusement dans leurs baracans, mirent des bottes jaunes et des pantoufles par-dessus, et rentrèrent chez elles à pied entourées de leurs esclaves, de leur suite et de leurs gardes, à la lueur des flambeaux.

Vous saurez que le pacha a été dernièrement fort malade, et que l'on considère cet événement comme très-fâcheux. Il y a long-temps que l'on s'attend à voir ce malheureux pays devenir la proie des discordes civiles, aussitôt que le pacha régnant aura cessé d'exister.

La crainte que les deux plus jeunes princes ont de leur frère aîné le bey, et surtout leur haine contre lui, se sont plus manifestement montrées dans ces trois derniers jours. Le pacha s'étant tout à coup trouvé mal, le bruit de sa mort s'est aussitôt répandu de toutes parts. A cette nouvelle les Mores ont fermé leurs boutiques, et la ville a été pendant long-temps dans un grand état de confusion. Voici comme la chose a réellement eu lieu. Après son dîner, le pacha se retire toujours dans sa chambre à coucher ou sedda, où il n'y a d'admis que ceux dans lesquels il a une entière confiance. De ce nombre sont deux favorites, une négresse et une juive, qui s'asseyent près de lui, et l'entretiennent jusqu'à ce qu'il s'endorme. La juive est connue ici sous le nom de la reine Esther, parce qu'on la regarde comme la première de la nation juive, et que toutes les faveurs que le pacha a accordées aux juifs, l'ont été par son entremise. Cette femme se rend presque chaque jour du quartier des juifs au château, avant la sieste du pacha. Elle n'est pas jeune, et a un tel embonpoint, qu'il est nécessaire que cinq ou six hommes entourent toujours sa monture, afin de la secourir au cas où elle viendrait à faire une chute. Elle était au château le jour de l'événement. Après avoir fait des histoires au pacha, elle s'était retirée lorsqu'elle l'avait vu endormi. Il se réveilla peu après, et ne se trouvant pas bien, il chercha à se relever, et tomba de la sedda, où il était, sur le plancher de la sala (plus de huit pieds de haut). C'est dans cette situation que le trouva sa favorite noire, qui fut aussitôt en prevenir Lilla Hulluma. Le pacha resta plusieurs heures sans connaissance. Aussitôt que Sidy Useph sut l'indisposition de son père, il s'empressa de se rendre auprès de lui; il le trouva entouré de Lilla Hulluma et de tous ses serviteurs. Désespérant du rétablissement du pacha, il voulut se poignarder; mais il en fut empêché par Sidy Hamet. Ces deux princes avaient déclaré au bey, dans une querelle qu'ils avaient eue ensemble, qu'à la mort de leur père, ils se tueraient pour éviter d'être mis à mort par lui. Sidy Hamet et Sidy Useph convinrent dès ce moment de s'entre-soutenir, et, en réunissant leurs intérêts, d'agir de concert contre le bey. Ils n'avaient jamais osé jusque-là s'expliquer aussi ouvertement en public. En entendant cette résolution, Lilla Hulluma jura, devant toutes les personnes présentes, qu'elle était déterminée à finir ses jours par le poison, dès que son seigneur aurait cessé de vivre, afin de n'être pas témoin des scènes affreuses qui auront lieu au château à la mort du souverain. Le lendemain il n'alla pas mieux, et Sidy Hamet et Sidy Useph armèrent leurs gens. Dans la matinée, il y avait une nombreuse réunion à la cour, chacun se rendant au château pour y avoir des nouvelles du pacha. Le bey paraissait très-calme, et fort inquiet de la santé de son père ; mais il était sans armes ainsi que sa suite. Quand il interrogea ceux de ses gens qui s'étaient armés, pour savoir pourquoi ils l'avaient fait sans ses ordres, ils lui répondirent que c'était parce que ses frères avaient depuis deux heures armé tous ceux qui leur appartenaient. Le bey demanda alors quel motif ses frères avaient pour en agir ainsi ; et, sur ce qu'on lui répondit que c'était pour se mettre en garde contre les ordres qu'il pourrait donner à leur égard, il ordonna aussitôt à ses gens de déposer les armes, et d'assurer ses frères qu'ils n'avaient rien à redouter pour leur sûreté. Le trône, dit-il, lui revenait de droit, par la volonté de son père et celle du peuple ; et par conséquent il croyait inutile d'avoir recours à aucun moyen extraordinaire pour se l'assurer ; et il recommanda à tous ceux qui lui étaient attachés de ne plus s'armer dorénavant que lorsqu'il l'ordonnerait. On devait espérer que, d'après cette manière d'agir du bey, ses frères déposeraient aussitôt les armes. Cependant, comme ils ne le firent pas, et que la santé du pacha empirait de plus en plus, les gens du bey et ses partisans devinrent extrêmement inquiets ; ils craignaient à chaque instant de le voir assassiné par ses frères ; et ils n'eurent aucun repos jusqu'à ce qu'il les autorisât à s'armer, et qu'il défendît à ses frères de paraître armés en sa présence. Dans la matinée, l'entrée du château fut libre ; mais les différentes issues en furent fermées dans l'après-midi, et tous ceux qui s'y trouvaient étaient sur la défensive. Quelques personnes seulement pouvaient y avoir accès. Le château ainsi que la ville furent dans le plus grand désordre jusqu'au lendemain. L'agitation qu'éprouva Lilla Hulluma dans cette circonstance lui occasiona une fièvre dont elle souffre encore aujourd'hui. Le pacha est maintenant remis et la tranquillité rétablie ; mais ce prince montre beaucoup de défiance envers le bey, sans que l'on sache pourquoi.

Des nouvelles reçues d'Europe nous ayant donné l'explication d'un phénomène arrivé ici il y a quelque temps, m'engagent à vous faire connaître les effets extraordinaires produits dans ce pays par une éruption du mont Etna. Rien n'égale la désolation qui a régné à Tripoli dans ce moment. L'atmosphère était on ne peut plus épaisse et sombre, et la pluie qui tombait par torrens versait sur les murs blancs des maisons une couleur noirâtre que l'on aurait pu prendre pour un mélange de suie et de rouge. Il paraît certain maintenant que le phénomène a eu pour cause une éruption du mont Etna, arrivée au mois de juillet dernier (1). Pendant les violentes secousses de la montagne, des nuées de sable brûlant ont été poussées vers Malte, et la colonne extraordinaire du feu qui sortait du volcan prit enfin sa direction à travers la Méditerranée, du côté de la Barbarie. Dans ces

(1) Le mont Etna a 10,514 pieds de hauteur, et sa circonférence est estimée à vingt lieues. Il ne tient à aucune autre montagne, et est de figure circulaire, et terminé en cône. Les parties basses sont très-fertiles en blé et en cannes à sucre ; la région moyenne abonde en forêts, en oliviers et en vignes; et la partie supérieure est presque toute l'année couverte de neige. Ses éruptions furieuses l'ont de temps en temps rendu fameux ; une, entre autres, arrivée en 1659, détruisit quatorze villes et villages, et elle a été suivie de quelques autres presqu'aussi funestes. Toute grande éruption est ordinairement précédée d'un tremblement de terre.

(*Géographie de Guthrie.*)

parages l'atmosphère s'échauffa à un degré fait pour alarmer, et répandit partout la consternation, qui que ce soit ne sachant alors comment expliquer un changement aussi inattendu.

Nous avons rendu hier une visite familière à la famille de l'ambassadeur. Comme nous n'étions pas attendues, on nous dit que les dames étaient au bain. Lilla-Uducia, la fille d'Abderrahman, parut la première, enveloppée comme on l'est à la sortie d'un bain chaud. Ses femmes l'attendaient pour la parer en honneur de Hogia Mahmute son mari, qui est sur le point de quitter Tripoli pour quelques semaines. Cette circonstance me fournit l'occasion de vous rendre un compte exact d'une toilette moresque. Rien n'était placé sur la table de toilette, comme cela se pratique chez nous. Tous les détails de la toilette de Lilla Uducia s'accordent, comme le font presque tous les usages de ce pays, avec les anciennes descriptions. On a dit des dames grecques d'Athènes, « qu'elles employaient les matinées entières à se parer et à se peindre. » Jamais une dame more ne met moins de plusieurs heures à s'habiller dans son costume de gala. On dit que les dames romaines étaient d'une excessive recherche dans leur mise, et qu'elles assignaient à chacune de leurs femmes une partie de leur toilette. L'une était chargée de les peigner ; une autre avait soin des parfums ; une troisième des pierres précieuses ; et une quatrième mettait le rouge et les cosmétiques. Les esclaves d'Uducia l'entouraient de la même manière, chargées des nombreux articles destinés à habiller et à parer leur maîtresse, tandis que plusieurs coiffeuses, comme on les nomme ici, assistaient particulièrement pour lui tresser et lui parfumer les cheveux, arranger ses sourcils, appliquer les cosmétiques, lui peindre les cils, mettre ses bijoux, placer sa coiffure, et enfin ajuster tout l'ensemble de sa toilette.

Les plus riches parfums de l'Arabie furent mis à contribution dans cette circonstance, et on prépara séparément des clous de girofle, dans une proportion beaucoup plus considérable qu'il ne me paraissait possible d'en employer en une seule fois ; mais je fus bientôt convaincu qu'il n'y en avait que la quantité nécessaire. Toute cette poudre, formant à peu près un quarteron, fut mise dans deux grosses tresses de cheveux, qui prenaient de chaque côté de la tête, et descendaient derrière le dos ; elles étaient d'une grosseur au-delà de tout ce qu'auraient pu permettre les plus beaux cheveux, ce qui provenait d'une quantité de soie noire que l'on y joignait, et qui avait été préparée par les esclaves présentes. On n'a ici aucune idée des faux cheveux. L'opération de peindre les cils avec une teinture noire, au moyen d'un poinçon d'or, est très-fatigante ; et la méthode d'arranger les sourcils, en arrachant tous les poils superflus, est évidemment fort douloureuse.

La patience de Lilla Uducia, et tout ce qu'elle souffrit pour orner ses cils et ses sourcils, prouvent qu'une dame africaine n'a pas moins le désir de plaire que beaucoup de nos Européennes du bon ton.

Lilla Uducia, bien faite et avec un air et des manières intéressantes, ne peut pas strictement passer pour une belle femme ; mais en grande parure, sa figure ayant subi un changement total, offre l'apparence de la beauté. En embellissant la nature, elle ne suit pas l'usage du pays. Les dames circassiennes et mores ont différentes vues en se parant et se peignant. Celles-là cherchent à rehausser leur beauté ou à cacher les défauts de la nature ; celles-ci ne veulent qu'ajouter à l'importance des dehors et au respect qu'elles désirent montrer à ceux pour lesquels elles s'habillent, sans avoir aucun égard pour la nature. Les traits des dames mores sont tellement changés lorsqu'elles sont dans leurs costumes de gala, qu'il est impossible, même à leurs amies intimes, de les reconnaître.

Quand Lilla Uducia fut habillée, une de ses femmes couvrit de bagues ses doigts, qui étaient d'un brillant noir de jais; on leur communique cette couleur avec du jus de henné, espèce d'arbuste qui croît ici (1). Une autre de ses femmes lui passa au cou un cordon où étaient enfilés des charmes d'or et d'argent; et une troisième lui apporta un mouchoir de poche de soie

(1) Le henné est un grand arbrisseau qui croît seulement en Égypte. Ses feuilles ont la forme d'un ovale long, sont opposées les unes aux autres, et d'une couleur vert pâle. Les fleurs croissent à l'extrémité des branches, en longs bouquets touffus; les plus petites ramifications, qui leur servent d'appui, sont rouges, et également opposées. De leur cavité sort une petite feuille presque ronde, mais qui se termine en pointe. Il n'y a sans doute pas d'arbuste qui soit plus agréable que celui-ci à la vue et à l'odorat. La couleur légèrement foncée de son écorce, le vert clair de son feuillage, le doux mélange de blanc et de jaune dont les fleurs, réunies en longues touffes, sont colorées, joints à la teinte rougeâtre des ramifications qui les soutiennent, forment une combinaison de l'effet le plus agréable. Quant aux vertus médicinales que l'on assure que chaque partie de cette plante possède, rien de certain n'a encore été prouvé à cet égard.

brodé. En recevant le cordon où les charmes sont suspendus, on s'attache à ne le prendre que des mains de celle des femmes que l'on sait vous être le plus dévouée ; ce qui très-souvent occasione de la jalousie parmi celles-ci, chacune d'elles ayant le désir de le remettre entre les mains de leur maîtresse, ou de le lui passer au cou.

Au moment où nous nous préparions à quitter l'appartement de Lilla Uducia, un eunuque vint annoncer l'entrée de son mari. Dès qu'il parut dans la sala, elle se voila ainsi que ses femmes. Après s'être entretenu quelque temps avec nous, il sortit de l'appartement sans avoir beaucoup parlé à Lilla Uducia. Nous nous retirâmes peu après. Nous ne vîmes pas Lilla Amnani, qui finissait de s'habiller.

Il arrive souvent à Tripoli des cargaisons entières de malheureux noirs. Ils sont conduits au bazar, où ils sont achetés par les riches particuliers de la ville. Quelquefois ceux-ci les revendent aussitôt à des marchands qui les réexpédient pour d'autres pays. Ce matin, nous en avons vu un certain nombre, en traversant la cour intérieure d'une famille more distinguée. Deux figures très-remarquables, celles d'une fort jolie femme, et d'un homme de bonne mine, fixèrent entre autres nos regards. On voyait à leurs gestes qu'ils étaient dans le plus profond chagrin. Aussi, dès que nous eûmes adressé nos complimens à la famille, nous nous informâmes de l'histoire de ces infortunés, et du motif du désespoir où ils paraissaient être. On nous dit qu'ils avaient occasioné beaucoup d'embarras dans la maison; que l'on avait été obligé de les veiller jour et nuit, et d'ôter toute espèce d'outils de dessous leurs mains, par ce qu'ils cherchaient continuellement à se détruire individuellement, et souvent l'un l'autre. Leur histoire prouve que l'on peut rencontrer de l'amitié et de la fidélité, même parmi des sauvages. La femme, qui est assurément très-belle pour une négresse, est âgée d'environ seize ans. Elle a les cheveux longs, épais, et luisans comme du jais. Ses dents sont admirablement rangées et petites, et d'une blancheur rendue encore plus frappante par le contraste de sa figure, qui est du plus beau noir. Elle est d'une taille plus élevée et mieux prise que ne l'ont ordinairement les négresses, et est, dit-on, la plus belle qui ait été amenée ici depuis plusieurs années. Cette femme (probablement un objet d'admiration dans son pays) avait fait don de son cœur et de sa main à l'homme qui est maintenant avec elle. Leur hymen allait être célébré, lorsqu'un matin, ses parens, ne la voyant pas paraître, suivirent ses pas jusqu'à un bois voisin. Ne la trouvant pas, et s'imaginant qu'elle avait été poursuivie et s'était réfugiée dans le bocage (la dernière ressource qu'elle eût contre les tentatives de ceux qui parcouraient le pays pour se procurer des esclaves), ils coururent à la demeure de son amant, et lui apprirent leur malheur. Celui-ci, sans s'arrêter à la chercher dans les bois, se rendit au rivage de la mer, où son cœur, plein d'un douloureux pressentiment, lui disait qu'il la trouverait à bord de quelque navire qui attendait là des esclaves. Il était justement assez à l'aise pour ne pas craindre d'être vendu ou enlevé lui-même; parce qu'il n'y a, en général, que des malheureux sans protection qui soient emmenés par ces marchands de chair humaine. Ses conjectures à cet égard étaient fondées. Il vit, d'un œil égaré, sa future entre les mains de ceux qui l'avaient enlevée. Il leur demanda, en suppliant, le prix qu'ils mettaient à sa rançon; mais tout ce qu'il possédait ne suffisait pas pour racheter son amie, que l'on avait évaluée à deux cents maboubes (près de 2,400 fr.). En conséquence, il n'hésita pas un instant à vendre son petit troupeau et le coin de terre qu'il possédait, et à se remettre ensuite entre les mains de ceux qui s'étaient emparés de sa compagne. Heureux qu'ils voulussent bien encore lui accorder cette dernière faveur, il l'accompagna avec plaisir, et se rendit esclave pour l'amour d'elle. Ce couple fidèle fut vendu, avec d'autres esclaves, à l'Africain dans la maison duquel nous nous trouvions. On destinait la femme à être envoyée ailleurs, pour en tirer parti, parce qu'attendu sa beauté elle était d'un prix trop élevé pour en faire une servante. Le négociant était dans l'intention de garder l'homme, qu'il estimait valoir bien moins, comme domestique dans sa propre famille.

Ces infortunés, en apprenant qu'ils allaient être séparés, furent plongés dans le désespoir. Ils se jetèrent à terre, et se traînèrent sur les pas de quelques-unes des dames de la famille qu'ils virent passer. Ayant su que la fille du maître de la maison était du nombre, on ne put les empêcher de s'attacher à ses vêtemens, afin d'implorer son secours; et il n'y eut que l'assurance que leur donna cette jeune personne, qu'elle intercéderait auprès de son père pour qu'on ne les séparât pas, qui put modérer leur douleur. Celui-ci, trop humain pour user du droit qu'il avait de garder à son gré l'un ou l'autre d'entre eux, s'entretint avec l'homme, et lui fit envisager la vie douce que menaient ses noirs, en l'assurant que, s'il voulait rester avec lui et bien se conduire, il serait encore mieux traité qu'eux. Mais le nègre tomba à ses pieds, et le conjura de ne pas le garder s'il se défaisait de sa compagne, en ajoutant qu'autrement il perdrait tout l'argent que l'un et l'autre lui avaient coûté; parce que, quoiqu'ils n'eussent ni couteau ni poison, personne ne pouvait les forcer de manger; et qu'aucune force humaine ne pourrait les porter à violer le serment qu'ils avaient fait, de ne jamais vivre séparés l'un de l'autre. Ce fut en vain que le négociant s'attacha à faire comprendre à cet homme que la beauté de sa compagne la mettait fort au-dessus du prix des femmes que l'on destinait à des travaux grossiers; qu'elle deviendrait sans doute bientôt la propriété de quelque Turc opulent, et qu'elle serait par conséquent séparée de lui pour toujours. Le nègre lui répondit qu'il s'attendait à cette barbarie; mais que, quoi qu'il en pût être, rien ne le ferait s'éloigner d'elle volontairement; et que, lorsqu'on en viendrait à les séparer de force, il serait temps alors pour lui de mourir, et d'aller, selon leur croyance, la retrouver dans leur patrie ; vu qu'en dépit de ceux qui l'auraient en leur pouvoir, il savait qu'elle y serait déjà, et l'attendrait. Le négociant, voyant qu'il était inutile de vouloir chercher à lui persuader de rester, résolut de ne pas le retenir par force, et le laissa libre de suivre le sort de sa compagne.

Parmi un certain nombre d'esclaves nouvellement achetées, que l'on avait fait entrer dans l'appartement où nous nous trouvions, était la belle négresse en question. Notre vue fixa un instant ses regards; mais, quoique ce spectacle fût nouveau pour elle, il ne put suspendre long-temps sa douleur; et elle tomba dans un accès du plus vif désespoir, en se rappelant sa cruelle position. Elle s'enfuit de nous, et cachant sa figure dans ses mains, s'assit dans un coin de la galerie. Là toutes les autres esclaves, l'ayant entourée, la tiraient fréquemment d'une manière assez violente pour l'engager à regarder les chrétiens, qu'elles fixaient elles-mêmes avec un mélange de crainte et d'admiration, tandis que leurs compatriotes, qui se trouvaient depuis plus long-temps dans la famille, riaient de leur étonnement et de leur terreur. Mais on conçoit que ces infortunées, chassées de leur pays natal, poursuivies comme des bêtes fauves dans les bois où elles avaient cherché un refuge, et enlevées à leurs plus chères affections, devaient éprouver, à la vue des blancs, tous les sentimens de dégoût et d'horreur. Toutefois s'étant, au bout de quelques momens, convaincues que leurs craintes, du moins en ce qui concernait les chrétiens présens, étaient sans fondement, quelques-unes d'entre elles se tranquillisèrent tout-à-fait, et on leur ordonna d'exécuter une danse. Une vingtaine se levèrent aussitôt. La plus habile dirigea les autres. Celles-ci, se touchant mutuellement le bout de la main et celui du pied, d'après leur manière de danser, formèrent une longue ligne; et chacune répéta les pas de leur conductrice, parfaitement en mesure, et avec toute la grâce imaginable. Mais ni les menaces, ni les prières, ne purent vaincre la résistance de la belle négresse. Assise à part, elle était inconsolable, et continua de l'être pendant plusieurs jours. Tout ce que nous pûmes savoir en quittant la maison, fut que cette infortunée, naguère si heureuse dans sa patrie, était destinée, ainsi que son mari, ou plutôt son amant, à être embarquée, dans peu de jours, à bord d'un navire marchand, dont le propriétaire les avait achetés, avec plusieurs autres, pour les revendre à Constantinople.

La crainte de voir une rébellion éclater, est toujours très-grande ici. Hadgi Abderrahman sort à l'instant même de nous voir, de la part du pacha, pour nous demander si nous avons eu de la lumière hier au soir sur notre terrasse. On en a aperçu dans le quartier où nous demeurons, et cette circonstance a occasioné de vives inquiétudes au château. Le pacha a en conséquence envoyé l'ambassadeur pour recommander aux chrétiens de ne pas avoir de lumière sur leurs terrasses pendant la nuit. Ces mesures proviennent de la terreur générale que font naître dans ce moment les dissensions qui ont lieu au château, et qui font craindre au pacha que la rébellion ne se propage dans toutes les parties de la ville.

Il existe un si grand nombre de complots tramés par chaque parti opposé, qu'aucun officier supérieur ne peut se considérer comme en sûreté. Si le pacha appelle inopinément l'un d'eux au château, la consternation de sa famille est sans égale. Tous ceux qui lui appartiennent, lui font leurs adieux comme s'ils ne devaient plus le revoir, et tremblent jusqu'à son retour. Ces craintes doivent naturellement avoir lieu par le secret qui accompagne les exécutions qui se font au château, et par l'impossibilité où l'on est de se soustraire à son sort.

La famille de Hamet Hogia raconte encore un de ces terribles événemens, qui arriva au père de l'épouse de Hamet Hogia. Il se nommait Ben Shabban, et était allié à la famille du pacha régnant. Quelques années après son avénement au trône, Ben Shabban, que l'on supposait n'être pas dans ses intérêts, fut tout à coup appelé au château. Cet ordre arriva au moment même où le pacha faisait sa sieste, heure à laquelle chacun repose dans cette partie du monde. Lorsque Ben Shabban sortit de chez lui, son fils l'accompagna comme par hasard, parce que ce jeune homme savait bien que s'il témoignait à son père quelque crainte sur sa sûreté, il ne lui permettrait pas d'aller avec lui. En arrivant au château, ils trouvèrent tout parfaitement tranquille, et tel qu'ils s'y attendaient. Ils furent toutefois surpris de ne pas voir, comme de coutume, le grand chiah assis dans le skiffar, entouré de ses officiers. Ce ministre ne manque jamais d'être à son poste, même à l'heure de la sieste, excepté en cas de maladie. Le grand chiah, à cette époque, était l'ami sincère de Ben Shabban. Son absence, et l'heure inaccoutumée à laquelle ils se trouvaient au château, les frappèrent singulièrement l'un et l'autre. Ben Shabban dit à son fils qu'il en augurait mal, et qu'il craignait que quelque chose d'extraordinaire n'arrivât. Il se détermina cependant à entrer, et son fils se préparait à le suivre, après lui avoir observé que, s'il y avait quelque danger à courir, c'était précisément un motif pour qu'il l'accompagnât; mais son père ne le voulut pas, parce qu'en les voyant arriver ensemble, on aurait peut-être été porté à croire qu'ils avaient des craintes, et que les soupçons du pacha étaient fondés, quelque gratuit que fût d'ailleurs le crime dont Ben Shabban pouvait être accusé. Il obligea donc son fils de le quitter, en lui disant qu'il se rendrait seul au château, et qu'il espérait que tout irait pour le mieux. Pendant que Ben Shabban et son fils discutaient ainsi, ils aperçurent au fond du skiffar deux hampers ou gardes qui les regardaient, ayant leurs mains derrière le dos. Ces deux hommes furent les seuls qu'ils virent.

Ben Shabban était singulièrement estimé dans tout le pays, et par conséquent personne ne s'imaginait que l'on tramât quelque chose contre lui. Il se sépara de son fils, et entra au château. Les hampers le laissèrent passer tranquillement; mais un instant après ils lui jetèrent le fatal cordon au cou, et l'étranglèrent aussitôt. Cependant les autres gardes employés à l'exécution du même ordre suivirent le fils de Ben Shabban, et le rejoignirent au moment où il venait de quitter un ami auquel il avait en partie confié ses craintes. Ils lui dirent que son père était avec le pacha, et l'invitèrent à les suivre au château. Le jeune homme fut frappé d'étonnement. Son père chez le pacha à cette heure; lui-même enjoint de s'y rendre immédiatement après; tout cela lui paraissait difficile à expliquer. Il s'était long-temps arrêté à réfléchir sur le compte de son père après l'avoir quitté, et ne se trouvait encore qu'à quelques pas du château. Il revient donc avec les hampers qui, sortant d'être témoins de la mort de son père, durent lui paraître pâles et défaits. Lorsqu'il arriva dans le skiffar, il vit que tout était tranquille comme la première fois, excepté qu'il s'y trouvait quelques hampers de plus. Il continua de s'avancer, regardant avec défiance autour de lui, et découvrit bientôt, dans un coin du skiffar, le turban de son père qui était tombé de dessus sa tête pendant sa lutte avec les deux premiers hampers. Il recula à cette vue, et vit bien que c'en était fait aussi de lui. Ils cherchèrent à l'étrangler ; mais comme il était fort, et surtout prévenu, il fit résistance ; alors dix ou douze d'entre eux l'attaquèrent avec leurs couteaux, et le mirent en pièces. Le sang de ce malheureux jeune homme annonça à la ville le sort funeste de son père et le sien, beaucoup plus vite qu'on ne l'aurait voulu au château. Il paraît qu'aucun des principaux officiers ne prit part à cet horrible meurtre, et qu'il eut lieu sans les ordres exprès du pacha. Il est certain que la jalousie des Mores entre eux les fait souvent aller au-devant des désirs du pacha, et rend fréquemment son déplaisir très-fatal, sans qu'il ait cependant la moindre part à ces vengeances, comme dans le cas actuel où il n'avait pas accordé son teskera ou firman.

Puisqu'il est question d'anecdotes politiques de ce pays, en voici une autre. Quand nous arrivâmes ici, il s'y trouvait deux beaux jeunes gens nommés Soliman et Ottoman, l'un ayant à peu près seize ans, et l'autre quatorze. Ils étaient emprisonnés ou au moins renfermés dans l'une des plus grandes maisons particulières de cette ville, où ils étaient gardés depuis leur enfance par un eunuque de confiance du pacha, et d'autres domestiques. Leurs traits n'étaient connus que de l'eunuque seul, parce qu'il n'était permis à qui que ce fût de les voir. Ces jeunes captifs étaient entretenus aux frais du pacha, et jouissaient de tous les agrémens dont leur solitaire et mélancolique demeure était susceptible. Nous passions souvent auprès de la maison où ils étaient renfermés ; mais les fenêtres du golphor étaient toujours fermées ; et, pour leur ôter jusqu'à la possibilité de s'échapper en communiquant avec des personnes du dehors, il ne leur était jamais permis d'approcher du golphor, ni même des appartemens inférieurs de la maison. La cour intérieure était grillée avec de pesantes barres de fer, comme le harem du pacha. On savait peu de chose de ces prisonniers, excepté qu'on croyait généralement qu'ils étaient fils du frère aîné du pacha, ce qui leur donnait des droits plus directs au trône que ce prince, à ce trône qui avait tant fait couler de sang dans sa famille, qu'il se refusait enfin à en répandre davantage, et s'était déterminé à épargner la vie de ces innocens aussi long-temps que la nécessité ne l'obligerait pas à faire autrement. Nous avons été témoins de regrets bien vifs peints sur la physionomie d'une personne que nous avons trouvée par hasard aux funérailles de la mère de Lilla-Hulluma, et qui étaient occasionés par le destin malheureux de ces jeunes captifs. En quittant l'appartement où était Lilla Hulluma, on nous conduisit à un golphor dont les fenêtres donnaient sur la maison où Soliman et Ottoman étaient détenus. Parmi ceux que nous y rencontrâmes, se trouvait le plus jeune et le seul des frères encore existans du pacha ; il se nommait Celeby, et était alors bey de Derner. Il attendait là le cortége de la mère de Lilla Hulluma pour l'accompagner au turba ou mausolée. Étant entrées dans le golphor, sans être aperçues de Celeby, nous le vîmes les yeux fixés sur la demeure de ses neveux ; ses regards et les larmes qui baignaient son visage disaient combien il était affligé de leur malheureuse position. Quelque temps après il retourna dans son gouvernement de Derner, où il mourut de la peste. A l'époque où ce fléau terrible commençait à se faire sentir ici, Soliman et Ottoman en furent atteints ; ce fut l'eunuque, leur gardien, qui la leur communiqua. Ils moururent ainsi que lui, débarrassant par là le pacha de toute appréhension ultérieure sur leur compte. Les restes de ces princes furent joints à l'une de ces longues et brillantes processions qui, dans le commencement de l'épidémie, étaient conduites en ordre au lieu de la sépulture commune.

Plantations d'oliviers. — Costume d'une Mezuratine. — Arrivée de Muley Yesied de la Mecque. — Récompense accordée pour l'éducation d'un prince more. — Effet extraordinaire d'une éclipse. — Situation dangereuse du vice-consul français. — Position des esclaves chrétiens. — Mœurs des Algériens. — Incursion des Arabes. — Costume des Arabes. — Souverains des déserts. — Passage dangereux dans les sables. — Cérémonies du mariage. — Usage de se peindre les cils. — Cérémonie du premier argent jeté. — Départ des princes de Fezzan. — Manque d'eau continuel à Fezzan.

Un événement singulier arrivé à Bengazi, qui n'est qu'à quelques jours de distance d'ici sur la côte, nous menace encore de nous replonger dans toutes les horreurs de la peste, et prouve combien la subordination est difficile à maintenir dans ce pays. Un navire ayant la peste à bord est arrivé de Constantinople à Bengazi. Le bey de cette ville lui donna l'ordre de remettre à la voile, sans vouloir permettre que l'on en débarquât rien; mais les habitans s'opposèrent avec violence à cette mesure, et demandèrent que la cargaison fût mise à terre. Le bey, pour échapper au fléau, se renferma dans son château, laissant aux Bengaziens à agir comme bon leur semblerait, attendu qu'il n'avait pas assez de troupes avec lui pour faire respecter son autorité.—Le navire est venu à Tripoli sous pavillon français ; mais le pacha a insisté pour qu'il en repartît immédiatement. Tout ce que nous avons donc à désirer, c'est que la peste ne nous atteigne pas une seconde fois.

Aujourd'hui la ville a été dans une espèce de rumeur, par suite d'une perquisition qui a été faite par les gardes de Sidy Hamet, pour retrouver le grand cachet de ce prince qui lui avait été dérobé hier au soir. Il est d'or, et gravé en caractères turcs. Tous les princes ont un sceau semblable, lorsqu'ils arrivent à un certain âge. Ils le portent suspendu à une riche chaîne, près du sein, au côté gauche du jilec, et à côté de la montre. Quand il est fait, le moule en est brisé ; et comme ils ne le quittent jamais, ni le jour ni la nuit, ils ne craignent pas qu'on le contrefasse. Lorsqu'on eut découvert le chef qui avait soustrait celui-ci, Sidy Hamet ordonna de lui couper le poignet. Il fit infliger cette punition sévère à cause de la vive inquiétude qu'il éprouva de voir son cachet hors de sa possession, parce que dans ces temps de trouble il pouvait arriver que quelqu'un de ses officiers particuliers eût été sacrifié au moyen d'un ordre supposé, scellé de ce cachet. Celui du pacha est beaucoup plus grand que ceux des princes; il est également d'or, et a environ trois pouces de diamètre. Il ne permet jamais qu'on l'ôte de dessous ses yeux. Lorsqu'on en fait usage, un officier l'appose où il est nécessaire, et le lui rend aussitôt.

Nous avons été aujourd'hui féliciter Lilla Uducia (la fille d'Abderrahman), sur l'heureux retour de son mari, Hogia Mahmute, de Mezurata, où il a été voir ses plantations d'oliviers.

Il y a à Mezurata de très-vastes plantations de ce genre; et il est urgent pour les propriétaires, lorsque les olives sont mûres, de se rendre sur les lieux avec tous leurs gens, pour en protéger la récolte contre la rapacité des Arabes, parce que c'est là une des principales branches de commerce du pays. Des quantités immenses d'huile sont amenées à Tripoli, où chargées sur la côte de Mezurata pour l'Europe.

L'un des Mores appartenant à Hogia Mahmute, qui a accompagné son maître à Mezurata, a épousé une riche femme de ce pays. Nous la trouvâmes dans l'appartement de Lilla

Uducia. Elle était très-noire ; elle avait de fort beaux traits, et était grande, bien faite et enjouée. Nous lui plûmes ; mais lorsque Lilla Uducia lui eut montré la dentelle que nous portions, et lui eut dit que c'était un objet très-cher, elle rit beaucoup de la peine que nous prenions et de l'argent que nous dépensions pour nous habiller avec ce qu'elle appelait des petits chiffons. Son costume consistait en un baracan fait d'une étoffe pourpre clair, de coton rouge et d'argent, tissés ensemble d'une manière très-serrée, et garnie aux extrémités d'une large frange, suivant le goût égyptien. Cette draperie l'enveloppait d'une façon très-gracieuse. Elle ne portait ni souliers, ni chemise, ni pantalon. Elle avait à ses pieds de très-larges halhals ou bracelets d'argent. Ses pieds étaient teints ; et ses bras, depuis le poignet jusqu'à l'épaule, de même que le cou et le visage, étaient ornés d'une grande variété de figures et de fleurs empreintes avec soin dans la peau avec de la poudre à tirer. Son bonnet était garni de pièces d'or et d'argent ; et des ornemens d'argent mêlés de nacre de perle qui y étaient attachés, lui tombaient sur le front. Ses boucles d'oreilles étaient simplement d'argent ; elle en avait sept à chaque oreille. Son collier était composé de corail, de nacre de perle, d'argent et de grains de verroterie, mêlés et attachés ensemble et formant plusieurs rangs qui couvraient presque tout le devant de son corps, et descendaient presque de son cou à sa taille. Ses cheveux étaient disposés en quarante à cinquante petites tresses, tombant de chaque côté de son front, et terminées par un grain de corail ou de verroterie. Elle portait une large ceinture de parfum par dessus l'épaule gauche, de la même manière que les dames portent les leurs dans ce pays; mais le parfum de la sienne était beaucoup moins recherché en ce qu'il ne se composait que d'aromates ordinaires. Les divisions de la ceinture au lieu d'être faites avec des perles d'or, l'étaient avec des coquillages de mer très-curieux. Elle avait aussi un ruban qui lui passait par dessus l'épaule gauche, et auquel étaient suspendus un grand nombre de charmes. Ceci complétait son costume assez singulier.

Nous avons reçu aujourd'hui, du patriarche d'Alexandrie, un présent de becfigues marinés tout entiers dans des jarres, et pouvant être mangés sans aucun autre apprêt. Ils ne sont pas plus gros que la moitié d'une alouette; et accommodés de cette manière, on les considère comme un mets très-délicat; leurs os se trouvent entièrement dissous. En Égypte, on prend une immense quantité de ces oiseaux; mais seulement dans une certaine saison de l'année, lorsqu'ils suivent les eaux du Nil, ce qu'ils ne manquent jamais de faire quand ce fleuve submerge ses bords. Il existe ici un oiseau de la plus grande beauté; les Mores lui donnent le nom de gogalas. Son plumage est de la plus brillante couleur d'or sur la poitrine; il a les ailes et le dos bleu-mazarin. Il est parfaitement fait, et est de la grosseur d'une grive. Il passe aussi pour un excellent manger.

Muley Yesied, le fils de l'empereur de Maroc, est arrivé ici il y a quatre jours, venant de la Mecque et retournant à Maroc. Il a fait au consul vénitien l'honneur d'aller hier à bord d'un vaisseau de cette nation; et, pendant le repas qu'on lui a donné, il a eu la cruauté d'obliger, par pur divertissement, un More de sa suite très-âgé et respectable, à se raser la barbe. Ceci étant considéré comme le plus grand affront que l'on puisse faire à un More, le pauvre vieillard est inconsolable. Son grand âge rend encore cet affront plus cruel. On dit qu'il a cent vingt ans; mais on ne le sait pas au juste, parce que les Turcs ne tiennent aucune espèce de registres, dans l'idée que cela peut porter malheur. Ils calculent leur âge par approximation, en remontant à certains événemens remarquables. D'après cela, il n'est pas étonnant qu'une méthode aussi incertaine ait produit les notables erreurs que l'on rencontre dans leurs écrits.

Muley Yesied a passé à Alger, dans son dernier pèlerinage à la Mecque. Les libertés qu'il s'y permettait, telle que celle de tirer à balle dans le bord du chapeau du premier chrétien qu'il rencontrait par hasard se promenant à cheval, et d'autres étourderies également condamnables, le rendaient fort incommode aux chrétiens. Il s'amuse ici, lorsqu'il en trouve, à effrayer leurs chevaux en galopant droit à eux, et faisant feu à leurs talons. Il les invite fréquemment aussi à faire une course avec lui. Ses chevaux sont les plus beaux qu'il soit possible d'imaginer, habitués au feu, et d'une vitesse extraordinaire; et, partout où il va, il est toujours suivi par un grand nombre de ses noirs et de soldats. Les chevaux des chrétiens n'étant point accoutumés à un aussi violent exercice, il s'ensuit qu'il est fort désagréable de se voir obligé d'accepter une semblable proposition, outre qu'il est presque constamment ivre, et que ses divertissemens sont ordinairement aussi peu délicats que son langage ; aussi les chrétiens évitent-ils sa rencontre autant que possible. Il est maintenant campé dans la plaine qui avoisine la ville. Le pacha a mis à sa disposition une de ses maisons de campagne, où il demeure avec ses huit femmes et des favorites.

Muley Yesied est le fils aîné de l'empereur de Maroc; et, malheureusement pour ses sujets, l'héritier présomptif du trône. Il n'a pas moins de quarante frères ; il est âgé de trente ans, et a déjà lui-même seize enfans.

Les fils de l'empereur actuel de Maroc sont élevés d'une manière assez singulière. Aussitôt qu'il en naît un, l'empereur envoie chercher un riche More (mais non pas un homme du premier rang), et le lui remet pour l'élever comme le sien propre. Cet enfant ne revoit plus son père avant l'âge de douze ans. A cette époque, celui à qui il a été confié, reçoit l'ordre de l'amener à la cour où il est examiné par un conseil sur les connaissances qu'il a de l'Alcoran, des lois du pays, etc. De cet examen dépend le sort du More qui l'a élevé. Si l'empereur approuve l'éducation donnée à son fils, la fortune de son instituteur est faite, sinon ce malheureux est aussitôt mis en pièces.

Muley Yesied voyage en grande pompe. Il

a avec lui un détachement de troupes qui sont chaque jour mises en bataille devant son camp, dans la plaine. On présume qu'il ne fera pas un long séjour ici ; toutefois il y a été assez de temps pour montrer toute sa dépravation.

Vous êtes si admiratrice des beautés et des grands effets de la nature, que je ne puis m'empêcher de vous parler d'une éclipse de soleil qui a eu lieu ici, et de l'effet qu'elle a produit sur la partie non éclairée des habitans de la Barbarie. Cette éclipse est arrivée le quatre de ce mois. Elle a été totale, et a occasioné pendant quelques minutes une obscurité telle que l'on se serait cru à minuit. Elle a commencé à être visible à Tripoli à sept heures et demie du matin. A huit heures et demie, lorsqu'elle était dans son plein, la nature a changé tout à coup de face. Le chat-huant, rentré depuis peu dans son nid, reparut et troubla le voisinage par ses cris. On voyait des lezards et des serpens ramper sur les terrasses. Des nuées d'oiseaux du soir, appelés ici marabouts, et regardés comme sacrés par les Mores, volaient de toutes parts, et augmentaient encore l'obscurité (1). Le bruit

(1) Ces oiseaux ressemblent au martinet, à l'hirondelle et à la chauve-souris. Ils ont le corps couvert d'un poil court ;

de leurs ailes rappelait à lui le More stupéfait par la peur; et lorsqu'il arrivait qu'un de ces massifs oiseaux (qui souvent tombent à terre en se choquant réciproquement) venait se jeter à ses pieds, il reculait d'effroi, le regardait avec horreur, et faisait entendre un cri sinistre. Sur les huit heures, quand la lumière fut presque tout-à-fait disparue, on apercevait les Mores des basses classes réunis par groupes dans les rues, regardant le soleil d'un œil hagard, et discourant ensemble d'une manière très-sérieuse. Lorsque l'éclipse fut totale, ils se mirent à courir de côté et d'autre en troupes, et tirant des coups de fusil au soleil pour effrayer, comme ils disaient, le monstre ou dragon qu'ils croyaient alors occupé à le dévorer. Dans ce moment, leur chant funèbre et le *voulliah-vou*, ou le cri qu'ils font entendre pour leurs morts, retentissaient non-seulement dans les montagnes et dans les vallées de Tripoli, mais il était vraisemblablement répété aussi sur toute

leurs ailes sont très-longues, et garnies de plumes; et leurs pates, qui ont des griffes comme une chauve-souris, sont si courtes, qu'elles n'élèvent pas assez leur corps au-dessus de terre pour permettre à l'oiseau de prendre sa volée lorsqu'il s'y est posé par hasard. Il y périrait si on ne l'aidait pas à s'envoler.

la surface de l'Afrique. Les femmes portèrent dans les rues toutes les poêles et les chaudières de cuivre, et tous les ustensiles de fer qu'elles purent trouver; frappant ensuite dessus de toute leur force, et criant en même temps, elles firent un bruit horrible qui fut entendu à plusieurs milles. Quelques-unes de ces femmes se trouvèrent mal ou eurent des transports, par suite de leurs violens efforts et de leurs craintes. La terreur des Mores fut toujours la même jusqu'à neuf heures, que le soleil vint les assurer par le vif éclat de ses rayons que tous ses dangers étaient passés.

Pendant la matinée et toute la journée, le ciel fut extraordinairement clair même pour ce pays; ce qui rendait les effets de cette éclipse encore plus frappans. Nous apprîmes par Hadgi Abderrahman, qui nous fit une visite lorsqu'elle fut passée, que les premières dames de la ville avaient été singulièrement effrayées, et que plusieurs d'entre elles étaient très-malades. Les dames de sa propre famille avaient, nous dit-il, moins souffert que les autres, parce qu'il se trouvait avec elles; car, quoiqu'il pensât qu'il était inutile de leur en faire une démonstration raisonnée, il crut devoir cependant les assurer que la lune allait quelquefois visiter le soleil; et que, lorsqu'ils se trouvaient ainsi ensemble, la lune interceptait toujours plus ou moins la lumière du soleil. Cette assertion, de laquelle elles furent convaincues par la manière sérieuse dont il la prononça, diminua beaucoup leurs craintes. Il lui importait singulièrement qu'il en fût ainsi, parce que la santé de Lilla Hulluma est fort délicate dans ce moment.

Muley Yesied est encore ici. Comme je vous ai déjà parlé de son humeur et de ses actions, vous ne serez pas étonnée d'apprendre ce qui est arrivé il y a quelques jours. Un vice-consul français, qui remplit les fonctions de consul, s'étant imaginé que les précautions que les chrétiens prenaient pour ne pas rencontrer Muley Yesied étaient inutiles, continua à se promener à cheval, comme de coutume, sans chercher à éviter les chemins fréquentés par Muley Yesied. Il s'en est suivi qu'il a rencontré dans la plaine ce prince, qui aussitôt est venu sur lui au galop, et, avec sa rudesse ordinaire, a fait feu sur son cheval. Le vice-consul, quoique justement alarmé, ne crut cependant pas que le barbare Maroquin et sa suite l'incommoderaient davantage. Mais complétement ivre, Muley Yesied, après l'avoir dépassé de quelques pas, se mit en mesure de sauter par-dessus le cou de son cheval. Cette expérience ayant paru trop dangereuse au vice-consul, il se retira tout à coup en arrière, et alors Muley Yesied se trouva vis-à-vis du drogman français. Ceci exaspéra tellement Muley Yesied, qu'il tira son sabre, et menaça de tailler en pièces le consul. Les Tripolitains qui se trouvaient présens intervinrent; mais ce fut inutilement qu'ils lui représentèrent qu'il ne devait pas insulter un agent chrétien dans les états du pacha. Muley Yesied était trop échauffé par le vin pour entendre raison; et le consul français, voyant le danger augmenter, donna de l'éperon à son cheval, et chercha à gagner la porte de la ville, pendant que les Tripolitains et Muley Yesied discutaient; il y réussit heureusement, et en fut quitte ainsi. Muley Yesied trouva le lendemain que le pacha était fort mécontent de sa conduite. Il sut aussi par ses officiers que la manière dont on traite ici les chrétiens, est fort différente de celle en usage à Alger, et qu'il ne devait pas chercher à prendre avec eux la moindre liberté. Il s'est conduit depuis d'une manière fort différente; et a même été jusqu'à inviter les familles chrétiennes à l'aller voir; mais toutes s'y sont refusées.

Vous voyez par là combien le séjour de Tripoli est préférable à celui d'Alger pour les chrétiens (1). Et quoiqu'on lise dans différentes descriptions de Tripoli, que c'est un état ha-

(1) Le royaume d'Alger est borné à l'est par Tunis; au sud, par le mont Atlas; et, à l'ouest, par les royaumes de Maroc et de Tafilet; il s'étend, sur une surface de cent quarante lieues, le long des côtes de la Méditerranée, et a à peu près entre treize et trente-trois lieues de longueur.

Gesair ou Kessair est un mot arabe corrompu, du latin *Cæsaria;* car la ville d'Alger est l'ancienne *Julia Cæsaria*, capitale de cette partie de la Mauritanie, appelée par les Romains *Cæsariensis*, pour la distinguer des autres provinces du même nom, qu'ils désignaient par les surnoms de *Tingatina* et *Sitifensis*.

Alger, la capitale du royaume, est bâtie sur la pente d'une montagne. Elle s'élève en forme d'amphithéâtre, de manière que les maisons, ayant l'air d'être construites l'une au-dessus de l'autre, offrent un très-beau coup d'œil lorsqu'on est en mer. Les rues sont étroites, et garantissent ainsi de la chaleur excessive du soleil. Le môle du port a cinq cents pas de longueur; il s'étend de la terre-ferme à une petite île où il y a un château et une forte batterie de canons. Du côté de terre, la ville est entourée de rochers, au pied desquels on trouve de vastes plaines disposées en terres labourables et en prairies. Cette ville est aujourd'hui la plus riche de toute l'Afrique. On dit qu'elle contient 100,000 mahométans, 15,000 Juifs, et 4000 esclaves chrétiens.

bité par des pirates, et que ses habitans vivent du produit de leurs captures et du grand nombre d'esclaves qu'ils font, je suis heureuse de pouvoir vous assurer qu'il ne s'y trouve maintenant que peu d'esclaves chrétiens, et que même ceux-là y sont depuis plusieurs années. La politique du pacha régnant, est de vivre en paix avec toutes les puissances de l'Europe. Je dois en outre vous faire observer que le nombre d'esclaves qui étaient ici avant la conclusion de la paix entre l'Espagne et Tripoli, se trouvait fort au-dessous de ce qu'on le croyait en Europe. Le titre du souverain est pacha, et il ne paie pas de tribut à la Porte, comme on l'a avancé; il arrive même rarement qu'elle lui demande quelque chose. On n'équipe plus de corsaires contre les puissances chrétiennes; et les esclaves peu nombreux appartenant à des nations qui ne sont pas en guerre avec le pacha, sont décemment vêtus. Ils sortent de la ville pour les affaires de leurs maîtres ou les leurs, et ne sont astreints à autre chose qu'à rentrer au coucher du soleil au bagne, dans l'intérieur des murs du château, où ils sont bien nourris, et jouissent souvent d'une plus grande confiance auprès de leurs maîtres, que les autres domestiques.

Je ne puis mieux vous dépeindre la conduite des Algériens, qu'en vous rapportant une circonstance arrivée depuis peu à Alger, et qui montre la manière dont ils en agissent envers les chrétiens. Lors de la dernière paix conclue entre la France et Alger, il fut convenu qu'aucun corsaire algérien ne serait pris sur la côte de France. Toutefois, avant la paix signée en 1785 avec l'Espagne, il arriva que les Napolitains coulèrent un corsaire d'Alger sur cette côte. Dès que la nouvelle en parvint à Alger, le dey envoya ses émissaires à la maison du consul français, et sans le prévenir, ni lui donner le temps de faire la moindre observation, il le fit traîner au bagne commun des esclaves. Les Français envoyèrent aussitôt vingt et un vaisseaux devant Alger, pour en avoir satisfaction; sur quoi les Algériens leur demandèrent 40,000 sequins pour la perte qu'ils avaient éprouvée. Les Français expédièrent deux vaisseaux pour avoir des instructions à cet égard; et, en attendant la réponse, le reste de l'escadre, d'après le désir du dey, se rendit à Malte, après avoir fait mettre leur consul en liberté, et obtenu toute sûreté pour le commerce français.—Nous avons eu hier la satisfaction de voir partir le fils de l'empereur de Maroc. La plus grande confusion régna parmi son monde pendant tout le temps de l'embarquement. Plusieurs d'entre eux cherchèrent à s'échapper par suite du mauvais traitement qu'il leur fait éprouver. Il était de si mauvaise humeur qu'il se conduisit très-durement même envers ses femmes avant qu'elles le quittassent pour se rendre au navire qui doit les transporter. Aussi personne n'a pu les voir dans le trajet du quai à ce bâtiment, qui est décoré d'une manière élégante. La chaloupe était couverte d'une tenture d'un bout à l'autre.

La conduite de Muley Yesied, pendant ses différens séjours à Tripoli, n'a jamais été aussi violente que cette dernière fois. Mais indépendamment de ce motif, déjà puissant, nous nous sommes abstenues de voir ses femmes, en conséquence d'une circulaire qui nous a annoncé qu'un refroidissement a lieu dans ce moment entre l'Angleterre et Maroc; il provient du refus que l'empereur de Maroc a fait de fournir des provisions à la garnison de Gibraltar. Voici une des bizarreries de ce souverain. Durant nos derniers démêlés, pour prouver qu'il ne voulait pas avoir de différend avec les Anglais, il donna ordre à ses corsaires de rechercher le plus petit navire sous pavillon britannique, qu'ils pourraient trouver; et, s'ils en rencontraient deux ensemble qu'ils pussent prendre, de n'en capturer qu'un, sous peine d'encourir son déplaisir. Toute autre tentative pour entraver le commerce des Anglais, sans en avoir préalablement reçu l'ordre de sa part, devait être punie de mort; néanmoins ses croiseurs ne devaient pas rentrer sans avoir tout mis en usage pour amener un navire anglais.

De nouveaux troubles ont lieu dans les pays environnant Tripoli. Les cheiks du désert qui ne sont pas à la solde du pacha, ont fait de fréquentes incursions contre différentes tribus arabes et villes moresques appartenant au pacha. Celui-ci a envoyé le bey et les deux plus jeunes princes, avec des troupes, pour punir les agresseurs.

Il y a quelques jours que le cheik Alieff, un chef arabe, arriva avec ses troupes pour secourir le pacha. Toutefois ses prétentions furent si élevées, et ses gens si incommodes, que sa conduite parut plutôt celle d'un ennemi que d'un auxiliaire. Pendant que le pacha perdait du temps à discuter ses demandes, l'ennemi gagnait du terrain de plus en plus, et s'avançait vers Tripoli. L'absence des trois princes et des plus braves agas, ou généraux du pacha, jointe au mauvais état de défense de la ville, contribuaient singulièrement à augmenter les craintes des habitans. En outre, les Arabes du cheik Alieff, malgré l'ordre que leur a donné le pacha, de ne pas entrer en ville, ni même d'approcher de ses murs, quand ils campent dans le voisinage pour son service, s'y introduisirent et se promenèrent dans les rues avec une assurance alarmante. Cependant le pacha ayant fait des sacrifices, ils parurent enfin satisfaits, partirent, et repoussèrent bientôt les Arabes ennemis.—Je ne vous ennuierai pas du récit des fréquentes escarmouches qui ont lieu presque sous nos yeux. Elles annoncent un manque de pouvoir de la part du pacha, et d'union parmi les membres de sa famille, en même temps qu'elles menacent tout le pays d'une commotion générale. Ces alarmes partielles sont si fréquentes, que je n'en ferai mention que lorsqu'elles offriront sur les Mores et les Arabes, quelques particularités qui pourront vous paraître neuves, attendu que vous habitez des lieux où il n'existe plus aucune trace des coutumes anciennes, tandis que l'on reconnaît ici les mœurs primitives, à quelque chose près, dans les habitudes et le costume du premier More ou Arabe que l'on rencontre (1).

(1) L'habillement des Arabes est simple et uniforme.

—Avant de quitter la ville, le cheik Alieff est venu nous faire une visite. Ce Gétule ou Numide ressemble parfaitement, quant à l'habillement et aux manières, à la description que nous avons des premiers habitans de ces contrées. Son costume est celui d'un Gibelin ou Arabe des montagnes, et en tout point semblable à celui du temps de notre Sauveur. La finesse des vêtemens d'un Arabe est toujours en raison de sa fortune. Le baracan du cheik Alieff, fait d'une laine de Barbarie célèbre par sa beauté et par sa blancheur, nous parut au premier abord être de la mousseline la plus fine. Ce baracan, long de plusieurs aunes, lui enveloppait, en larges plis, la tête et le corps. Il portait un ceinturon singulièrement travaillé, provenant d'une manufacture du pays, et dans lequel des caractères arabes étaient très-ingénieusement tissés. Ce ceinturon lui faisait

C'est une chemise bleue qui descend au-dessous des genoux. Les jambes et les pieds sont nus; quelquefois, cependant, ils ont pour chaussure l'ancien cothurne. Ils portent un manteau de drap de poil de chameau, très-grossier, ordinairement presque tout couvert de bandes noires et blanches longitudinales. Ce manteau est carré, avec des trous pour passer les bras ; il a une couture dans le dos; on l'estime davantage lorsqu'il se trouve n'en avoir pas.

(*Voyages du docteur Clarke.*)

plusieurs fois le tour du corps ; et une de ses extrémités, qui était doublée et cousue, lui tenait lieu de bourse. Il lui servait aussi à porter ses armes, dont il était fort glorieux, moins à cause de leur beauté que de leur bonté, qu'il avait souvent eu occasion d'éprouver. Il portait des pantoufles à la manière arabe, qu'il ôta en entrant dans l'appartement où nous étions. C'est une politesse qu'il nous fit; parce que parmi les Arabes, personne ne peut approcher de son supérieur avec ses pantoufles aux pieds. Il est d'une moyenne taille, quoique les Arabes soient généralement grands; il a l'air noble, et la démarche fière. Tous ses traits sont parfaitement marqués. Il a le teint presque noir. Il est d'une humeur gaie, quoiqu'il ne soit plus jeune, et paraît en général doué d'une vivacité tempérée. Toutefois il conserve la férocité des anciens Arabes, et se regarde comme l'un des maîtres du désert de Tripoli, parce que les Wargummas et les Noilles, les deux plus puissantes tribus connues dans ces environs possèdent la souveraineté des déserts. Ces deux tribus sont considérées comme auxiliaires du pacha, et ont agi comme telles. La tribu du cheik Alieff, est du nombre de celles qui ont été dispersées dans les provinces de Barbarie, comme descendantes de ces Arabes mahométans qui, poursuivis par les Turcs, se réfugièrent, avec leurs troupeaux et leurs effets, dans les parties montueuses du pays, où ils continuent encore aujourd'hui à jouir de la liberté. Ils sont divisés en une multitude de petits gouvernemens, sous différens chefs, et se font gloire d'avoir conservé leur sang dans toute sa pureté, ayant su se préserver de toute liaison avec d'autres nations. Ils se vantent de descendre de la tribu de Sabéens qui passèrent de l'Arabie-Heureuse en Afrique, sous les ordres de leur roi Malec-Afrique, duquel l'Afrique tire, dit-on, son nom.

Pendant la conversation que nous eûmes ensemble, le cheik Alieff, selon la coutume des Arabes, marquait avec le doigt indicateur de sa main droite, sur la paume de sa main gauche, toutes les différentes pauses que nécessitait sa narration; et il exprimait les aspirations en élevant la tête, nous supposant comme de raison plus attentifs au mouvement de ses mains, qu'à l'expression de sa physionomie. Sa conversation était intéressante, enjouée et vive, excepté lorsqu'il parlait de guerre; car alors elle devenait par trop barbare. Les yeux et la contenance animés, il racontait avec délice tout le carnage qu'il avait fait, et récapitulait avec le plus vif sentiment de plaisir, le nombre des têtes de chefs ennemis qu'il avait envoyées au pacha.

Les fatigues que ses troupes et lui-même éprouvent à la guerre, d'après le récit qu'il nous en fit, nous parurent à peine croyables. Quelquefois ils traversent pendant plusieurs jours le désert, sans autre chose qu'un petit sac de farine et un peu d'eau. Dans d'autres momens, ils sont inondés par des pluies qui les surprennent la nuit, quand ils sont sans vêtemens, vu l'habitude où ils sont de les mettre sur leurs chevaux; parce que de la conservation de ces précieux animaux, dépend leur propre existence; ils sont même quelquefois contraints de rechercher un refuge sous eux. S'ils sont surpris par les vents brûlans du désert, lorsqu'ils se trouvent à court d'eau, ce qui arrive fréquemment, ils ont alors recours à ce qu'ils regardent comme le dernier expédient, qui est de se coucher à plat ventre sur le sable, ou plutôt de s'y enterrer; et, dans cette posture, de chercher, en approchant la bouche près de terre, à respirer un air plus frais que l'atmosphère de feu qui les entoure. Le fort de la chaleur passé, ils se lèvent pour tâcher de poursuivre leur route, ce qui ne leur réussit pas toujours, parce que le sable, agité par le vent comme l'Océan pendant la tempête, les engloutit souvent tout à coup. Le cheik nous assura qu'il perdait fréquemment beaucoup de monde de cette manière.

Ses serviteurs répondent parfaitement à la dénomination d'Arabes sauvages, que leur donnent les Mores; aussi nos domestiques chrétiens et mores eurent-ils assez à faire pour les surveiller et les maintenir dans l'ordre, pendant qu'ils attendaient leur maître. Leur costume est uniforme ; c'est un baracan brun, presque entièrement fait de poil de chèvre, tissé par leurs femmes sur un métier, mais sans navette. Cette étoffe est extrêmement épaisse, et n'est fabriquée que par les seules Bédouines. Leurs baracans, qui ont six pieds de long et cinq de large, leur servent de vêtement le jour, et de lit pendant la nuit, excepté, comme je viens de le dire, lorsqu'ils s'en privent pour couvrir un cheval favori ou précieux. L'excessive longueur de leurs fusils et la férocité de leurs regards, leur donnaient un air effrayant. Avant de nous quitter, le cheik Alieff accepta une paire de ciseaux et un canif qu'il avait beaucoup regardés, parce que les Arabes sont trèsadmirateurs de tous les ouvrages d'acier anglais. Il était monté sur un superbe cheval blanc; mais sa suite était à pied.

On a célébré deux mariages au château cette semaine. Sidy Hamet, le second fils du pacha, qui était depuis quelque temps veuf, a épousé une dame d'extraction turque; et une fille du pacha a été unie au neveu du duganire.

D'après la coutume de ce pays, le trousseau de mariage d'une dame more, se commence au moment de sa naissance; par conséquent les présens que le père d'une fiancée, envoie à son futur époux, sont sans nombre. Parmi les articles de la garde-robe de la princesse, se trouvaient deux cents paires de souliers, des baracans, des pantalons, des chemises, des jilecs, des bonnets, des rideaux d'appartemens, et un grand nombre d'autres objets dans la même proportion. Les articles de même espèce étaient empaquetés séparément dans des boîtes carrées de dimension semblable, et dont le nombre était à l'infini. Elles eussent toutes été portées à la maison du duganire; mais Lilla-Howisha, comme fille du pacha, ne devant pas quitter le château, on les sortit, processionnellement et en grande pompe, par une porte, pour les faire rentrer ensuite par une autre, escortées par des gardes, des domestiques, et un certain nombre de femmes louées pour chanter l'hymne d'allégresse, loo, loo, loo (1), qui commence quand le cortége quitte la maison du père, et finit quand il entre dans la maison de l'époux.

Ces mariages ont été célébrés au château par deux fêtes séparées et données le même jour; celle pour Lilla Howisha, dans ses appartemens; et celle pour Sidy Hamet, dans la partie du château qu'il habite. N'ayant pas pu se trouver à la fête donnée par la famille de sa femme, ce prince reçut à la cour les félicitations de toutes les personnes qui lui étaient

(1) Les cérémonies du mariage, chez ce peuple, ont toujours lieu la nuit, et sont accompagnées de beaucoup de gaieté. L'épousée est conduite à la demeure de l'époux par ses parens et ses amis, précédée d'une troupe d'hommes portant des lanternes, et jouant sur des tabors. Ceux-ci sont suivis par des esclaves portant des paniers de henné, avec les bijoux et les vêtemens de nuit de la mariée; laquelle est précédée d'une esclave, qui, en marchant le dos tourné, lui présente un miroir. Il y a toujours dans le cortége un grand nombre de femmes qui font le plus de bruit possible, jusqu'à ce qu'il arrive à sa destination. Le festin, la musique et la danse continuent alors jusqu'à minuit, heure à laquelle tout le monde se retire.

(*Lettres de Blaquières.*)

attachées, ainsi que celles des étrangers de marque; son costume était magnifique dans cette circonstance.

En nous rendant aux appartemens de Lilla Hulluma, l'affluence du peuple au château, était si considérable, que, comme de coutume, il nous fut impossible de marcher sans être précédées de gens pour nous faire faire place.

Les appartemens des deux épousées étaient entièrement garnis en soieries les plus riches. Un siége élevé à près de six pieds de terre, et placé dans l'alcove, qui est la place d'honneur de la chambre, était préparé pour la jeune mariée; c'est là qu'elle reste assise, dérobée aux regards des spectateurs par un voile de soie brodé, qui la recouvre entièrement. Il n'y a que ses plus intimes amies qui puissent lui parler, en montant sept à huit marches placées à sa main droite. Elles s'approchent d'elle en levant soigneusement le voile qui la recouvre, et ayant bien soin de ne faire voir aucune partie de sa personne. L'étiquette est de ne dire que peu de mots, afin que toutes les dames puissent lui faire leur cour l'une après l'autre. Lilla Howisha avait les cils teints d'une couleur très-noire, et sa figure était peinte en rouge et blanc, mais sans aucun ornement d'or; elle est d'ailleurs une des plus jolies femmes de Tripoli. Son costume était le même dont j'ai déjà parlé ; mais les bijoux d'or et d'argent dont il était presque entièrement couvert, en laissaient peu voir l'étoffe. Ses pantoufles, très-belles, montaient jusqu'aux chevilles de ses pieds, qui étaient partiellement teints avec des feuilles de henné, en une couleur approchante de l'ébène ; et elle portait de doubles bracelets d'or à chaque cheville du pied. Les diamans qu'elle avait aux doigts, paraissaient encore plus brillans par la couleur foncée qui se trouvait dessous, et qui ajoutait aussi beaucoup à la blancheur de ses mains et de ses bras.

Deux esclaves aidaient à soutenir les deux tresses de cheveux qu'elle avait par derrière ; elles étaient tellement surchargées de bijoux et d'ornemens d'or et d'argent, qu'elle n'aurait pu en supporter le poids, si elle avait voulu se lever.

Des tables, magnifiquement couvertes des mets les plus recherchés, de confitures fraîches et sèches, et de tous les fruits du pays, étaient préparées dans les demeures des deux épousées. Ces tables étaient environnées de coussins brodés en or et en argent, posés par terre, et destinés à servir de siéges aux convives ; celles-ci étaient servies par Lilla Hulluma et ses filles, qui faisaient constamment le tour des tables, suivies des femmes de leur suite et de leurs esclaves. Les esclaves noires étaient presque entièrement couvertes d'argent, et avaient trois fois plus d'ornemens qu'elles n'en portent ordinairement sur leur tête, leur cou, leurs bras et leurs pieds.

Le récit du cérémonial observé à cette fête par les dames de la famille d'Abderrahman, suffira pour vous donner une idée de celui qui fut rempli par les autres dames du même rang, parce qu'elles agissent toutes avec une parfaite uniformité en pareil cas; autant du moins que leur fortune peut le leur permettre.

Quoique Lilla Amnani et Lilla Uducia sussent bien que leur visite au château ne serait que l'affaire de quelques heures, elles prirent néanmoins avec elles une quantité prodigieuse de vêtemens de rechange, en réservant les plus riches et les plus brillans pour les derniers. Le premier costume de Lilla Uducia se composait d'une chemise faite, selon la coutume du pays, de soie, d'or et de gaze. Elle portait deux jilecs: celui de dessous était de velours cramoisi et de galon d'argent; et l'autre de brocard vert et d'argent. Son baracan qui avait, comme de coutume, plusieurs aunes de long et de large, était entièrement fait de rubans violets en rouleaux, de près de huit pouces de largeur, avec un tissu d'or entre chacun; une large bande d'or poli traversait le milieu du baracan, d'un bout à l'autre, et produisait un effet aussi riche que singulier, lorsqu'elle s'en enveloppait. Les deux extrémités de ce baracan étaient brodées en or et en argent, la longueur d'une demi-aune. Elle portait un pantalon de soie jaune pâle, qui avait aussi une large bande d'or sur le devant, prenant depuis la cheville du pied jusqu'à la taille, et terminé en bas par une bordure en or. Elle avait sur elle tous les bijoux qu'elle avait pu se procurer, plus quelques décorations d'or de son père.

Peu après son arrivée au château, Lilla Amnani et elle changèrent d'habits, avant de « jeter, comme elles disent, le premier argent », c'est-à-dire, dix maboubes, à la suivante favorite des dames du château, qui était costumée pour la circonstance. Quelques instans après, elles s'habillèrent une seconde fois, et offrirent trente à quarante maboubes à chaque mariée. Elles changèrent enfin une troisième fois de vêtemens avant de se mettre à table.

La fête donnée pour Sidy, Hamet fut célébrée

de la même manière que celle de sa sœur. Toute la société se retira du château avant le coucher du soleil.

C'est dans ces occasions, et pendant tout ce mélange de la société, que les intrigantes du château trouvent amplement de quoi s'occuper en remettant des messages galans, ou en introduisant au milieu de la foule des personnes en visite, les princes déguisés. C'est alors aussi que ces derniers, sous un baracan de femme, peuvent facilement admirer reunies toutes les beautés de leur pays, satisfaction qu'il leur est de toute impossibilité de se procurer d'une autre manière.

Pour donner à ces détails encore plus d'intérêt, je dois vous faire observer qu'ils n'ont pu être recueillis que parmi le petit nombre de personnes que la famille du pacha, par un attachement réel, admet dans son intimité et sa confiance.

Deux grands du royaume de Fezzan, ont quitté cette ville depuis peu de jours. L'un est un prince de la famille régnante, et l'autre un parent très-proche qui a épousé la fille du roi de Fezzan. Ils nous ont fait plusieurs visites, et sont venus à trois de nos soirées. Ils ont tous deux le teint presque noir. Ils sont bien faits, et ont des traits intéressans. Leur habillement ressemble à celui des Tripolitains, excepté le turban. Celui du prince, au lieu d'être large et de mousseline blanche, comme à Tripoli, se composait d'un shall noir et or, serré et tourné plusieurs fois autour de la tête, et d'un autre shall long, d'un tissu singulier, qui lui pendait sur l'épaule gauche. Son baracan était blanc et tout-à-fait transparent. Ses armes étaient belles ; une profusion de chaînes d'or et d'argent y étaient suspendues. Ses manières et sa conversation étaient aussi curieuses qu'amusantes. Ses idées sont les mêmes que celles des Abyssiniens qui supposent que des esprits malfaisans, dont le pouvoir est très-étendu, parcourent la terre pendant la nuit, en machinant tout le long de leur route, des projets contre la tranquillité des hommes. Ils croient également que ces esprits n'avancent qu'avec lenteur au coucher du soleil ; mais qu'aussitôt qu'il fait obscur, leur marche va toujours en augmentant jusqu'au point du jour. Aussi le prince nous fit-il observer, à cette occasion, que les accidens de la nuit sont si prompts, qu'il était impossible aux voyageurs de les éviter; et que, par conséquent, c'était gagner du temps que de se reposer jusqu'au jour. Il nous dit aussi que son pays était le plus fertile et le plus beau du monde, quoiqu'il n'eût jamais vu que l'Afrique (1).

Il existe encore à Fezzan des vestiges d'édifices

---

(1) Le Fezzan est borné au nord par le royaume de Tripoli ; à l'est, par les déserts qui le séparent de l'Égypte ; au sud, par le royaume de Bornou ; et à l'est, par le désert de Zahara. Il est situé entre les 25e. et 30e. degrés de latitude nord. C'est une immense plaine entourée de montagnes, excepté à l'ouest ; et là, comme dans la haute Égypte, on peut attribuer le défaut de pluie à l'influence des montagnes. La chaleur est telle, à partir du mois d'avril jusqu'en novembre, que, depuis neuf heures du matin jusqu'au coucher du soleil, les rues ne sont fréquentées que par les ouvriers ; la respiration serait même assez difficile dans les maisons, si on n'avait recours à l'expédient de répandre de l'eau dans les appartemens. Depuis le mois de mai jusqu'à la fin du mois d'août, quand le vent souffle du sud-est au sud-ouest, on est souvent menacé d'être suffoqué par la chaleur ; mais, s'il tourne à l'ouest ou nord-ouest, on voit succéder tout à coup un vent frais et vivifiant à un air embrasé. — Les Fezzanais se servent de poudre d'or dans leurs paiemens ; le poids en exprime toujours la valeur. Ils sont mahométans rigides, mais non pas intolérans. Le gouvernement est monarchique ; mais l'administration est tellement dirigée vers le bonheur du peuple, les droits de la propriété y sont si respectés, les taxes si modérées, et la justice rendue d'une manière si ferme, quoique modérée, que le peuple est sincèrement attaché à son souverain.

magnifiques, et un grand nombre de caves voûtées très-curieuses et d'une grandeur extraordinaire; on suppose qu'elles ont servi aux Romains pour y déposer leurs grains; mais il faut une instruction plus étendue que celle d'un More ou d'un Arabe, pour en découvrir la véritable origine. Ces précieux débris de la grandeur africaine et quelques autres encore, restent à être expliqués, et deviendront la récompense des laborieux travaux de quelques voyageurs à venir. Parmi les nombreux vestiges de monumens antiques que l'on rencontre aux environs de Tripoli, M. Tully, et le célèbre docteur Ruthman, ont vu près du bazar de vendredi, qui est hors de la ville, une pierre plate portant une inscription qui indiquait qu'elle avait été placée là par Cassia, dame romaine, en l'honneur de son père; mais la date était trop effacée pour pouvoir être déchiffrée.

Le prince de Fezzan nous a dit qu'il ne pleut jamais dans son pays; mais que d'innombrables sources entretiennent l'humidité du sol, et font que la végétation est aussi belle que dans quelque contrée que ce soit. Les fruits y sont d'une beauté remarquable, et les dattes de Fezzan surpassent celles de toutes les autres parties de l'Afrique. C'est avec ces dattes que l'on fait les fameux gâteaux dont je vous ai parlé.

Le prince de Fezzan, en retour de quelques paires de ciseaux, de quelques rasoirs et petits miroirs, que nous lui avons donnés et dont il a été très-satisfait, se propose de nous envoyer les meilleurs gâteaux de dattes qui se font dans ses états. Ce prince est extrêmement gai dans la conversation. Ses idées se succèdent avec une grande rapidité, et il jouit d'une excellente réputation parmi son peuple. Un soir, qu'assis sur un sofa, il songeait à la nouveauté du spectacle que lui offraient nos assemblées, il exprima la plus vive satisfaction en entendant un morceau de musique exécuté par quelques personnes de la société. Mais nous ayant vus danser ensuite, il témoigna une singulière jalousie des familiarités, comme il lui plaisait de les appeler, que les cavaliers prenaient avec les dames en dansant, c'est-à-dire, de la liberté avec laquelle ils leur prenaient aussi fréquemment les mains. Son étonnement a été tel, dans cette circonstance, qu'il fut assez difficile de le convaincre que les différens gestes qu'il avait vu faire étaient reçus parmi nous.

Ce prince nous confirma ce que nous avions

entendu dire auparavant, que des sacrifices humains ont encore lieu dans certaines parties de l'Afrique. Au sud de l'Abyssinie, ils sacrifient aux malins esprits les esclaves qu'ils ne peuvent pas vendre. Il nous assura même qu'il y avait des cannibales dans ces régions. Ce qui prouve assez la vérité de cette assertion, c'est que nous voyons quelquefois un eunuque noir qui vit dans la maison de l'ambassadeur Abderrahman, et qui est connu pour avoir été adonné à cette féroce habitude. Il n'y a pas même très-long-temps que l'on eut quelque peine à l'empêcher de donner une preuve de ses dispositions sanguinaires.

Malgré que le grand-père du prince de Fezzan ait été amené dans les chaînes, à Tripoli, par le grand-père du pacha régnant, et que le roi de Fezzan soit encore tributaire du pacha, les deux cours n'en sont pas moins fort attachées l'une à l'autre, et le pacha a reçu ce prince on ne peut mieux.

FIN DU PREMIER VOLUME.

TABLE DES SOMMAIRES

CONTENUS

DANS LE PREMIER VOLUME.

Aspect de Tripoli, en entrant dans la rade. — Réception. — Coutumes des habitans. — Détails historiques. — Marchandises, bazars, etc. — Situation actuelle de Tripoli. — Coutumes des cafés. — Antiquités romaines. — Conquête de Tripoli par les Arabes. — Ile de Jerbi. — Le Lotus. — Désert de Barca. — Ammonica, Pentapolis. — Tribus arabes. — Bédouins. — Gouvernement moresque. . . . . Page 1.

Jeûne du ramadan. — Jeûne des Juifs. — Fête du Beiram. —Tentative des Arnautes. — Gardes placés dans les domiciles des consuls. — Costumes des Bédouins et Bédouines. —Manière de converser des Bédouins. — Salut moresque. —Village arabe. — Palais et maisons. — Chiens de police. — Auberges. — Bains. — Visite au pacha et à sa famille. — Palais du pacha. — Femmes et filles du pacha. — Deuil moresque. — Famille du bey. — Particularités concernant le pacha. — Chefs de la garnison turque étranglés. — Polygamie. — Sérail de Constantinople. — Lilla Halluma. . . . . Page 32.

Description des mosquées. — Égards montrés aux chrétiens. — Culte mahométan. — Du duganire. — Partie de plaisir chez l'ambassadeur. — Belle Circassienne assassinée. — Château de Lilla Zénobie. — Singulier aspect du pays. — Eau conservée par les chameaux. — Histoire du seide et de sa fille. — Mort de Hamet-le-Grand. — Magasins à grains. — Le dattier. — Jardins moresques et fruits. — Mort de la fille de l'ambassadeur. — Extrême chaleur de la saison. . . . . Page 81.

Beauté grecque. — Géorgiennes. — Histoire de Lilla Amnani. — Son mariage. — Son affliction. — Histoire de Juliana. — Voleurs turcs. — Ils brûlent un enfant. — Noble Vénitien captif. — Généreux marchand arménien. — L'institutrice Zeleuca. — Le noble Vénitien est racheté. — Évasion des belles Géorgiennes. . . . . . . Page 119.

Famine à Tripoli. — Mort et exposition d'une dame more sur un lit de parade. — Cérémonie funèbre. — Muley Yesied. — Magnificence vénitienne. — Croiseur lancé à l'eau. — Prisonniers chrétiens à Alger. — Vente d'esclaves à l'encan. — Traitement qu'éprouvent les esclaves chrétiens. — Malheurs d'une famille espagnole. — Peste et famine à Tunis. — Circonstance remarquable de l'hospitalité arabe. — Cérémonie entre un fiancé et une fiancée. — L'Alcoran. — Cérémonie des offrandes. . . Page 149.

La peste et ses symptômes. — Précautions et quarantaine. — Observations sur la peste. — Mortalité journalière, et affreux ravages de la peste. — Tombeau de Mahomet. — Manière cruelle de traiter les malades. — Individus enterrés vif. — Mode d'enterrement. — Respect pour les tombeaux.—Cérémonies en cas de mort.— Maladies occasionées par la peste. — Recherches des pirates. — Remèdes contre la peste. — Tentative d'un frère pour assassiner son frère. . . . . Page 183.

Envoi de présens par l'Espagne, pour obtenir la paix. — Précautions dont on use envers ses amis. — Lazarets de Léopold. — État de la peste au Caire. — Singulière dévotion des marabouts. — Le baron de Haslien — Volney. — Peste parmi les Arabes. — Anniversaire de la naissance de Mahomet. — Mamelucs. — Sauterelles. — Effets de la prédestination. — Spéculation sur les cercueils. — Respect excessif pour les morts. — Mort de la fille du bey. — La belle Grecque. — Jalousie des femmes. — Mort de la belle Grecque. . . . . Page 216.

Conversation avec Lilla Amnani. — Son costume. — Charme contre un œil ennemi. — Occupation des dames mores. — Incursions d'Arabes. — Description des tribus arabes.— Troubles à Alexandrie. — Mort du grand-seigneur. — Terrible tournée du grand-visir. — Trouble excité par Sidy-Mahmoud. — Sort cruel de Sulah. — Agitation à la cour du pacha. — Querelle entre ses fils. — Les morts consumés au moyen de la chaux. — Situation de Tripoli après la peste. — Retour du bey à Tripoli. — Courrier arrivé du grand Caire. — Conduite extravagante de Zénobie. — Ameublement moresque. — Chambres funèbres. . . . . Page 248.

Conspirations à la cour.—Cérémonies en usage aux accouchemens.—Pain de dattes.—Le marabout et le serpent. — Intrigantes messagères du château.—Récompense donnée pour des nouvelles. — Arrivée de plusieurs Anglais. — Promenade à l'un des jardins du pacha. — Description des Hozzanas. — Amusemens sur le sable. — Imprudence d'un jeune aspirant de la marine anglaise. — Description du caméléon. — Fête donnée au retour de l'ambassadeur Abderrahman. — La fille de Hamet Hogia reçoit un coup de pistolet, et est étranglée peu après. . . . . Page 291.

Atrocités commises par le fils de l'empereur de Maroc. — La famille de l'ambassadeur fait une visite au consul anglais. — Surprise des dames mores. — Bruit de la mort du pacha. — Juive favorite du pacha. — Effets de l'Etna à Tripoli. — Toilettes athéniennes, romaines et moresques. — Mode de se peindre les cils. — Charmes d'or et d'argent. — Commerce des esclaves à Tripoli. — Attachement intéressant de deux nègres. — Danse nègre. — Craintes de rébellion. — Ben Shabban étranglé, et son fils coupé en pièces. — Mort de Soliman et d'Ottoman. . . Page 323.

Plantations d'oliviers. — Costume d'une Mezuratine. — Arrivée de Muley Yesied de la Mecque. — Récompense accordée pour l'éducation d'un prince more. — Effet extraordinaire d'une éclipse. — Situation dangereuse du vice-consul français. — Position des esclaves chrétiens. — Mœurs des Algériens. — Incursion des Arabes. — Costume des Arabes. — Souverains des déserts. — Passage dangereux dans les sables. — Cérémonies du mariage. — Usage de se peindre les cils. — Cérémonie du premier argent jeté. — Départ des princes de Fezzan. — Manque d'eau continuel à Fezzan. . . . . Page 353.

FIN DE LA TABLE DU PREMIER VOLUME.

www.ingramcontent.com/pod-product-compliance
Lightning Source LLC
Chambersburg PA
CBHW051834230426
43671CB00008B/950